비평의 줏대와 잣대

고현철

새미

머리말

네 번째 책을 낸다. 여기에 묶인 글들은 지난 2년 동안 문학 관련 각종 매체에 발표한 글들이다. 책 제목을 『비평의 줏대와 잣대』라고 한 이유는, 이 책에 실려 있는 글들에서 문학이론과 비평의 주체성에 대한 고민과, 이에 따른 방법론과 해석의 틀에 대한 모색을 하고자 했기 때문이다.

제1부 「주변의 부각과 시학의 탐색」에서는, 근대가 노정한 우/열의 이분법을 반성하는 탈중심주의와 다원주의적인 사유에 따라 이전의 주변이 새롭게 부각되어 중심 가운데 하나를 구성해 가는 상황에서, 문학이론과 비평 그리고 시학을 탐색하고 있는 부분이다. 「동양의 주체적인 이론 탐색」은, 근대에 확립된 '서양 중심, 동양 주변'의 서양중심주의에 대한 전복을, 동·서양의 대등한 공존을 위한 방법론적 전략으로 인식하여 문학이론을 모색하고 있는 글이다. 여기에서, 저항성을 견지한 탈식민주의와 동양적인 사유체계에 바탕을 두면서도 구체적인 사회현실과 연관되는 생태주의 이론에 대한 탐색을 하고 있다. 「용사시학과 패러디시학 비교론」은 동양의 용사(用事)시학과 서양의 패러디시학의 상관성을 통하여, 둘 사이의 변별성과 둘 사이를 넘어선 보편성을 탐색하고 있는 글이다. 이것은 동양과 서양의 문학이론을 진정으로 이해하는 방법이며 가로지르기를 통하여 시학의 나아갈 방향을 모색할 수 있는 단초가 된다고 생각한다. 그리고 이는 오랫동안 지녀온 문화적 식민지성을 극복하기 위한 하나의 단초를 마련할 수도 있다고 생각한다.

「지역문학의 현황과 전망」에서는, 한국 사회의 뿌리깊은 모순 가운데 하나인, 제국과 식민지의 관계와 같은 서울 지역과 서울 이외 지역 사이에 누적되어 온 불균형의 문제를 문학에 초점을 맞추어, 탈중심주의와 다원주의의 논리를 통하여 극복하려는 탐색을 보이고 있는 글이다. 차별이 아닌 차이의 관계에 대한 인식, 변두리 의식의 탈피, 수준의 고양 등은, 이러한 모순의 극복을 위한 중요한 사항이라고 생각한다.「현대 서술시의 서술방법론」은 서술시의 서술방법론에 대한 이론적 모색과 실제 분석을 병행하고 있는 글이며,「방법론적 저항과 경계의 해체」는 1980~90년대 한국 모더니즘시를 '네오아방가르드'와 '포스트모더니즘'이라는 관점에서 해명하고 있는 글이다.

제2부「비평의 고뇌」에서는, 비평에 대한 여러 가지 고뇌의 모습을 보여주고 있다.「비평과 정당한 소통의 문제」는 비평 자체에 대하여 고민한 것인데, 글쓰기의 한 방식으로서 비평을 정당한 소통이라는 관점에서 살펴보고 그 방향을 제시하려고 한 글이다.「낭만적 사랑과 키치(Kitsch)적인 양식」은 베스트셀러 시집에 대하여 비판적인 해석을 보이고 있는 글인데, 그 비판적 해석의 주된 개념적 틀로 '낭만적 사랑'의 주제적 요소와 '키치적인 양식'의 문화양식을 들어 구체적으로 분석하려고 한 글이다.「남북분단의 상황과 시적 응전」은 남북 분단 상황의 극복 문제를 근대의 두 거대 이데올로기 대립의 극복이라는 탈근대의 논리로 살펴보고, 남북한간의 동질성을 추구하면서 이질성에서 서로 보완하는 노력을 통해야 진정한 통일문학이 이루어진다는 점 그리고 분단 극복에 대한 인식과 시적 형상화의 문제를 다루고 있는 글이다. 제2부의 나머지 글들은 서로 연관성이 있는 것인데, 김준오 선생의 시학에 대한 탐색의 일단을 보여주고 있는 글들이다. 관점의 차이를 드러내면서 선생의 시학에 대한 글을, 논쟁을 하면서까지, 발표한 시학자들은 누구나 선생의 시학을 제대로 보고자 하는 깊은 애정이 그 밑바탕에 깔려 있는 것이라고 생각한다. 다만 사랑법의 표현이 필자를 포함하여 다들 서투른 모습을 보여준 점이 없지 않았는데, 이 점은 앞으로 비평의 깊이와 함께 세련되어질 것이라고 생각한다.

제3부「시인들의 내면세계」와 제4부「시인과 시의 다채로움」은 주로 시인론에 해당하는 글들인데, 엄격하게 말하면, 제3부는 시인론이며 제4부는 시조시인론이다. 그런데 여기에서 다루고 있는 시인론들은 다 공통된 일정한 잣대에 따라 해석하려고 한 것이다. 그것은 다름 아닌 생태주의인데, 생태주의는 주지하다시피 근대의 기계론적 세계관에 저항하는 탈근대의 생태학적 세계관이며 동양의 일원론적 세계관에 바탕을 둔 인간과 자연의 합일을 지향한다. 그런데, 인간과 자연 즉, 자아와 세계의 합일은 다름 아닌 서정의 본질에 해당한다. 따라서, 생태학적 상상력의 추구와 서정의 회복은 맞물려 있는 것이 된다. 제3부와 제4부는 이와 같은 사항을

바탕으로 하고 있으면서도, 세부적으로는 각기 다르게 펼쳐지고 있는 시인들의 내면세계를 살펴보고 있는 시인론들의 묶음인 것이다.

　이상에서 책의 내용을 간략히 정리하였거니와, 비평의 줏대와 잣대를 탐색하는 일이 제대로 되었는지 염려가 되기도 한다. 부족한 부분은 앞으로 계속 메워가야 할 것이다. 이제는, 나의 길을 묵묵히 걸어갈 도리 밖에는 없다. 그리고, 이 자리를 빌어, 저서가 나오기까지 출판을 흔쾌히 맡아 해주신 정찬용 사장님과 최승호 교수님 그리고 편집 관계자 여러분께 깊은 감사의 뜻을 전한다.

　보잘 것 없는 이 책을, 김준오 선생님의 영전에 바친다.

새봄을 기다리며, 금정산 작은 연구실에서
고 현 철

차 례

머리말 / 3

제1부 주변의 부각과 시학의 탐색

용사(用事)시학과 패러디시학 비교론 …………………………………… 11
동양의 주체적인 이론 탐색 …………………………………………… 35
현대 서술시의 서술방식론 …………………………………………… 50
방법론적 저항과 경계의 해체―1980~90년대 모더니즘시 ………… 69
지역문학의 현황과 전망 ……………………………………………… 81

제2부 비평의 고뇌

비평과 정당한 소통의 문제 …………………………………………… 91
낭만적 사랑과 키치(kitsch)적인 양식―베스트셀러 시집의 비판적 해석 ……… 103
남북분단의 상황과 시적 응전 ………………………………………… 114
이론과 실천이 직조하는 체계적 기술시학―김준오 선생의 비평세계 ……… 125
체계적 기술시학―김준오의 시론과 장르론 ………………………… 131
일관된 시학으로 보려는 관점―구모룡의 글에 대한 반론 ………… 145
비평의 정당성을 위하여―김경복의 글에 대한 반론 ……………… 159

제3부 시인들의 내면세계

본질에 이르는 길―허만하론 ………………………………………… 193
신생의 의지―최영철론 ……………………………………………… 201

지킴의 시학—임동확론 ··· 207
생명의 그물—유병근론 ··· 217
존재의 미세학—정복여론 ··· 226
일상적 삶의 깊이와 생명성—고창환론 ··· 233
역설과 관계의 시학—권애숙론 ··· 240
동양적 사유와 낮은 존재의 시학—김종경론 ·· 246
생명과 타자의 시학—김욱경론 ··· 253
떠도는 자의 슬픔과 탈승화—배재경론 ··· 260

제4부 시인과 시의 다채로움

열린 시조의 다채로움 ·· 271
역동성과 생명성의 시학—정해송의 시조 ··· 282
전통에 대한 고집과 정제된 형식미—임종찬의 시조 ······························· 292
시적 개성과 상상력의 모험 ·· 297
젊은 성찰적 정신과 시적 단련 ··· 302
게릴라, 인문주의의 최후의 저항 ·· 308

■ 찾아보기 / 311

제1부 주변의 부각과 시학의 탐색

용사(用事)시학과 패러디시학 비교론

1. 머리말

 이 글은 동양시학과 서구시학, 또는 우리의 고전시학과 현대시학의 관련성을 살펴보려는 일환으로 쓰여진 것이다. 이러한 작업을 통하여 시학의 보편성에 대한 탐구를 하면서 그 변별적인 점을 검토하고, 이 점을 바탕으로 하여 문화적 식민지성을 극복하기 위한 하나의 단초를 마련하려는 데에 목적이 있다. 이러한 목적을 위하여 이 글에서는 구체적으로 동양과 우리 고전의 용사시학과 서양과 현대의 패러디시학을 비교·대조함으로써 시학의 보편성과 변별점을 밝혀 보려고 한다. 이 작업을 위하여 용사시학와 패러디시학의 성격을 밝혀 정리하고, 여기서 비교 검토하기 가장 적절한 점을 들어 보편성과 변별점을 파악하기로 한다.
 용사시학과 패러디시학에 대한 연구는 개별적으로는 어느 정도 이루어졌으나, 지금까지 이 두 시학을 비교 검토하는 차원에서 이루어진 것은 없다고 해도 과언이 아니다. 근래에 이루어진 연구성과 중에서 이러한 측면에 가까이 다가선 글 몇 편이 있을 뿐이다. 용사시학을 해명하는 가운데 부분적이고 단편적으로 패러디와 비교하고 있는 글이 있고,[1] 문학사 가운데 패러디의 문제를 검토하면서 용사시학을 부분적으로 다루고 있는 글이 있다.[2] 고전시학의 용사를 패러디의 관점과 개념으로 접근하고 있는 글은 이보다 상당히 진전된 글에 해당

---
 1) 김성룡, 「용사의 이해」, 『호서어문연구』 제4집(호서대학교 국어국문학과, 1996).
 2) 김준오, 「문학사와 패러디 시학」, 『한국 현대시와 패러디』(현대미학사, 1996).

한다.3) 하지만 시학의 보편성과 변별점을 비교 검토하는 측면에서 다루어지지는 못하고 있으며 용사시학과 패러디시학을 검토하여 비교·대조할 수 있는 기준을 명확하게 마련하고 있는 것은 아니다. 하지만, 이상의 연구성과가 본 글을 쓰는 데에 상당한 도움이 되고 있음도 또한 사실이다. 그래서 본 글을 전개하면서 논지 전개에 필요한 만큼 이들 연구성과를 활용하도록 하겠다.

2. 용사(用事)시학의 성격

1) 용사(用事)와 통변(通變)·사류(事類)

통변(通變)은, 문학행위를 함에 있어서 근본과 근원을 알아야만 문학사를 꿰뚫어 부족함이 없고(通而不乏) 이를 바탕으로 문학을 변화시킨다면 오래갈 것(變則可久)이라는 주장을 담고 있는 용어이다.4) 사실, 통변은 모순된 두 개의 개념이 결합된 것에 해당한다. 전통을 계승한다는 의미를 담은 '통(通)'과 날마다 변화한다는 의미를 담은 '변(變)'이 바로 그것이다.5) 여기서 동양의 문학관은, 어떤 근원을 상정하고 옛 것을 참고하면서 새로운 것을 이루어내는 데에 치중되어 있음을 알 수 있다. 그래서 문학이론서『문심조룡(文心雕龍)』의「통변(通變)」항에 다음과 같이 찬(贊)되어 있다.6)

   望今制奇 參古定法 (당대를 바라보는 눈을 지님으로 새로운 것을 창조하고
   고대의 모범을 참조함으로 창작의 방법을 정립하네)

인용에서 보는 바와 같이, 통변은 고대의 모범을 참고하지만, 중요한 점은 당대를 바라보는 눈으로 새로운 것을 창조하는 데에 있다. 사류(事類)는, 옛일을

---

3) 강명관, 「고전시학과 패러디」, 『한국 현대시와 패러디』(현대미학사, 1996)
4) 임종욱 엮음, 『동양문학비평용어사전』(범우사, 1997), 901쪽.
5) 위의 책, 902쪽.
6) 劉勰, 최동호 역편, 『문심조룡(文心雕龍)』(민음사, 1994), 364~365쪽.

인용하여 현재의 의미를 증명하기 위한 문장을 의미한다. 대개 일반적인 원리들을 명백히 하기 위하여 옛 격언들을 인용하고, 어떤 의미를 증명하기 위하여 관련된 사례들을 인용하는데, 이는 성현들의 위대한 문장에 잘 반영되어 있으며 경서의 일반적인 규범이 된다. 그리고 고사를 인용하기는 했으나 결코 원문 그대로를 인용한 것은 아니다. 고사성어를 인용하여 현재의 도리를 분명히 밝히는 것인 사류는, 고인의 구체적인 사적을 인용하여 나타내고자 하는 바의 의미를 분명히 밝히는 것과 고인의 격언·성어를 인용하여 도리를 설명하는 것으로 분류할 수 있다.7) 문학이론서『문심조룡(文心雕龍)』의「사류(事類)」항에 다음과 같이 찬(贊)이 되고 있다.8)

用人若己 古來無懵(마치 자기 자신이 창작한 것처럼 다른 사람의 말을 사용할 수 있다면 그것은 과거를 완전히 이해한 것이리라)

위의 인용에서 보는 바와 같이, 사류는 다른 사람의 말을 활용하는 것이긴 하지만, 중요한 것은 자기 자신이 창작한 것을 나타내 보인다는 점이다. 고사를 인용한다는 뜻을 지닌 용사(用事)는 문장을 짓는 문제에 관한 작법류 용어에 해당하지만,9) 이것이 시학으로 격상할 수 있는 것은 동양시학이 지닌 통변의 정신과 사류의 문장관에 힘입기 때문이다. 황정견(黃庭堅)이「답홍구부전(答洪駒父書)」에서 말한, "老杜作詩 退之作文 無一字無來處"(두보가 시를 쓰고 한유가 문장을 지을 때 한 글자라도 유래가 없는 곳이 없었다)는 것처럼,10) 통변의 정신과 사류의 문장관에 따른 용사는 동양시학에서 일반화되어 있는 것으로 여겨진다.

---

7) 위의 책, 445~446쪽, 452~453쪽.
8) 위의 책, 450쪽.
9) 정요일,「한시비평 용어의 개념 규정」,『고전비평용어연구』(태학사, 1998), 144~145쪽.
10) 임종욱 엮음,『동양문학비평용어사전』(범우사, 1997), 794~795쪽 재인용.

2) 용사(用事)와 신의(新意)·환골탈태(換骨奪胎)

고사를 인용한다는 뜻의 용사가 의미를 지니는 것은 고사를 끌어다 쓰는 사람의 시문을 새롭고 알차게 하는 경우에 한한다. 그래서 흔히 다음과 같이 언급되기도 한 것이다.11)

> 凡詩不能不使故事 然忌堆積 堆積便贅矣(무릇 시에는 고사를 쓰지 않을 수 없다. 그러나 그 고사가 쌓이는 것을 꺼려하니, 쌓이면 곧 군더더기가 된다.)
> ─ 江進之, 『雪濤小書』, 「詩忌」

> 詩家貴借用 然用之不工 則意反而語生(시인들은 빌려서 쓰는 것을 귀하게 여긴다. 그러나 쓰는 것이 공교롭지 못하면, 뜻이 뒤집히고 말이 생소해진다.)
> ─ 崔滋, 『補閑集』卷下

용사는 고사를 끌어다 쓰는 게 능사는 아니다. 잘못 끌어다 쓰면 군더더기가 되기 쉽고 제대로 쓰여지지 않으면 전혀 엉뚱하게 나타날 수 있기 때문이다. 용사를 적절하게 사용하면 '적은 문자로 많은 뜻을 포괄하는'(以少總多) 효과를 내게 된다. 그리고 용사에 있어서는 무엇보다도 자기화가 가장 중요한 것이다. 또한 인용한 전고와 상황이 형상화에 있어 전체 작품과 완전히 유기적으로 결합되어야 하는 것이다.12)

용사가 시문에 관한 작법(作法)류 용어에 해당한다면, 신의(新意)는 시문에 나타난 '참신한 뜻'이나 '새로운 의경(意境)' 또는 '새롭고도 알찬 뜻'을 의미하는 말로서 시문에 관한 평어(評語)류 용어에 해당한다. 달리 말하면 신의는 의(意)를 중시하는 시관인 달의주의(達意主義)에 그 근원을 둔 것이고, 용사는 시의 수사학에 역점을 둔 기교주의(技巧主義)에서 주가 되는 것으로, 용사는 수사론에 신의는 본질론에 그 근거가 있는 것이다. 따라서 이 두 용어는 대립개념이 아니

---

11) 여기서는 정요일, 앞의 논문, 『고전비평용어연구』(태학사, 1998), 141~142쪽 재인용.
12) 이병한 편저, 『중국 고전 시학의 이해』(문학과지성사, 1992), 178~180쪽.

다. 신의(新意)와 대립되는 말은 평어류 용어인 도습(蹈襲)이 될 것이다. 정확하게 말하면 도습이 행위를 가리키는 말이므로, 행위를 가리키는 말인 '창출신의(創出新意)'와 도습이 서로 대립이 되는 용어가 된다.13)

따라서 용사를 한다고 해서 반드시 신의를 나타내기 어려운 것도 아니고 용사가 신의를 나타내는 데 반드시 저해 요소가 되는 것은 아니다. 신의는 긍정적인 가치평가적 의미를 지닌 평어류 용어이므로, 신의를 창출해냈다는 말은 용사의 여부와 관계없이 새로운 의경을 드러낸 모든 경우에 해당한다. 다시 말하면 용사를 하지 않으면서 신의를 나타낸 경우도 있지만, 용사를 잘해서 신의를 나타내는 경우도 있는 것이다. 그래서 흔히 '語陳而意新'(말은 진부하지만 뜻은 새롭다)는 평이 있게 되는 것이다.14)

용사는 전고를 끌어다 쓰되, 자신의 글뜻을 새롭고도 알차게 하여 신의를 드러내는 것이라 할 수 있다. 다시 말하면, 용사는 신의를 효과적이고 적절하게 나타낼 수 있는 한 방편인 것이다. 서거정이, 용사를 적절히 구사하여 보다 세련되고 심원한 작품성을 추구해야 한다면서 『동인시화』에서 용사에 대한 관심을 두드러지게 표명하고 있는 것도 바로 이 때문이다.15)

그래서 신의를 제대로 드러내기 위해서 용사를 어떻게 하고 어떻게 해서는 안 된다는 활용지침은 작법상의 지침을 넘어 가치평가적 성격을 띠게 마련이다. 다음 인용이 바로 여기에 해당한다.16)

僻事實用 熟事虛用 學有餘而約以用之 善用事者也 意有餘以約以盡之 善措辭者也 乍叙事而間以理言 得活法者也(잘 알려져 있지 않은 사류는 자세히 써야

---

13) 정요일, 「용사와 신의가 오해된 이유」, 『고전비평용어연구』(태학사, 1998), 176쪽, 196쪽.
  전형대·정요일·최웅·정대림, 『한국고전시학사』(홍성사, 1979), 75쪽.
14) 정요일, 「한시비평 용어의 개념 규정」, 『고전비평용어연구』(태학사, 1998), 147~150쪽.
15) 서거정, 박성규 역주, 『동인시화』(집문당, 1998)에 있는 박성규의 「'동인시화' 해제」, 16쪽.
16) 이병한 편저, 앞의 책, 186쪽, 190쪽 재인용. 179쪽 참고하여 의역함.

하고, 익히 잘 알려져 있는 사류는 간략히 써야 한다. 박학하면서도 간략하게 하여 사용해야 용사를 잘한 것이다. 뜻은 풍부하면서도 간략하게 하여 의미를 다하면 이는 문사를 잘 구사한 것이다. 사류를 사용하면서도 간간히 이론적인 근거를 지닌 언어를 써야 활법을 얻는 것이다.)

— 姜夔, 『白石道人詩說』

詞中用事 貴無事障 晦也 膚也 多也 板也 此類皆障也(사 속에 전고를 사용하는 데 있어서는 사장이 없는 것을 귀하게 여긴다. 그 의미가 분명하지 않은 것, 속뜻을 모르면서 수박 겉핥기식으로 인용한 것, 너무 많이 끌어쓴 것, 판에 박은 듯한 전고, 이런 종류가 모두 전고에 있어서의 장애이다.)

— 劉熙載, 『藝槪·詞曲槪』

앞의 인용에 보이는, 잘 알려져 있지 않은 전고는 자세히 쓰고 익히 잘 알려져 있는 전고는 간략히 써야 한다는 말은, 전고를 활용하는 용사가 제대로 이루어지려면 기본적으로 전고를 제대로 알아야 한다는 의미를 내포하고 있는 말에 해당한다. 그래서 잘 알려져 있는 전고는 자세히 쓸 필요가 없지만 잘 알려져 있지 않은 전고는 자세히 써야 한다는 것이다. 용사는 작시법인 동시에 독시법에 해당하는데, 위에 언급되어 있는 원리가 견지되어야만 용사시학에서 시인과 독자 사이에 원활한 소통이 보장되는 것이다. 또한 이 원리는 옛것을 제대로 알아야 올바로 읽어 이를 현재에 활용할 수 있고 옛것에 너무 치우치지 않아야 이를 현재적 의미를 제대로 드러내는 것으로 활용할 수 있게 된다는 의미도 내포하고 있다. 이는 작시법에서 용사를 활용하는 시인의 경우에 해당하는데, 독시법에서 용사를 읽어야 하는 독자의 경우에도 그대로 적용된다. 요컨대, 용사는 옛것과 새것 사이의 팽팽한 긴장 위에서 성립되는 것이다. 또한 뜻은 풍부하게 하면서도 언어는 간략하게 사용해야 한다는 말은 용사를 통하여 이른바 '적은 문자로 많은 뜻을 포괄하는' 이소총다(以少總多)의 효과를 제대로 발휘하도록 하는 데에 있는 것이다.

뒤의 인용은 용사의 장애인 사장(事障) 즉, 제대로 되지 못한 용사에 대하여 언급한 것이다. 전고의 의미를 잘 알지 못하고 용사에 이용한 것, 옛것인 전고에 치중하여 너무 많이 끌어다 써 '이소총다'의 효과가 없는 것이거나 너무 뻔한 전고의 활용과 현재적 의미를 제대로 드러내지 못해 표피적이거나 분명한 의미를 지니지 못한 용사 등이 여기에 해당한다는 것인데, 이것도 용사가 옛것과 새것의 팽팽한 긴장 위에 성립되어야 한다는 것과 상통한다.

그런데, 용사에는 '어용사(語用事)'와 '의용사(意用事)'가 있다. '어용사'는 성현의 말씀이나 고인의 시구에 쓰인 말 등 고인의 말을 용사하는 경우이고, '의용사'는 성현의 말씀이나 고인의 시구에 쓰인 말 등 고인의 말에 담긴 뜻을 용사하는 경우이다.[17] '어용사'의 좋은 예로 이규보의 「절구(絶句)」를 들 수 있다.

> 春暖鳥聲軟 日斜人影長(봄 따스하니 새소리 부서지는 듯 들리고, 해 기우니 사람그림자 길어지네)
> ― 李奎報, 『東國李相國集』 十六卷, 「絶句」

인용한 이규보의 「절구」는 당나라의 두순목(杜荀牧)의 「춘궁원(春宮怨)」을 '어용사'한 것이다. 절창(絶唱)으로 꼽히는 어용사된 부분을 들면 다음과 같다.[18]

> 風暖鳥聲碎 日高花影重(바람 따스하니 새소리 부서지는 듯 들리고, 해 높이 솟으니 꽃그림자 짙어지네)
> ― 杜荀牧, 「春宮怨」

인용에서 보는 바와 같이, 이규보의 「절구」는 두순목의 「춘궁원」의 구조를 그대로 사용하고, 春→風, 軟→碎, 斜→高, 人→花, 長→重 등으로 시어를 대체하고 있다. 다음, '의용사'의 좋은 예로 충선왕의 시를 들 수 있다. 익재 이제현은 충선왕의 시 "닭 소리가 마치 문 앞의 버들가지 같구나"에 대해, 우리나라 사람

---

17) 정요일, 「한시비평 용어의 개념 규정」, 『고전비평용어연구』(태학사, 1998), 146~147쪽.
18) 두 편의 한시는, 서거정, 박성규 역주, 앞의 책, 63쪽 재인용.

의 시에 "지붕 위로 떠오르는 해에 금빛 닭 우니, 마치 수양버들이 늘어져 하늘거리는 듯하네"라고 한 것이 있는데, 닭 울음 소리가 부드럽게 이어져 가는 것을 버들가지가 가벼이 하늘거리는 것에 빗댄 것으로 풀이하고, 앞에 인용한 충선왕의 시구가 바로 이런 뜻을 용사한 것이라고 밝히고 있다.19)

한편, 용사와 연관하여 살펴보아야 할 용어로 환골탈태(換骨奪胎)가 있다. 이 환골탈태는 산곡 황정견(山谷 黃庭堅)이 처음 사용한 용어로 다음과 같이 정의되어 있다.

> 昔山谷論詩 以謂不易古人之意而造其語 謂之換骨 規模古人之意而形容之 謂之奪胎(옛날에 산곡(황정견)이 시를 논하여 이르기를, 고인의 뜻을 바꾸지 않고 그 말을 지어내는 것을 일러 환골이라고 하고 고인의 뜻을 본받아서 형용해내는 것을 일러 탈태라고 한다.)
> ― 李仁老, 『破閑集』 卷下

위의 인용에 따르면, 환골은 특정 작품의 시상을 그대로 두고 다른 어휘를 사용하는 방법이며, 탈태는 시상 자체만을 빌어오는 것으로, 각각 형식과 내용에 치중한 것이 된다.20) 이에 대하여, 송의 갈립방(葛立方)은 다음과 같이 언급해 두고 있다.21)

> 詩家有換骨法 用古人意而點化之 使加工也(시인들에게는 환골법이라는 것이 있으니, 옛 사람의 뜻을 써서 점화하여 자기의 시로 하여금 더욱 더 공교롭게 하는 것이다.)
> ― 葛立方, 『韻語陽秋』

여기에 쓰인 점화(點化)는, 옛사람의 시에 나타난 뜻을 쓰되 그 뜻의 어느 지점으로부터 변화를 가하여 자기의 시작품에 다시 빌려 쓰는 것을 의미하는 것

---

19) 위의 책, 136쪽.
20) 강명관, 앞의 논문, 『한국 현대시와 패러디』(현대미학사, 1996), 298쪽 참고.
21) 정요일, 「한시비평 용어의 개념 규정」, 『고전비평용어연구』(태학사, 1998), 152쪽 재인용.

으로, 발전적인 변화라는 가치평가적 개념을 내포하고 있는 것에 해당한다. 바꿔 말하면, 점화의 구체적인 방법이 바로 환골과 탈태가 되는 것이다. 또한 점화를 제대로 한 경우에는 비유적으로 '점철성금(點鐵成金)'이라는 긍정적인 평가를 받는 것이다.[22] '점철성금'에 대해서는 다음의 인용에 잘 나와 있다.

> 古人能爲文章者 眞能陶冶萬物 雖取古人之陳言入於翰墨 如靈丹一粒 點鐵成金也(옛 사람들 중에 문장을 잘 지었던 분은 참으로 능히 만물을 도야해 낼 수 있었으니, 비록 고인의 묵은 말을 취해다가 글 속에 써 넣기라도 마치 영단 한 톨로 철을 점찍어, 가공하여 금을 이루어 내는 듯이 하였다.)
> ─ 黃庭堅, 『黃山谷文集』 卷十九

이에 따르면, 철을 금으로 만들 듯이, 용사나 환골탈태는 전고를 이용하여 새로운 의경(意境)을 열어야 하다는 것이다. 그만큼 용사와 환골탈태는 궁극적으로는 '신의'의 창출에 있는 것이 된다. 또한 용사와 환골탈태는, 철을 금으로 만들듯이, 전고를 쓰되 흔적을 남기지 않아야 한다는 것이다. 정약용이, 두보가 시성(詩聖)이라는 칭호를 얻게 된 이유는 그의 시가 순전히 자작인 듯하지만 자세히 보면 모두 출처가 있어 전고를 쓰고 있는 것인데 흔적을 전혀 남기지 않은 데에 있다고 한 것도 바로 이를 말한다.[23] 그리고 정약용은 아래와 같이 한퇴지와 소자첨의 시를 용사의 활용 정도에 따라 평가하고, 한퇴지를 시현(詩賢), 소자첨을 시박(詩博)으로 칭하고 있다.

> 韓退之詩 字法皆有所本 句語多其自作 所以爲大賢也 蘇子瞻詩 句句用事而有痕有跡 瞥看不曉意味 必左考右檢 採其根本 然後僅通其義 所以爲博士也(한퇴지의 시는 모두 출처가 있으되 시어는 자기창작이 많으니 이로 인하여 시인으로서 대현인 것이며, 소자첨의 시는 고사를 쓰되 흔적이 나타나면 얼른 보

---

22) 위의 논문, 『고전비평용어연구』(대학사, 1998), 154~161쪽, 171쪽. 번역 중에서 '점 찍어'를 '점 찍어, 가공하여'로 번역함으로써 그 의미가 분명히 드러나도록 함.
23) 杜詩用事無跡, 看來如自作 細ճ皆有本 所以爲聖(『寄淵兒』, 『與猶堂全書 권 21』). 전형대·정요일·최웅·정대림, 앞의 책, 394쪽 참고

아서는 뜻을 알 수 없기 때문에 반드시 고전을 상고하여 그 출처를 캐어 본 뒤에야 겨우 그 의미가 통하게 된다. 이로 하여 그가 시인으로서의 박사라는 말을 듣는 것이다.)

이는 고전시학에서 용사는 작시법의 기본자질이며 불가피한 것이지만, 중요한 것은 전고를 어떻게 변용하는가 하는 점과 원전의 흔적을 남기지 않는 점 등 시인의 능력과 독창성에 좌우된다는 점을 잘 보여주고 있는 예가 된다. 이인로도 이에 대하여 일찍이 다음과 같이 말한 바 있다.

무斧鑿之痕 讀之者莫知用何事(작시상에서 흔적이 없어야 하고 어떤 전고를 사용하였는지 알지 못하게 해야 한다.)
— 李仁老, 『破閑集』卷下

그만큼 전고를 활용하되 흔적을 남기지 않을 정도로, 용사를 하는 시인의 의도에 따라 그의 시에 녹아 들어가는, 시인의 독창성이 중요한 자질이 되고 있는 것이다. 고전시학에서 모방 인용하려는 원전을 가시적으로 드러내는 방법을 차용(借用), 모방 인용하려는 원전을 가시적으로 드러내지 않아 모방 인용의 흔적이 내재화되어 있는 방법을 암용(暗用)으로 구분하고 있는데,[24] 물론 이 중에서 암용이 차용보다 월등히 뛰어난 작시법이 되고 있음은 말할 필요가 없다.

3) 상고적 문학관(尙古的 文學觀)과 술이부작(述而不作)

용사시학은 본질적으로 동양의 상고적 문학관에서 비롯된 것으로 이해된다. 상고적 문학관이란, 모든 가치 있는 것은 이미 과거에 완성되어 있다는 문학관을 의미한다. 가치 있는 것이 과거에 완성되어 있으므로 끊임없이 이를 참조하지 않을 수 없게 된다. 과거를 참조하여 현재를 이루어내는 것 즉, 전고를 활용하여 현재 작품의 새로운 의경을 드러내는 것이 바로 용사인 것이다.[25]

---

24) 이병한, 앞의 책, 179쪽.
25) 강명관, 앞의 논문, 『한국 현대시와 패러디』(현대미학사, 1996), 292쪽 참고

용사의 대상으로 흔히 문(文)에는 육경(六經)과 삼사(三史)를 들고 시(詩)에는 문선(文選), 이백집(李白集), 두보집(杜甫集), 한유집(韓愈集), 유종원집(柳宗元集)을 들고 있는 이유가 바로 이 상고적 문학관에 있다.26) 이와 같이 용사의 대상이 되는 원전은, 널리 잘 알려져 있는 시문일 뿐만 아니라, 이 원전은 또한 지배 이데올로기를 담고 있는 규범적인 텍스트에 해당하는 것이다.

공자가 말한 '술이부작(述而不作)'도 바로 상고적 문학관과 관련된다. 공자는 『논어』「술이(述而)」편에서 다음과 같이 말하고 있다.

> 述而不作 信而好古 竊比於我老彭(술이부작은, 선왕의 도를 서술하여 전하되, 사실에 근거없는 것을 창작하지 않는다.)

이 말은 성왕이나 성인이 모든 것을 말씀하였으므로 이 도를 바르게 전하는 것이 학문의 바른 자세임을 반증한 표현으로, 기존의 사실을 진실되고 정확하게 밝혀 나가는 것이 학문하는 자의 할 일임을 지적하고 있는 것에 해당한다. 『예기(禮記)』의 「악기(樂記)」편에 "作者之謂聖 述者之謂明"이라는 말이 있는데, 문물제도 제작의 권한이 있는 '작자'는 지위가 있을 뿐만 아니라 도덕이 높아 사물의 이치에 통달한 자로서 요(堯)·순(舜)·우(禹)·탕(湯)과 같은 성왕이 그에 해당되며, 서술하는 자로서의 '술자'는 시비를 가려 말할 수 있는 명석한 자로서 자유(子游)·자하(子夏)와 같이 성인의 도를 후세에 전할 수 있는 자가 그에 해당하는 것이다.27) 여기서 '술자'는 이어받는 자로서, 새로운 것을 만들어 말하지 않고 스스로 성인이나 성왕의 말씀의 정리자 내지는 전달자의 역할을 맡는 자를 뜻하게 된다.28)

고전시학에서 원전은 언제나 본받아야 할 전범이며, 이는 지배 이데올로기를 내재하고 있는 것이다. 그리고 이는 '술이부작'에 접맥되어 있다. 따라서, 용사

---

26) 전형대·정요일·최웅·정대림, 앞의 책, 79쪽.
27) 정요일, 「고전비평 용어의 개념 규정」, 『고전비평용어연구』(태학사, 1998), 132~134쪽.
28) 강명관, 앞의 논문, 『한국 현대시와 패러디』(현대미학사, 1996), 292쪽.

는 보수주의의 산물이며, 용사시학은 근본적으로 보수주의를 지향하는 것이 된다.

보수주의의 산물로서 용사는 '재도지기(載道之器)'의 문학관과도 연관이 되는 사항이다. 주지하는 바와 같이, 중국 송대의 주돈이(周敦頤)가 그의 『통서(通書)』의 「문사(文辭)」에서 "문소이재도야(文所以載道也)"라고 하여, 문장에 있어서 겉으로 드러난 문사(文辭)는 예(藝)요 문자에 담긴 내용으로서의 도덕이 실(實)이라는 의미의 '재도지기론'을 편 이래, "文者 載道之器"라는 관념은 우리의 고전 시학에서 보편화된 문학관이 되어 온 것이다.29) 본받아야 할 전범을 참고하는 용사가 다른 무엇보다도 훌륭한 재도지기의 방법이 되는 것은 너무도 자연스러운 사항이 된다.

그런데, 우리나라의 경우 조선 후기에 오면 정약용이 이 용사에서 주체성을 찾고 있어 주목된다. 즉, 다음에 보는 바와 같이, 모방 인용해야 할 원전을 중국에만 두는 사대성을 비판하고 우리의 고전 가운데에서 모방 인용해야 할 원전을 찾아야 한다고 강조하고 있는 것이다.

> 此後所作 須以用事爲主 雖然我邦之人 動用中國之事 亦是陋品 須取三國史 高麗史 國朝寶鑑 輿地勝覽 懲毖錄 燃藜述 及他東方文字 採其事實 考其地方 入於詩用 然後方可以名世而傳後(이로부터 시를 지을 때에는 반드시 용사를 위주로 해야 한다. 그러나 우리나라 사람들은 중국의 고사만을 사용하는데, 이 또한 비루한 성품 때문이다. 마땅히 『삼국사기』, 『고려사』, 『국조보감』, 『동국여지승람』, 『징비록』, 『연려실기술』 및 기타의 우리나라 문헌들에서 그 사실을 취하여 그 지방을 살핀 다음 시에 쓰도록 해야만 세상에 이름을 남기며 후세에 전할 수 있을 것이다.)
> ─ 丁若鏞, 『與猶堂全書』 卷二十一, 「寄淵兒」

용사시학으로 시작(詩作)을 할 경우에 우리의 고전 중에서 모방 인용할 원전을 취할 것을 강조한 정약용의 글은 주체성을 뚜렷이 강조한 것이긴 하지만,

---

29) 정요일, 「고전비평 용어의 개념 규정」, 『고전비평용어연구』(태학사, 1998), 107쪽.

여전히 참고해야 할 원전으로 들고 있는 것은 본받아야 할 규범에 해당한다. 따라서, 정약용의 경우도 용사론에서 상고주의와 재도지기의 문학관을 견지하고 있는 것으로 파악되는 것이다.30)

3. 패러디시학의 성격

1) 패러디의 기본체계

패러디는 의식적인 모방의 한 형식으로, 과거의 특정한 문학 작품이나 장르 등을 출발점으로 하여 그것의 각색을 현재적 문맥에 삽입시키는 문학적 전략이다.31) 패러디(parody)는 그 어원인 희랍어 'parodia'라는 단어에 이미 양면가치성이 존재한다. 여기서, 'parodia'는 'para'와 'odia'(부<賦>)가 결합되어 이루어진 용어이다. 그런데, 'para'는 '곁에'(beside) 또는 '가까이'(close to)라는 친밀감과 '반대하는'(counter) 또는 '반하는'(against)의 적대감이라는 의미로 동시에 해석될 수 있는 것이다. 패러디의 양면가치성, 곧 모방되는 선행 텍스트와의 명백한 일체감과 비평적 거리라는 두 의미는 고전적 용어 그 자체에 이미 내포되어 있다. 이 때의 비평적 거리가 패러디 시인의 창조성과 당대를 향한 의도를 뚜렷이 부각시켜 준다. 패러디에서 선행 텍스트에 대한 거리를 지닌 모방은 그의 모방 모델로부터의 의존과 독립이라는 패러디 시인의 양면가치적 관계를 반영한다.32)

그리고 패러디는 최소한 두 개의 의사소통 모델을 내포하고 있다. 패러디 시인과 패러디된 텍스트, 그리고 패러디 작품과 독자간이라는 두 가지가 그것이다. 이를 간략히 정리하면 다음과 같다.33)

---

30) 전형대 · 정요일 · 최웅 · 정대림, 앞의 책, 395쪽 참고.
31) Margaret Rose, 문흥술 역,『Parody/Metafiction(패로디/메타픽션)』,『심상』(1991. 11~1993.
   3) 연재분 1회, 163쪽.
   Patricia Waugh, 김상구 역,『Metafiction(메타픽션)』(열음사, 1989), 96쪽.
32) Margaret Rose, 문흥술 역, 앞의 책, 연재분 3회, 148~151쪽 참고 정리.

첫째는 패러디 시인과 패러디된 텍스트와의 의사소통이다. 패러디된 텍스트는 패러디 시인에 의해 해독되는데, 패러디 시인은 독자와 저자의 이중 역할, 곧 패러디된 텍스트의 해독자이면서 동시에 새로운 약호자인 것이다. 이는 패러디가 가진, 비평과 창조의 두 기능이 된다.

둘째는 패러디 작품과 독자와의 의사소통이다. 독자는 이미 익숙한 패러디된 텍스트뿐만 아니라 패러디 시인이 생산한 작품에도 주목하게 된다. 새롭게 변형된 형식 하에 제공되는 패러디된 텍스트를 봄으로써 놀라게 되며, 또한 패러디 시인의 작품에서 일어난 변화에 놀라게 된다. 패러디 작품의 수용 주체인 독자는 패러디된 텍스트와 패러디 작품을 비교하는 위치에서 해독해야 하는 것이다.

따라서, 패러디는 본질적으로 메타언어적이라고 할 수 있다. 그리고 패러디된 텍스트와 패러디 작품 사이에 상호텍스트의 관계를 내포하게 된다. '상호텍스트성'은 크리스테바가 처음 사용한 용어인데, 그 개념은 한 발화 즉, 문학작품이나 장르 등이 그 이전 또는 동시대의 다른 발화와 맺고 있는 관계를 의미한다.

그런데, 모든 패러디는 상호텍스트성을 지니지만, 상호텍스트성이 이루어진다고 해서 모두 패러디가 되는 것은 아니다.[34] 그리고, 허천은 '상호텍스트성'이란 용어는, 패러디와는 달리 비판성이 결여된 개념이라고 지적하고 있다.[35] 즉, 패러디가 되면 당연히 상호텍스트의 관계가 되는데, 이 개념은 그 관계만을 나타내는 가치중립적인 용어가 되는 것이다. 바흐친은 이를 텍스트상의 대화의 형식이라고 부르고 있다.[36]

---

33) 위의 책, 연재분 1회, 165쪽; 2회, 169~173쪽; 5회, 193쪽; 6회, 161쪽.
　　Patricia Waugh, 김상구 역, 앞의 책, 204쪽.
　　Ronald Paulson, 김옥수 역, 『The Fictions of Satire(풍자문학론)』(지평, 1992), 17쪽.
34) Michele Hannoosh, 『Parody and Decadence』(Ohio State Univ. Press, 1989), 14쪽.
35) Linda Hutcheon, 'The Politics of Postmodern Parody', 『Intertextuality』(Edited by Heinrich F. Plett, Walter De Gruyter, 1991), 225~234쪽.
36) Linda Hutcheon, 김상구・윤여복 역, 『A Theory of Parody(패러디 이론)』(문예출판사, 1992), 39쪽.

2) 패러디의 세 가지 형식

패러디 시인과 패러디 작품은 시적 소통의 수평축을 이루고 있다. 이 수평축에서 패러디 시인의 반대편에 패러디 작품의 수용 주체인 독자를 상정할 수 있다. 그리고 패러디에서 패러디된 텍스트는 패러디 작품의 선행 텍스트이므로 구도상 패러디 작품의 위에 설정된다. 그러면 패러디된 텍스트와 패러디 작품은 상호텍스트 관계의 수직축을 이루게 되는 것이다. 앞에서도 언급한 바와 같이, 패러디 시인은 독자와 저자의 이중 역할을 하게 되는데, 이는 곧 패러디된 텍스트에 대한 비평을 통해서 패러디 시인이 자신의 작품을 창조, 생산하는 것을 말한다.

그런데, 패러디하여 자신의 작품을 생산한 패러디 시인은 이데올로기적 주제를 바로 자신의 작품에 연결시켜 드러내는 것이 아니라, 선행 텍스트를 패러디하여 패러디 작품을 생산함으로써 이데올로기적 주제를 드러내는 것이다.

패러디 시인은 패러디된 텍스트에 대해 독자로서 비평의 역할을 하고, 그가 선택한 이데올로기적 주제에 맞추어 이 패러디된 텍스트를 창조적으로 수용함으로써 저자의 입장에서 패러디 작품을 생산한다. 패러디는 그 시대의 이념성과 연결되는 것이다. 그러면, 패러디된 텍스트와 패러디 작품 사이에는 패러디 관계의 구체적인 모습을 띠는 패러디형식을 갖추게 되는 것이다.[37] 여기서, 패러디된 텍스트와 패러디 작품 사이의 패러디형식을 유형화하면 다음과 같이 정리할 수 있다.

첫째, 패러디 작품이 패러디된 텍스트의 이데올로기적 지향을 그대로 수용하는 형식이 있을 수 있다. 이 때, 패러디 작품과 패러디된 텍스트는 상동관계에 있게 된다. 이 패러디형식을 상동형식이라 명명하기로 한다.

둘째, 패러디 작품이 패러디된 텍스트의 이데올로기적 지향을 변용시키는 형식이 있을 수 있다. 여기서의 변용 개념에는 반대 개념이 내포되어 있지 않다.

---

[37] Linda Hutcheon, 김상구·윤여복 역, 앞의 책, 9쪽. 권택영, 「패러디, 패스티쉬, 그리고 독창성」, 『현대시사상』 제13호(고려원, 1992.겨울), 188쪽.

이 때, 패러디 작품과 패러디된 텍스트는 변용관계에 있게 된다. 이 패러디형식을 변용형식이라고 명명하기로 한다.

셋째, 패러디 작품이 패러디된 텍스트의 이데올로기적 지향을 비판하여 상반되는 이데올로기적 지향을 내세우는 형식이 있을 수 있다. 이 때, 패러디 작품과 패러디된 텍스트는 반대관계에 있게 된다. 이 패러디형식을 반대형식이라고 명명하기로 한다.

3) 탈중심과 대화주의 문학관

바흐친은, 패러디는 순수한 장르들과는 유기적인 면에서 무관하지만 카니발적 장르들과는 유기적으로 고유하게 연관되어 있다고 한다. 그에 의하면, 패러디는 카니발적 장르에서 빼놓을 수 없는 가장 기본적인 요소이며, 패러디는 그 본질에 있어서 카니발적이라는 것이다. 카니발적 장르란 진지하면서도 해학적인 장르를 말하는데, 이는 하나의 독립된 장르라기보다는 여러 가지 다양한 장르들이 모여 이뤄진 장르의 집합체를 지칭한다.[38]

여기서, 패러디가 카니발적 장르와 밀접하게 연관되어, 패러디 작품은 카니발적 장르의 성격을 가진다고 볼 수 있다. 그리고 패러디 작품은, 카니발에 뿌리를 두고 있는 다성적인 (혹은, 상호텍스트적인) 문학의 특성을 띤다고 정리할 수 있을 것이다.[39]

또한, 바흐친은, 카니발적 장르는 언어의 원심력으로 이루어지는데, 언어의

---

38) Bakhtin, 김근식 역, 『Problemy poèiki Dostoevskogo 도스또예프스키 시학』(정음사, 1988), 184~187쪽.
    문희경, 「바흐친의 카니발과 카니발 문학」, 『현대비평과 이론』 제4호(한신문화사, 1992 가을·겨울), 348쪽.
39) 바흐친은 모든 문학장르 중에서 다성성이 가장 두드러지게 나타나는 장르는 소설이며, 이 소설은 피지배계급인 민중의 문학장르로 지배계급의 권위와 특권을 파괴하는 비공식 장르라고 한다. 하지만, 어떤 장르이든 카니발적 장르의 성격을 가진 패러디 작품의 경우는 다성적인 특성을 띠고 있는 것으로 볼 수 있다. 리파테르가 상호텍스트성을 다른 텍스트에 비추어 텍스트를 해독하는 행위로 정의한 것(Linda Hutcheon, 김상구·윤여복 역, 앞의 책, 63쪽)도 이를 뒷받침한다.

원심력은 각종 하위문화 내지 문학 형식을 통하여 공식문화를 웃음의 대상으로 삼는다고 하여, 그 풍자성을 지적하고 있다. 잘 짜인 패러디는 풍자의 기능을 높여주고 풍자는 패러디에 의존하여 목적을 달성하는 것이다.[40]

바흐친이 다성성과 다중적 스타일을 통해 드러내고자 한 것은 지배 이데올로기의 독백주의에 대립하여 각 사회 집단이 주고 받는 상호작용의 대화적 이데올로기, 나아가 피지배계층의 이데올로기인 것이다.[41]

패러디 자체가 과거와의 '비판적' 대화 양식이라는 점에서 과거의 고정된 기존 관념이나 전형들을 깨뜨림으로써 오히려 문학을 새롭게 갱신하는, 곧 '쇄신'의 징후를 드러내는 것인데,[42] 이는 바로 패러디가 가진 대화주의적 성격 때문에 가능한 것이 된다.

또 패러디는 지배 이데올로기에 도전하는 탈중심화의 기교이며 변두리의 가치를 재발견하는 기교이다. 과거의 모방이면서 비판인 패러디는 근본적으로 반권위주의가 바탕이 되고 있는 것이다.

그리고 패러디는 과거 텍스트와 현재 텍스트와의 통시적인 통합뿐만 아니라 공시적으로 여러 이질적 텍스트들의 혼합이라는 텍스트혼합현상을 드러낸다. 다시 말하면, 패러디되는 텍스트는 타예술장르, 대중문화 심지어 정치적 담론, 광고, 신문기사 등 비문학적 담론에까지 확장된다.[43] 그래서 패러디의 이러한 혼합 현상은 이질성과 차이성을 강조하는 상대주의와 탈중심의 다원주의 세계관의 필연적 산물이 된다. 패러디는 본질적으로 탈중심의 다원주의의 산물인 것이다.[44]

---

40) 권택영, 앞의 논문, 『현대시사상』제13회(고려원, 1992 겨울), 180쪽. 문희경, 앞의 논문, 『현대비평과 이론』제4호(한신문화사, 1992 가을·겨울) 참고.
41) 이득재, 「바흐친의 유물론적 언어이론」, 『문화과학』제2호(문화과학사, 1992 겨울) 참고.
42) 김준오, 「현대시의 패로디화와 이데올로기」, 『도시시와 해체시』(문학과비평사, 1992), 156쪽.
   Patricia Waugh, 김상구 역, 앞의 책, 90~91쪽.
43) Michele Hannoosh, 앞의 책, 13쪽.
44) Hutcheon, 『A Poetics of Postmodernism』(Routledge, 1988), 35쪽. 김준오, 「문학사와 패러

4. 용사시학과 패러디시학의 비교 검토

1) 용사와 패러디의 관계

동양의 문학이론에서 사용된 용사라는 개념은 패러디와 깊은 관련을 맺고 있는 것으로 여겨진다. 용사와 패러디는 기존의 텍스트를 인용하는 인유의 한 방식인 점에서는 같다. 패러디를 모방적 인유의 대표적인 형태로 보거나,[45] 용사를 기성의 언어화된 텍스트에서 특정한 관념이나 사적을 참조, 인용하는 인유의 방식으로 보는 것은[46] 이를 뒷받침한다. 전고(典故)의 원용인 '용사'를 가리켜 옛 것을 빌어서 현실을 설명하는 기법이라 일컫는[47] 것도 바로 패러디와 관련되는 사항이 된다.

또한 패러디와 용사는 잘 알려진 정전의 작품을 그 대상으로 삼으며, 패러디뿐만 아니라 용사도 원전을 원용한 기법이라는 점에서 상호텍스트적이다.[48] 그럴 뿐만 아니라 용사는 전고(典故)를 통한 상황, 의미, 내용, 언어의 원용인데, 궁극적으로는 신의(新意)의 모색에 있다. 이는 패로디가 지향하는 창작자의 의도 및 비판적 거리와 상통하는 것이다.[49] 상호텍스트성은 텍스트의 조건과 저자의 창조적 기능에도 작용하지만, 독자의 텍스트 지각능력과 해독능력에 관심을 초점화한다.[50] 다시 말하면, 용사시학과 패러디시학은 다 같이 작시법뿐만

디 시학」,『한국 현대시와 패러디』(현대미학사, 1996), 26쪽.
45) 김준오,『시론』(제4판: 삼지원, 1997), 232~235쪽.
46) 강명관, 앞의 논문,『한국 현대시와 패러디』(현대미학사, 1996), 295쪽. 김준오,「문학사와 패러디시학」,『한국 현대시와 패러디』(현대미학사, 1996), 32쪽에서 용사를 인용과 인유의 문학적 장치로 보고 있다.
44) 劉勰, 최신호 역주,『문심조룡(文心雕龍)』(현암사, 1975), 154쪽
48) 김준오,「문학사와 패러디 시학」,『한국 현대시와 패러디』(현대미학사, 1996), 29~32쪽.
49) 장홍재,『고려시대 시화비평 연구』(아세아문화사, 1987), 155~181쪽.
권택영, 앞의 논문,『현대시사상』제13호(고려원, 1992. 겨울) 참고
50) Derek N. C. Wood, 'Creative Indirection in Intertextual Space',『Intertextuality』(Edited by Heinrich F. Plett, Walter de Gruyter, 1991), 193~194쪽.

아니라 독시법까지 내포하고 있다. 패러디시학은 시인뿐만 아니라 독자들도 백과사전적이어야 하고 많은 학식과 교양을 갖추어야 한다는 정예주의가 요청된다.51) 이는 용사시학에서도 그대로 적용된다. 『동인시화』에 있는, '고인이 시를 지음에 시구의 출처가 없는 것이 없었다'(古人作詩 無一句無來處)는 말처럼 고전시학의 용사는, 패러디와 마찬가지로, 작시법뿐만 아니라 독시법에서도 정예주의를 요청하고 있다.52) 또한 용사는 고전에 널리 통하고 고금의 역사를 꿰뚫어 볼 수 있는 깊은 안목이나 소견이 있어야 좋은 문장을 짓고 뜻깊은 시를 지을 수 있다는 관점에서 출발하고 있는 것이다.53)

하지만, 용사는 시 텍스트의 구성 단계가 높은 단위로 올라갈수록 즉, 시편의 차원으로 높아갈수록 의격의 용사와 같은 흔적 없는 용사를 최대의 가치로 여기는 데 반해, 시의 구성이나 의격의 용사라는 면에서는 똑같은 현대의 패러디는 용사와는 반대로 흔적이 있는 것, 유래처를 공공연히 드러내는 것을 매우 중시한다.54) 앞의 2 항목 '용사시학의 성격'에서 언급한 바 있는 이인로의 "無斧鑿之痕, 讀之者莫知用何事"(작시상에서 흔적이 없어야 하고, 어떤 전고를 사용하였는지 알지 못하게 해야 한다.)도 바로 이와 관련된다.

또한 일반적으로 패러디의 범주에는, 장르에 대한 패러디, 한 시대나 조류에 대한 패러디, 특정 예술가에 대한 패러디, 개별 작품에 대한 패러디, 예술가의 전체 작품의 특징적 양식에 대한 패러디 등이 포함된다.55) 그런데, 용사는 대개 특정의 작품이 과거의 어떤 텍스트에서 착상과 수사적 방법을 차용하고 있는 경우를 가리킨다. 따라서 이를 패러디의 논리로 보자면, 패러디 대상 작품과 패러디 작품과의 관계에 해당하는 것이다. 따라서 용사는 패러디의 한 방법으로, 특정의 텍스트를 패러디하는 경우만으로 한정된다. 즉, 용사는 과거의 텍스트

---

51) Linda Hutcheon, 김상구·윤여복 역, 앞의 책, 157쪽 참고.
52) 김준오, 「문학사와 패러디 시학」, 『한국 현대시와 패러디』(현대미학사, 1996), 34쪽.
53) 정요일, 「한시비평 용어의 개념 규정」, 『고전비평용어연구』(태학사, 1998), 143~144쪽.
54) 김성룡, 앞의 논문, 『호서어문연구』 제4집(호서대학교 국어국문학과, 1996), 76~77쪽.
55) Linda Hutcheon, 김상구·윤여복 역, 앞의 책, 33쪽, 191쪽.

를 변형하는 패러디인 것이다.56)

2) 세 가지 형식의 비교

앞의 3 항목 '패러디시학의 성격'에서 패러디의 세 가지 형식을 살펴본 바 있는데, 동양시학의 용사이론에도 이와 연관될 수 있는 직용법(直用法)과 반의법(反意法) 그리고 번안법(飜案法)이 있음을 주목해야 한다.

> 古人用事, 有直用其事, 有反其意而用之者, 直用其事, 人皆能之, 反其意而用之, 非材料卓越者, 自不能到 崔拙翁太公釣周詩 當年把釣釣無鉤 意不求魚況釣周 終遇文王眞偶爾 此言吾爲古人羞 盖發明釣周 非太公之本心 能反古人意 自出機軸 格高律新(옛 사람들이 용사를 함에 있어서는 그 고사를 그대로 쓴 경우가 있고 그 고사의 뜻을 뒤집어 쓴 경우가 있었으니, 그 고사를 그대로 쓰는 것은 사람마다 능히 할 수 있으나 그 고사의 뜻을 뒤집어서 쓴 것은 재주가 탁월한 자가 아니면 스스로 능히 그 경지에 도달할 수 없다. 최졸옹의 「태공조주시(太公釣周詩)는 다음과 같다. "그때 낚싯대에 바늘이 없어 / 고기에 뜻이 없었으니, 하물며 주나라랴 / 막판에 문왕(文王)을 만난 것 우연일 뿐이니 / 나는 사람들의 말을 옛사람을 위해 부끄러워 하노라" 이 시는 모두 주나라 문왕을 낚는 것이 태공의 본심이 아니었음을 밝힌 것이다. 능히 옛사람의 뜻을 뒤집어서 스스로 축이 될 만한 생각을 표현하였는데, 격이 높고 운율도 참신하다.)

> 趙先生嘗詠秋穫詩 有磨鎌似新月之句 語予曰 韓退之詩云 新月似磨鎌 吾用此語 而反其意此謂飜案法 學詩者不可不知(조선생이 일찍이 가을 추수를 두고 지은 시에, "갈아 놓은 낫이 초승달 같구료"라는 구절이 있었다. 그가 나에게 말하기를, "한퇴지의 시에 "초승달이 갈아놓은 낫 같구나" 라는 구절이 있는데, 나는 이 어구를 쓰되 그 뜻을 반대로 하였으니, 이것을 일러 번안법이라고 한다. 시를 배우는 사람은 알지 않으면 안될 것이다."라고 하였다.)
> ─ 徐居正, 『東人詩話』 卷下

---

56) 강명관, 앞의 논문, 『한국 현대시와 패러디』(현대미학사, 1996), 286쪽, 292~296쪽.

용사에 직용법과 반의법이 있음을 지적한 앞의 인용에서, 창의적인 반의법에 보다 큰 가치를 부여하고 있음을 알 수 있다. 그리고 뒤의 인용에서는 번안법에 대해 말하고 있으나, 그 개념이 모호한 것으로 여겨진다. 이 번안법은 당대 시인들 사이에 공감대가 형성되지 않았던 것으로 보인다.[57]

앞의 3항목 '패러디시학의 성격'에서 설정한 상동형식, 반대형식 그리고 변용형식은 용사이론에서의 직용법과 반의법 그리고 번안법과 밀접한 관련을 가진다. 패러디에서는 상동형식보다는 반대형식과 변용형식이 두드러지는데, 이는 과거에 대한 비판을 중시하는 탈중심과 대화주의의 문학관 때문이다. 이에 비해 용사에서는 대개의 경우 패러디 작품과 패러디 대상과의 관계는 직용이다. 이는 용사가 근본적으로 상고주의와 재도지기의 문학관에 입각해 있으며, 이때 모방 인용되는 원전이 따르고자 하는 규범에 해당하기 때문이다. 그리고 드물긴 하지만 용사에서 원래 텍스트의 의미를 반대로 해석하는 것이 반용법인데, 기성의 텍스트를 패러디하되 패러디 작품이 대상 텍스트에 대해서 주제상 혹은 어조상 반대의 관계에 놓이는 것을 반용법으로 확장해서 정의할 수 있다. 이 경우 패러디 대상 작품과 패러디 작품 사이에는 세계관에 있어서 대척적인 관계가 성립하게 된다.[58] 이와 같이, 직용법과 반의법의 경우는 상동형식과 반대형식의 논리가 거의 같다. 그리고 번안법은 작품의 특정 부분의 비유관계를 전도시키는 수사적 방법으로 직용법과 반용법의 중간에 위치하는 것인데,[59] 이 경우는 변용형식과 차이가 있다. 따라서 번안법은 패러디의 논리에 따라 굴절시켜야 하는 것이다.

그런데, 패러디의 세 가지 형식 중에서, 상동형식보다 변용형식과 반대형식이 더 큰 가치를 띠게 되는데, 이는 패러디가 지닌 비평적 거리의 의미와 상통한다. 비평적 거리가 패러디 시인의 창조성과 당대를 향한 의도를 더욱 뚜렷이

---

[57] 최신호, 「초기시화에 나타난 용사이론의 양상」, 『고전문학연구』 제1집(한국고전문학연구회, 1971), 129쪽.
[58] 강명관, 앞의 논문, 『한국 현대시와 패러디』(현대미학사, 1996), 302~305쪽.
[59] 위의 논문, 『한국 현대시와 패러디』(현대미학사, 1996), 307쪽.

부각시켜 주는 것이다.

3) 문학관의 비교

앞의 2항목에서 살펴본 바와 같이 용사시학은 본질적으로 보수주의의 산물로서, 가치 있는 모든 것은 이미 과거에 완성되어 있다는 상고주의적 문학관과 재도지기의 문학관에서 비롯된 것이다. 그리고 이른바 '술이부작(述而不作)'도 바로 이 상고적 문학관과 관련되어 있는 것이다. 이어받는 자로서 '술자'가 할 일은 새로운 것을 만들어 말하지 않고 스스로 성인이나 성왕의 말씀의 정리자 내지는 전달자의 역할을 맡는 것이다. 요컨데, 용사는 권위주의적 이데올로기의 산물이 된다. 용사에서 모방 인용되는 대상이 규범적인 원전이며, 형식에 있어서도 직용법이 우세한 것은 바로 이 때문이다.

패러디는 과거와의 '비판적' 대화 양식으로 대화주의를 바탕에 깔고 있다. 그래서 과거의 고정된 기존 관념이나 전형들을 깨뜨림으로써 문학을 새롭게 갱신하는, 곧 '쇄신'의 징후를 드러내는 것이다. 패러디가 지닌 정당화된 위반은 패러디가 지닌 보수주의와 진보주의 또는 보수적 힘과 혁명적 힘의 이중적 충동에서 유래한다.60) 또한 패러디는 지배 이데올로기에 도전하는 탈중심주의와 변두리의 가치를 재발견하는 반권위주의가 그 바탕이 되고 있는 것이다. 대개의 패러디는 과거보다는 당대적 관습과 당대의 정치와 현실을 비판하기 위하여 진지한, 때로는 신성한 원전을 비판적으로 개작한다.61) 패러디의 형식이 상동형식보다는 반대형식이나 변용형식이 두드러진 것은 바로 이 때문이다. 그리고 패러디되는 텍스트도 과거의 규범적인 텍스트에 한정되는 것이 아니라 현재의 텍스트 나아가 비규범적인 텍스트와 비문학적인 텍스트에 확장되는 것은 바로 이 때문이다. 이와 같이 패러디는 텍스트혼합현상을 드러내는데, 이 현상은 이질성과 차이성을 강조하는 다원주의 세계관의 산물이 된다.

---

60) Linda Hutcheon, 김상구·윤여복 역, 앞의 책, 46쪽.
61) 김준오, 「문학사와 패러디 시학」, 『한국 현대시와 패러디』(현대미학사, 1996), 20쪽.

3. 맺음말

이 글은 동양시학과 서구시학, 또는 우리의 고전시학과 현대시학의 관련성을 구체적으로 살펴보는 연구의 일환으로, 고전(동양)문학이론의 용사시학과 현대(서구)문학이론의 패러디시학을 비교 검토한 것이었다. 이를 위해 용사시학과 패러디시학의 성격을 개별적으로 검토하고 정리한 뒤, 용사와 패러디와 관계, 세 가지 형식의 비교, 문학관의 비교 순으로 용사시학과 패러디시학의 공통점과 변별점을 살펴보았다. 이를 간략하게 정리하면 다음과 같다.

첫째, 용사와 패러디는 인유의 한 방식이며 상호텍스트성을 내재하고 있다. 그리고 작시법과 독시법의 양 측면에서 정예주의가 요청된다. 그런데, 용사는 원전의 흔적을 남기지 않는 것에 최대의 가치를 두고 있는 것에 반하여, 패러디는 원전의 흔적을 드러내는 것을 매우 중시한다. 그리고 패러디는 모방되는 원전의 범주가 넓은 데 비하여 용사는 과거의 특정한 작품에 한정된다.

둘째, 용사시학의 직용법, 반용법, 번안법은 패러디시학의 상동형식, 반대형식, 변용형식과 일정한 관련을 가진다. 용사에서는 직용법이 두드러지는데, 이는 모방 인용되는 원전이 따르고자 하는 규범에 해당되기 때문이다. 용사는 상고주의와 재도지기의 문학관과 연관된다. 이에 비해, 패러디에서는 상동형식보다는 반대형식과 변용형식이 두드러지는데, 이는 과거에 대한 비판을 중시하는 탈중심과 대화주의 문학관 때문이다. 패러디에서의 직용법과 반용법이 패러디에서의 상동형식과 반대형식에 상응하는 데 비해, 용사의 번안법은 패러디에서의 변용형식과 차이가 있어, 작품의 특정 부분의 비유관계를 전도시키는 수사적 방법을 사용하는 경우에 해당한다.

셋째, 상고주의와 재도지기의 문학관을 바탕으로 하고 있는 용사시학은 '술이부작'과 연관되고 근본적으로 보수주의의 산물이 된다. 이에 비해 패러디는 탈중심과 반권위주의의 문학관을 바탕으로 하고 있는데, 이는 패러디되는 텍스트가 현재의 텍스트 나아가 비문학적 텍스트로 확장되는 것과도 연관된다. 그리고 패러디는 텍스트혼합현상도 드러내는데, 이질성과 차이성을 강조하는 다원주의의 세계관과 관련이 되는 사항이다.

  이상과 같이, 용사시학과 패러디시학의 공통점과 변별점을 살펴보았는데, 이는 시학의 보편성에 대한 탐구 가운데에서 우리 시학의 특성을 발견하려는 노력의 하나가 될 것이다. 그리고 우리에게 부족한 고전시학과 현대시학의 연계를 구상하는 데에 일정한 도움이 될 것으로 생각한다.

동양의 주체적인 이론 탐색

1. 양가성과 탈중심주의

양가성(ambivalence)은 탈중심주의적 사유의 표출로 이해된다.[1] 탈중심주의의 사유는 탈근대의 두드러진 인식의 틀인데, 정신/육체, 지성/감성, 초월/경험, 남성/여성, 서양/동양 등의 이분법에서 그동안 중심의 위치를 차지해 온 앞 항목에 대항하여 뒷 항목을 부각시키는 전략적 태도에 값한다. 그래서 궁극적으로는 앞 항목과 마찬가지로 뒷 항목도 동일한 가치를 지니고 있다는 것을 의미하게 된다.

이 글에서 살펴보려고 하는 현대시에 나타나 있는 동양과 서양의 문제는, 결국 현대시 작품에 형상화되어 있거나 내재되어 있는 탈중심주의적 사고의 일단을 살펴보는 것이 된다. 이것은 현대시 작품을 통해 탈근대의 두드러진 인식의 틀인 탈중심주의의 사유에 따라 '서양 중심, 동양 주변'을 전복시키는 태도와 관련된다. 이는 근대 서양중심주의에 대한 도전이 되고 전략적으로 동양을 부각시키는 게 된다.

---

[1] 양가성은 가치의 무차별성과 이 가치를 지칭하는 언어의 무차별성 그리고 방향상실과 무주체성과 연관된다. 그러면서 이분법을 해체하려는 양가성은 지배 이데올로기의 독백성과 단의성에 저항하는 카니발적 다성성과도 연관된다. 이 글에서는 양가성을 이분법을 해체하려는 탈중심주의적 표출로 이해하면서, 양가성 자체에 내재되어 있는 저항성과 무주체성이라는 이중적 성격을 포괄하고자 한다. Peter V. Zima, 서영상·김창주 역, 『Roman und Ideologie - Zur Sozialgeschichte des Modernen Romans(소설과 이데올로기 - 현대 소설의 사회사)』(문예출판사, 1996) 참고.

2. 오리엔탈리즘과 탈식민주의의 양가성

오리엔탈리즘은, 동양에 대한 서양의 사고방식이자 지배방식을 의미한다. 이는 오랫동안 서양이 자신을 주체로 삼고 동양을 타자로 분리하여 차별적인 서열체계와 우열의식을 심음으로써 자신의 정체성을 확립해간 문화적 헤게모니의 장치인 것이다. 그래서 오리엔탈리즘은 근대 서양의 지배적이고 위압적인 지식의 체계에서 생긴 것으로 이해된다. 그리고 오리엔탈리즘의 연원을 거슬러 올라가면, 이는 근대에 와서 이루어진 서양의 지리적 확장과 식민지주의, 인종차별주의, 자민족중심주의와 결부됨으로써 지배의 양식으로 대두한 것이다.[2]

따라서 오리엔탈리즘에 저항하는 탈오리엔탈리즘적 사고는 지식의 체계를 권력의 제도와 실천 사이의 상호작용에서 찾아 주체적인 입장에서 이를 비판적으로 재구성해 가는 지적이며 정치적인 실천이 되지 않을 수 없게 된다.[3] 탈근대의 탈중심주의적 사유 가운데 이러한 탈오리엔탈리즘적 사고가 바로 탈식민주의인 것이다.[4] 그런데, 탈식민주의는 그동안 여러 이론가에 의해 수정 변화되어 온 것으로 이해된다. 여기서 이 변화를 이해하는 가장 중요한 개념이 다름 아닌 양가성(ambivalence)이다.

탈식민주의의 수정 변화를, 무어-길버트는, 에드워드 사이드의 『오리엔탈리즘』의 출간을 분기점으로 하여 그 이전을 '탈식민주의 비평(criticism)', 그 이후를 '탈식민주의 이론(theory)'으로 구분한다. 이 때, '탈식민주의 비평'과 '탈식민주의 이론'은 식민주의의 담론적, 이데올로기적 헤게모니를 극복하고 피억압자의 문화적 정체성을 확립하려는 목표를 공유한다. 그러나 '탈식민주의 비평'이

---

2) Edward W. Said, 박홍규 역, 『Orientalism(오리엔탈리즘)』(교보문고, 1991). 특히, 11~58쪽, 525~587쪽 참고 바람.
3) 姜尙中, 이경덕·임성모 역, 『ORIENTALISM NO KANATAE(오리엔탈리즘을 넘어서)』 (이산, 1977), 187쪽.
4) 권택영, 「탈식민주의와 문화비평 - 이론과 실천」, 『현대시사상』 제26호(고려원, 1996. 봄), 73쪽. 여기서 권택영은, 탈식민주의를 탈중심주의가 나라와 나라 사이 즉, 제3세계의 문제로 확장된 것이라고 설명하고 있다.

제3세계의 자생적이고 주체적인 입장을 견지한 것이었다면, '탈식민주의 이론'은 탈구조주의와 해체론을 비롯한 서구 이론의 원용으로 그 변화된 모습을 드러내고 있는 것이다.5)

우선, 사이드는 그의 『오리엔탈리즘』이 미셸 푸코의 지식-권력론에 의존함으로써 서양이 지닌 오리엔탈리즘의 일관성과 일방성을 드러내게 되어 저항 담론의 가능성을 원천적으로 봉쇄하고 있다는 비판을 받기도 하지만,6) 『오리엔탈리즘』 이후의 저술들에서는 제3세계로부터 거리를 두고 제국주의 내부의 위치에서 이루어지는 저항에 무게를 둠으로써 사이드의 저항이 미심쩍은 것이 되고 있다는 비판을 받고 있다.7) 왜냐 하면, 이 경우, 사이드가 제국주의에 저항하는 지식인의 입장을 가지면서도 제국주의에 어느 정도 타협적이 될 수밖에 없기 때문이다. 그래서 강조되어야 할 지배/피지배, 억압/저항의 관계가 타협과 조화의 관계로 변형되어 버리기 쉽기 때문이다. 이러한 탈식민주의 이론의 성향을 비판적으로 바라보는 아이자즈 아마드는 사이드가 제국주의 체제 내에서 제국주의의 언어를 이용하여 제국주의 체제를 비판하는 것은 제3세계 출신 지식인이 서구에서 살아남기 위한 일종의 전략으로 간주하기까지 한다.8) 문화적 식민지인이 아무리 제국의 언어를 사용한다고 해도, 그는 주변부에만 위치할 뿐 결코 지배권력의 중심부에는 들어갈 수가 없는 것이다.9)

여기서, 제국주의 체제를 비판하기 위해서 제국주의 언어를 이용하는 전략을 아마드는 양가성(ambivalence)이라 했는데, 이 개념은 호미 바바의 탈식민주의 이론을 설명하는 핵심 개념이 된다. 바바의 양가성은 제국의 주체를 모방하는

---

5) 이경원, 「저항인가, 유희인가? : 탈식민주의의 반성과 전망」, 『문학과 사회』 제42호(문학과지성사, 1998.여름), 756쪽 참고.
6) 위의 논문, 『문학과 사회』 제42호(문학과 지성사, 1998. 여름), 729쪽 참고.
7) 『오리엔탈리즘』 이후에 간행된 Said의 대표적인 저술은 『Culture and Imperialism(문화와 제국주의)』(김성곤·정정호 역, 창, 1995)이다.
8) 고부응, 「에드워드 사이드 : 변경의 지식인」, 『현대시사상』 제26호(고려원, 1996.봄), 105~107쪽 참고.
9) 김성곤, 「탈식민주의적 책읽기와 영문학 연구」, 『외국문학』 제38호(열음사, 1994. 봄), 19쪽.

동시에 그것에 저항하는 것으로, 멀리는 오이디푸스의 구조로 이해될 수 있는 것이다.[10] 바바의 탈식민주의 전략인 양가성은 프란츠 파농의 '하얀 가면 검은 피부'라는 분열증을 적극적으로 끌어들인 것인데,[11] 바바는 이 양가성을 라깡의 흉내내기(mimicry)로 설명한다.[12] 이 경우 흉내내기는 적에 저항하기 위한 닮음으로, 일종의 위장이 되는 것이다.[13]

바바의 양가성은 서구/비서구, 중심/주변, 지배/피지배의 이분법적 도식을 해체하려는 탈식민주의의 정교한 전략이긴 하지만, 식민지 침탈과 억압이라는 역사적 실재와 특수성에 주의를 기울이지 않아 단순한 이론적 천착으로 흐를 가능성이 많다. 그래서 이는 탈식민주의 담론의 실천과정이 식민권력에 대한 저항뿐만 아니라 이 식민권력의 재생산을 동시에 수반하는 가능성을 지니지 않을 수 없는 것이다.[14]

탈식민주의가 서구/비서구, 중심/주변, 지배/피지배의 이분법적 틀을 해체하면서 이론적으로는 보다 세련되었지만, 정치적 '행동'은 제3세계의 몫으로 하고 철학적 '사유'는 서구의 전유물로 구분하는 전지구적 노동 분화를 조장하면서 분열증에 빠지고 있는 것으로 이해되기도 한다. 다시 말하면, 그 이론의 주변성은 탈피한 대신 이전의 '탈식민주의 비평'이 지녔던 전복성을 상실하게 되는 결과를 초래하고 있는 것이다.[15] 그리고 지배 주체는 물론 저항 주체도 '탈중심화'해야 하는 양가성의 개념에서 보는 바와 같이, 현실에 엄연히 존재하는 힘의

---

10) 민승기,「바바의 모호성」,『현대시사상』제26호(고려원, 1996. 봄), 130쪽 참고.
11) Frantz Fanon이 1952년에 출간한 책『White Masks, Black Skin(하얀 가면, 검은 피부)』는 제목 자체에서 비서구인의 분열증을 드러내 보여주고 있다.
12) 쉽게 이해할 수 있는 Lacan의 이론서, Madan Sarup, 김해수 역,『Jaques Lacan(알기 쉬운 자끄 라깡)』(백의, 1994)과 권택영,『영화와 소설 속의 욕망이론』(민음사, 1995), 15~123쪽 참고 바람.
13) 권택영, 앞의 논문,『현대시사상』제26호(고려원, 1996. 봄), 82~83쪽.
14) 이경원,「탈식민주의론의 탈역사성 - 호미 바바의 '양면성' 이론과 그 문제점」,『실천문학』제50호(실천문학사, 1998.여름), 258~273쪽 참고. 인용 논문의 제목에서 보이는 '양면성'이 여기에서 다루고 있는 '양가성'이다.
15) 이경원,「저항인가, 유희인가?: 탈식민주의의 반성과 전망」,『문학과 사회』제42호(문학과지성사, 1998. 여름), 753~756쪽 참고.

불균형을 간과함으로써 서구의 다문화주의가 노리는 중심에 대한 비판의 약화를 초래하기 쉬운 것이 되고 있다.16)

탈식민주의 이론은 이것의 이론화·제도화·서구화로 변화되고 있는데, 이 과정에서 탈식민주의의 저항성과 전복성이 퇴색해가고 있는 것으로 여겨진다. 그래서 '우리'와 '그들'의 위치 설정은 자칫하면 이항대립적 논리가 되기 쉽긴 하지만, 저항 담론의 구성에서 이 과정이 온전히 생략되기는 불가능한 것으로 이해된다. 무엇보다도 탈식민주의의 역사성과 실천성은 제3세계의 현실과 입장에 뿌리를 내려야만 제대로 확보될 수 있는 것이기 때문이다.17)

그러나 탈오리엔탈리즘적 사고인 탈식민주의는 결코 이항대립을 통하여 또 다른 지배방식, 이를테면 옥시덴탈리즘(Occidentalism)을 꿈꾸는 것은 아니다. 이는 현실적으로 가능하지도 않다. 탈식민주의에서 지향하는 저항은 어디까지나 방법론적인 저항인 것이다.18)

근래에 간행되어 널리 읽히고 있는 새무얼 헌팅턴의 『문명의 충돌』은19) 다름 아닌 재무장한 오리엔탈리즘으로 동양에 대한 새로운 봉쇄전략을 드러내고 있는 저서에 해당한다.20) 이와 같이 서양은 끊임없이 새로운 방식으로 오리엔탈리즘을 생산하여 동양을 억압하고 지배하려는 전략을 추구하고 있다. 따라서 탈오리엔탈리즘적 사고로서의 탈식민주의는 동양과 제3세계의 입장을 견지하여 서양의 새로운 오리엔탈리즘에 대한 저항을 내보여야 한다. 그리고 서양 중심의 보편성에 저항하여, 서양과 차이를 가진 동양이란 정체성을 확보하기 위

---

16) 위의 논문, 『문학과 사회』 제42호(문학과지성사, 1998. 여름), 750~761쪽 참고
   고갑희, 「한국의 영문학 연구와 페미니즘 : 페미니즘을 통한 인식의 전환과 이론의 쟁점화」, 『안과 밖』(1996년 하반기) 참고
17) 이경원, 「저항인가, 유희인가? : 탈식민주의의 반성과 전망」, 『문학과 사회』 제42호(문학과지성사, 1998. 여름), 762~780쪽 참고.
18) 姜尙中, 이경덕·임성모 역, 앞의 책, 174~204쪽 참고. 일본의 또 다른 오리엔탈리즘에 대한 비판은 이 책, 77~133쪽 참고 바람.
19) Samuel P. Huntington, 이희재 역, 『The Clash of Civilizations(문명의 충돌)』(김영사, 1997).
20) 강정인, 「오리엔탈리즘으로 무장한 새로운 냉전질서의 구상-사무엘 헌팅턴의 『문명의 충돌』」, 『동아시아 문화와 사상-동아시아 문화 포럼』(열화당, 1998), 258~272쪽.

한 방법론적 전략이 필요하게 되는 것이다.[21]

3. 탈식민주의의 시적 저항

현대시에 나타난 동양과 서양의 문제를 살펴보고 있는 이 글의 논조가 '서양 중심/동양 주변'을 전복시켜 전략적으로 서양에 저항하고 동양을 부각시키고 있는 것은 바로 위에 언급한 사항 때문이다.

탈식민주의는 특권적인 장으로서의 서양 중심에 대항해서 동양을 복권시키려고 하는 탈근대의 사상을 의미한다. 여기서, 탈식민주의를 좀 더 구체적으로 정리하면, 식민지국가가 제국주의에 의한 정치적 예속 상태에서 해방되었다 할지라도 여전히 문화적 혹은 경제적으로 제국주의의 속박에서 벗어나지 못한 식민지적 상황을 직시하고 제국주의의 문화적 혹은 경제적 억압구조로부터의 해방을 지향하는 문학 내지 문화 운동을 가리킨다.[22] 따라서 탈식민주의는 반제국주의 및 민족주의 그리고 제3세계적 인식을 드러내고 있는 것이다. 그런데 이 경우 민족주의는 종래의 편협한 민족주의를 넘어서 비교문화적이고 통문화적인 민족주의의 모습을 띠게 된다.[23]

탈식민주의의 문화전략은 다음과 같이 몇 가지로 정리될 수 있다. 첫째는 '탈식민화'(Decolonization)인데, 이는 식민지 이전 자국의 문화와 언어를 다시 회복하거나 문화적 합병을 제안하는 방법을 말한다. 둘째는 '폐지'(Abrogation)인데,

---

21) 김성곤, 「탈식민주의 시대의 문학」, 『외국문학』제31호(열음사, 1992. 여름), 22~23쪽. 여기서 Chinua Achebe가 「식민주의 비평」에서 유럽의 제국주의 이데올로기에 봉사한 '보편성'이란 용어의 사용을 중지할 것과 유럽이 아프리카에 부여한 정체성을 탈정체해야 한다고 언급하고 있는데, 이는 동양의 경우에도 그대로 적용할 수 있는 사항이 된다.

22) Bill Ashcroft · Gareth Griffiths · Helen Tiffin, 이석호 역, 『The Empire Writes Back(포스트 콜로니얼 문학이론)』(민음사, 1996), 12~29쪽 참고.

23) 「'탈식민주의시대의 글쓰기와 책읽기' 특집을 엮으며」, 『외국문학』 제31호(열음사, 1992. 여름), 8~9쪽.

이는 지배문화를 거부하는 방법을 말한다. 셋째는 '전유'(Appropriation)인데, 이는 중심문화의 언어를 바꾸어서 재구성하는 방법을 말한다. 넷째는 '되받아쓰기'(Write Back)인데, 이는 지배 언술에 의해 성전화된 텍스트를 새로운 시각으로 다시 쓰면서 지배 언술의 음모와 허구성을 폭로하는 방법을 말한다.24)

이 글에서는 이와 같은 탈식민주의 문화전략을 활용하여 서양(중심)에 대한 저항과 동양(주변)의 부각이 제대로 드러나 있는 것을 시작품을 예로 들어 살펴보기로 한다.

우선, 1970년대에 집중적으로 씌어진 김지하의 판소리시는 전통구비장르인 판소리를 패러디하는 반근대성의 시적 방법론으로 표출하고 있다. 그런데, 이 반근대성은 작품의 구체적인 양상으로는 주체적이지 못한 근대에 대한 비판과 탈식민주의의 문학 전략으로도 나타나고 있는 것으로 여겨진다.

> 영광입니다 각하 근대화작업에 얼마나 고되십니까 각하
> 오늘은 평민이래두, 허허허 이 집이 바로 근대화의 상징이군, 잘됐어 잘됐어 잘됐어!
> [……]
> 휘황한 샹들리에 휘황한 저 아련한 베르사이유宮의 저 아련한 추억!
> 바닥에는 카펫 벽에는 타볠 그 위엔 거대한 베라스케쯔
> ― 김지하, 「蜚語」 중 「尻觀」 부분25)

위 인용은 고관이 묘령의 사치스러운 여인과 동침하려고 거대한 호텔에 들어가는 대목인데, 추악한 일을 위해 고관은 자신의 신분을 숨기고 스스로 평민의 입장이 되려고 한다. 그리고 추악한 일의 장소로 제공되는 호텔이 "근대화의 상징"으로 나오는데, 고관의 의식 속에 서구의 추억이 겹쳐진다. 이는 서양에만 경도된 근대화의 모습을 단적으로 보여주고 있는 것이 된다. 여기서 짐승으로

---

24) Bill Ashcroft · Gareth Griffiths · Helen Tiffin, 이석호 역, 앞의 책. 김성곤, 「탈식민주의 시대의 문학」, 『외국문학』 제31호(1992. 여름), 24~26쪽. 송현호, 「채만식의 탈식민적 경향에 대한 고찰」, 『관악어문연구』 제17집(서울대 국문과, 1992), 13~15쪽 참고.
25) 김지하, 『오적 - 담시집』(결정본 『김지하 시전집』 3, 솔, 1993)

묘사되고 있는 풍자대상인 고관은 '고관(高官)'으로도 읽힌다. "근대화 작업" 곧 서구화 작업에 힘써 온 고관에 대한 풍자는 주체적이지 못한 근대화에 대한 풍자로 연결된다. 이는 반서구의식의 양상으로 나타나기도 한다.

따라서, 김지하가 우리 전통 장르의 하나인 판소리를 패러디하여 판소리시를 생산한 것은 그 형식과 내용면에서 탈식민주의적 색채를 다분히 띠고 있는 것으로 여겨진다.26) 다시 말하면, 김지하가 우리의 전통 문화인 판소리에 대해 재인식하고 이를 창조적으로 수용하여 판소리시를 생산함으로써 반서구의식을 드러내고 있는 것은 민족 문화의 회복을 통한 민족 주체 확립의 '탈식민화'(Decolonization) 전략이라 할 수 있는 것이다.

> 문짝마다 번쩍거리는 저 미제 알파벳은
> 아시아를 좀먹는 하나의 음모이다
> 거리마다 흘러가는 저 자본의 물결은
> 아시아를 목조르는 합법적 강간이다
> [……]
> 거리마다 흘러가는 저 팝송가락은
> 아시아 사람들의 신명이 아니다
> 칼자루를 쥔 제국의 음모가
> 종말처럼 가까이 다가오고 있을 뿐
> ─ 고정희, 「브로드웨이를 지나며」 부분27)

이 시는 고정희 시인의 유고시집 『모든 사라지는 것들은 뒤에 여백을 남긴다』에 수록되어 있는 시이다. 그런데, 이 시집은 시인이 작고하기 일년 전인 1990년 아시아 종교음악연구소 초청으로 필리핀 마닐라에서 개최된 '탈식민지 시와 음악 워크샵'에 참여하면서 쓰기 시작한 「밥과 자본주의」, 「외경읽기」의 연작시를 중심으로 묶여져 있다. 그래서 '탈식민주의 시'라 이름 붙일 수 있는 작품들이 상당히 많이 보인다.

---

26) 고현철, 『현대시의 패러디와 장르 이론』(태학사, 1997), 133~136쪽 참고 바람.
27) 고정희, 『모든 사라지는 것들은 뒤에 여백을 남긴다』(창작과비평사, 1992).

위에 인용한 시 「브로드웨이를 지나며」를 통해 고정희는, 환유적 기법을 따라 "미제 알파벳"으로 처리된 제국주의의 문화적 침투와 "자본의 물결"이라는 제국주의의 경제적 침략은 제3세계인 가난한 나라 "아시아"를 여전히 "좀먹"고 "목조르는" 식민지적 지배에 다름 아니라고 밝히고 있다. 이는 탈식민주의의 문화전략 가운데, 지배문화를 거부하는 '폐지'로 볼 수 있다. 그리하여 고정희는 여전히 식민 상태에 있지만 '경보장치'가 없는 아시아를 사뭇 교도적인 목소리로 깨우치고 있다. 경제적으로 지배하고 있는 제국주의의 상표는 아시아인의 희망이 결코 아니며, 문화적으로 지배하고 있는 "팝송가락"도 아시아인의 "신명이 아니"라고 그것은 "칼자루를 쥔 제국의 음모"일 뿐이라고 단언하고 있다.

고정희는 이와 같이 이 작품에서 지배 언술인 "희망"과 "신명"의 허구성을 폭로하여, 이것이 사실은 "제국의 음모"라고 되받아쓰고 있는 것이다. 따라서 고정희는 지배문화를 거부하는 '폐기'에다가 주체적인 입장에서 지배 언술의 음모와 허구성을 밝혀 다시 쓰는 '되받아쓰기'의 탈식민주의 문화전략을 활용함으로써 탈식민주의의 시적 저항을 적극 실천하고 있는 것이다.

그리하여 고정희는 다른 시 작품에서, 19세기 말 스페인제국으로부터의 민족해방운동을 주도했던 필리핀의 국부 호세 리잘의 목소리를 빌어, 다음과 같이 격정적으로 제국주의 및 식민주의로부터의 해방을 힘껏 부르짖는다.

제국의 날카로운 채찍이 그대 등을 후려치고
겨레의 가난으로 등이 휘어졌구나
[……]
함께 가자, 아시아인이여
우리는 이제 서로 손을 잡아야 한다
침략의 술잔으로 축배를 들던
백인의 시대는 끝났다
아시안이 아시안의 적이던 시대도 끝나야 한다
침략의 경제는 아시아의 적이다
침략의 문화는 아시안의 적이다
침략의 정치는 아시아의 적이다

> 독점자본의 칼을 버리라 아시아여
> 침략의 유산을 버리라 아시안이여
> 그리고 함께 우리 함께
> 꿈에도 그리는 평화의 시대를 우리 힘으로 열어 젖히라
> 동방의 힘으로 동방의 빛으로
> 세계 해방의 등불을 밝히라
> ― 고정희, 「호세 리잘이 다시 쓰는 시」 부분[28]

또한, 이동순의 시집 『그 바보들은 더욱 바보가 되어간다』는 제3세계적 인식을 바탕으로 한 탈식민주의 및 탈제국주의의 양상을 드러내고 있는 시편들을 상당수 수록하고 있어 주목된다. 이러한 제3세계적 인식은 「새벽독서」라는 시 작품을 통해 "아랍사의 한 부분을 읽으면서" 아랍의 역사를 우리 역사와 동일시하고 있는 데서도 단적으로 확인할 수 있다.

국제화 시대라 하는 90년대에 오면, 강대국 미국의 경제적 침략 의도를 깔고 있는 '우루과이 라운드'로 인해 우리 농촌의 궁핍은 더욱 극심해져 가고 있는 양상을 보이게 되는데, 이동순은 이 문제를 시로 형상화하면서도 탈식민주의적 태도를 드러내고 있다.

> 도대체 이게 뭔 말인지 몰라
> 그저 강대국 놈들이
> 우리네 살림을 깡그리 무너뜨리고
> 대대로 땅파먹고 살아온 우리 농민들을 이잡듯 죽이려고
> 수입 개방 앞세우며 우루루 우루루
> 떼지어 몰려오는 소리라는 것쯤은 알아
> ― 이동순, 「우루과이 라운드」 부분[29]

농민 화자의 입을 통해 언어유희("우루루 우루루")까지 적절히 활용하여 우루과이 라운드의 본질을 파헤치고 있는 이 시는 탈식민주의적인 색채를 상당히

---
28) 위의 시집.
29) 이동순, 『그 바보들은 더욱 바보가 되어간다』(문학과지성사, 1992).

띠고 있는 것으로 보인다. 다시 말하면, 이 시는 이른바 세계무역기구(WTO)체제 이후의 세계화·개방화의 경제체제가 약소국에서는 새로운 경제 침략으로 다가오고 있음을, 그 음모와 허구성을 '되받아쓰기'의 탈식민주의 문화 전략을 통해서 폭로하고 있는 것이다.

4. 생태학적 세계관과 동양사상

탈근대의 중요한 사유의 틀로 요즘 활발히 논의되고 있는 생태학적 세계관도 서양중심을 반성하고 동양을 부각시키는 탈중심주의적 사유의 중요한 하나로 이해된다. 이는 무엇보다도 서양 근대의 기계론적 세계관에 대립하는 것이다. 근대화를 줄기차게 추구하던 기계론적 세계관은 인간중심적인 세계관으로서 자연을 오직 인간의 기술적 조작의 대상, 즉 '도구적 이성'의 대상으로 취급한다.[30] 이는 자연에 대한 기계론적 해석에 기인한다.

생태학적 세계관은 서양 근대의 기계론적 세계관에 저항하는, 동양적 세계관에 바탕을 둔 자연중심주의의 세계관이다. 인간을 지구 생태계(자연)의 일부로, 그래서 생태계의 체계적인 법칙에 종속된 존재로 보는 사고방식이 바로 생태학적 세계관인 것이다.[31] 인간과 자연의 조화와 공생을 추구해 온 동양의 자연관, 인간의 자연에의 귀의를 강조하는 동양사상은 생태학적 세계관의 바탕이 되고 있다.[32] 생태학적 세계관은 생명적인 세계관으로서, 지구의 모든 생명을 하나의 유기체로 보는 러브록의 '가이아'(Gaia) 이론과 장회익의 '온생명' 이론은 바로 이를 바탕으로 한 것으로 여겨진다.

---

[30] 구승회, 『에코필로소피』(새길, 1995), 63쪽.
[31] David Pepper, 이명우 외 역, 『The Roots of Modern Environementalism(현대환경론)』(한길사, 1989) 용어해설 참고.
[32] 한국불교환경교육원 엮음, 『동양사상과 환경문제』(모색, 1996). 송희복, 「서정시의 화엄경적 생명 원리」, 『초록 생명의 길—에코토피아를 위한 시론』(신덕룡 엮음, 시와사람사, 1997). 최재목, 「양명학과 환경윤리」와 양형진, 「생명세계에서의 연기론」, 『동아시아의 문화와 사상—동아시아문화포럼』(열화당, 1998) 등을 참고 바람.

서양의 생태주의 사상가는 알게 모르게 동양사상으로부터 영향을 받았는데, 이는 특히 카프라를 비롯한 근본생태주의 계열의 사상가에서 두드러진다. 무엇보다도 동양사상이 함축하고 있는 인간과 자연의 유기적 조화는 생태학적 세계관의 근원이 되기 때문이다.33)

그러나 생태학적 세계관이 동양적인 사유체계에서 비롯되었다는 발상이 바로 21세기에는 이 세계가 동양적인 세계관에 의해 지배될 것이라는 생각으로 이어진다면 이는 잘못된 것이다. 생태주의는 크게 근본생태주의와 사회생태주의로 대별되는데, 사회생태주의가 주된 흐름으로 가고 있는 실정이다. 그런데, 사회생태주의는 생태문제와 사회구조를 결합시킨 것으로, 동양적 신비주의를 비판하고 있다. 그리고 생태주의 자체가 지향하려는 것도 현재의 삶의 양식을 과거 동양적 세계관에서 작동하던 보수적인 전제정치와 농경경제 체제로 돌아가자는 것이 아닌 것이다.34)

이 글에서 생태학적 세계관과 동양사상을 관련시키고자 하는 것은 생태학적 세계관이 동양사상에 연원을 두고 있고, 그래서 서양중심주의를 비판하는 탈근대적인 입장에서 동양사상이 새롭게 부각되고 있는 사실을 말하기 위해서이다. 그래서 이 글의 논지는 서구중심주의와 오리엔탈리즘의 구체적인 극복 방안으로서 동양문화와 사상이 부각되어야 하고, 동양의 모습을 바로 동양의 세계관을 바탕으로 읽어내는 인식의 전환이 선행되어야 한다는 점이다.35)

일찍이 사회변혁론자인 마르크스조차도, 그들(동양)은 스스로 자신을 대변할 수 없고, 다른 누군가(서양)에 의해 대변되어야 한다고 함으로써, 서양우월주의-동양열등주의에서 한 치도 벗어나지 못했음을 상기할 때,36) 보다 중요한 문제는 사회변혁 그 자체가 아니라 어떤 입장에서의 변혁인가 하는 점이다. 이

---

33) Murray Bookchin, 문순홍 역, 『The Philosophy of Social Ecology(사회생태론의 철학)』(솔, 1997), 해제「북친의 삶과 사회 생태론」, 239쪽.
34) 위의 책, 234~240쪽.
35) 이런 입장에서 이루어진 대표적인 저술로 우실하, 『오리엔탈리즘의 해체와 우리 문화 바로 읽기』(소나무, 1997)를 들 수 있다.
36) Edward W. Said, 박홍규 역, 앞의 책, 6~7쪽.

글의 논지가 우리(동양)의 입장, 주체성을 견지해야 한다고 보는 것도 바로 이 때문이다.

어쨌든, 생태학적 세계관은 동양의 일원론적 세계관으로서 인간과 자연의 합일, 자아와 세계의 합일을 지향한다. 이는 다름 아닌 서정시가 궁극적으로 지향하려고 하는 융합의 세계관과 일치된다. 원래 서정의 본질은 자아와 세계의 동일성 즉, 인간과 자연의 합일에 있는 것이다. 그래서 현재의 생태학적 상상력의 추구는 시에서는 바로 서정의 회복과 맞물려 있게 되는 것이다.

>생명
>한 줄기 희망이다
>캄캄함 벼랑에 걸린 이 목숨
>한 줄기 희망이다
>
>돌이킬 수도
>밀어붙일 수도 없는 이 자리
>
>노랗게 쓰러져 버릴 수도
>뿌리쳐 솟구칠 수도 없는
>이 마지막 자리
>
>어미가
>새끼를 껴안고 울고 있다
>생명의 슬픔
>한 줄기 희망이다
>
> — 김지하, 「생명」 전문37)

생명사상을 추구하고 있는 김지하 시인에게 '생명'은 어떠한 상황에서나 최대의 '희망'이 되고 있다. 그런데, 이 작품은 '있어야 하는 세계'로서의 생명성이 그대로 제시되는 것이 아니다. 오히려 생명성이 실현되지 못하는 '있는 세

---

37) 신덕룡 엮음, 앞의 책, 「생명시선집」.

계'가 제시되어 있다. 이는 바로 "캄캄 벼랑"에 다름 아니다. 결코 희망적이지 못한, 아니 절망적이기까지 한 "마지막 자리"에서 생명성을 갈구하고 있다. "한 줄기"라는 말은 그래서 씌인 것이다. 생명 가득한 상황을 그리는 게 아니라 생명 없음의 현실에서 희망의 생명을 추구하는 힘을 이 시는 보여주고 있다. 생명이 "슬픔"이면서 "희망"이라는 역설은 이에서 성립된다.

그리고 "어미가 새끼를 껴안"아 우는 모성애를 통해서 생명성을 드러내는 것은 바로 사랑을 나타내고자 함이다. 그런데, 이 사랑은 사실은 지극히 전통적인 것임에 유의해야 한다. 동양정신에서 사랑의 개념인 '인(仁)'은 다름 아닌 슬픔을 감싸는 측은지심(惻隱之心)인 것이다. 김지하의 시세계가 동양사상에 근거를 두고 있다는 사실이 여기서도 단적으로 확인된다.

또한, 이 작품은 김지하의 시세계가 동양의 미학에 바탕을 두고 있음을 극명하게 보여주고 있다. 그것은 다름 아닌 여백의 미학이다. 주지하다시피, 동양화는 여백을 통해 인간과 자연의 일체감을 보여준다. 김지하의 시는 사상적인 측면만이 아니라 미학의 측면에서도 동양의, 여백의 미학을 수용하고 있다. 그래서 그는 행과 행, 연과 연 사이의 틈을 통해서 말하고 있다. 다시 말하면, 비어있는 시 형식을 통해 무한한 생명성을 역설적으로 표현하고 있는 것이다.[38]

5. 동양과 서양의 대등한 공존

궁극적으로 동양과 서양은 서로 상보적으로 봐야 할 것이다. 그래서 동양과 서양은 차별이 아니라 차이의 관계에 있고, 대등한 가치를 지니고 있는 것으로 여겨져야 할 것이다.

그러나, 오랫동안 '서양 중심, 동양 주변'으로서 억압받아 온 우리 동양의 현재 입장에서는 동양 부각의 전략을 취하지 않을 수 없는 것이다. 세기말의 전환

---

[38] 특히, 김지하의 『중심의 괴로움』(솔, 1994)에 실려있는 시편들은 한결같이 이러한 모습을 보여주고 있다.

기에 널리 확산되고 있는 생태학적 세계관의 전개와 동양사상의 재인식은 이를 방증하고 있는 것으로 보인다.

그리고 탈근대의 중요한 인식의 틀인 탈중심주의적 사고는 우리의 경우 해체로 나아가야 되는 게 아니라, 주체의 정립으로 나아가야 한다. 양가성도 궁극적으로는 탈중심주의적 사유에서 기인하는 것으로 여겨지는데, 우리가 또 다시 서구의 해체를 그대로 이어받아 스스로를 해체하여 역사성과 실천성을 상실해야 되는 게 아니라 어디까지나 우리의 주체 정립을 통해 그 저항성과 전복성을 견지해야 할 것이다. 그래서 탈식민주의의 이론과 실천의 방향 설정은 무엇보다 중요한 것으로 부각되고 있다.

탈식민주의는 서구의 인종우월성, 지배논리, 보편화 지향성 등을 비판하는 방법론적 저항을 통해 궁극적으로는 다양한 문화체계들의 변별성을 찾아 각 문화의 차이, 다양성을 인정하고 그것으로부터 문화 융합의 가능성을 모색하는 길이 되어야 하는 것이다.39) 즉, 서양과 동양의 조화로운 공존을 추구하기 위한 현재적 저항 전략을 내포하고 있는 것으로 간주되어야 한다.

---

39) 이홍필, 「달콤한 유혹과 고통스런 버텨읽기 : 탈식민주의적 책읽기의 한 방법」, 『외국문학』 제38호(열음사, 1994. 봄), 47쪽.

현대 서술시의 서술방식론

1. 머리말

이 글은 필자가 발표한 「서술시의 소통구조 연구」의[1] 연장선에서 이루어진다. 필자는 앞에 발표한 글에서 서술시의 소통구조를 이론적으로 규명하여, 다섯 가지 유형의 소통구조의 특징과 효과를 검토한 바 있다. 이제 이 글에서 서술시의 서술방식을 이론적으로 탐색해 보고자 한다. 서술방식에 대한 이론적 접근은 현대시의 실례를 통한 분석적 내용을 포함함으로써 검증되고 보강되도록 한다.

주지하는 바와 같이, 서술시는 이야기를 서술형식을 통하여 형상화한 시를 말한다. 넓은 개념으로 서술시는 서사시뿐만 아니라 서술적 서정시도 포함한다. 서사시와 서술적 서정시는 다같이 이야기를 다루고 있지만, 이야기를 다루는 방식이 서로 다르다. 화법의 면에서 서사시는 서술자에 의한 대상의 재현인 서술과 작중인물에 의한 대상의 재현인 대화가 교대되는 혼합화법을 취하지만,[2] 서술적 서정시는 근본적으로 서술이라는 주석적 화법을 취한다. 그리고 서술적 서정시에서 이야기는, 서사나 서사시에서의 이야기와는 달리, 함축적인 이야기(implied narrative)가 된다.[3]

그러나 주석적 화법과 함축적 이야기로 이루어지는 서술적 서정시에서도 서

---

1) 고현철, 「서술시의 소통구조 연구」, 『한국문학논총』 제21집(한국문학회, 1997. 12).
2) 김준오, 「서술시의 서사학」, 『문학사와 장르』(문학과지성사, 2000), 62~64쪽.
3) L.J. Zillman, 『The Art and Craft of Poetry』, 123쪽. 여기서는 김준오, 「시와 설화」, 『시론』(문장사, 1982), 303쪽.

술방식은 그렇게 단순하게만 나타나지는 않는다. 서술시 중에서도 서술적 서정시의 서술방식에 초점을 두어 여기에서 나타날 수 있는 혹은 나타나는 서술방식의 다양성을 규명하고자 하는 이 글의 필요성은 이에서 증진된다. 다시 말하면, 이 글에서는 시적 내러티브에 대한 탐구의 일환으로[4] 서술적 서정시의 서술방식에 대한 이론적이고 실제적인 접근을 하고자 한다. 서술적 서정시에서, 서술방식은 시인이 적절한 시적 효과를 획득하기 위해 채용하는 중요한 장치가 되는 것이다.

2. 서술시와 서술방식론

즈네뜨는 『서사담론』에서 이야기와 서술물 그리고 서술행위를 구분한다. 그는 서술 내용에 대해서는 '이야기'를, 발화체·서술 텍스트에 대해서는 '서술물'을, 서술 생산 활동에 대해서는 '서술행위'라는 용어를 사용한다. 그리고 그는, 서술 담론의 분석은 본질적으로 서술물과 이야기 사이의 관계, 서술물과 서술행위 사이의 관계 그리고 이야기와 서술행위 사이의 관계를 검토하는 것이라 언명하고 있다. 즈네뜨는 토도로프가 언급한 서술의 세 가지 범주인 시간과 시점 그리고 양태를 이 세 가지 관계에 적용시킨다. 여기서 시간은 이야기의 시간과 담론(서술물)의 시간 사이의 관계를, 시점은 서술자가 이야기를 인식하는 방법을, 양태는 서술자가 이용하는 담론(서술물)의 형태를 의미한다.[5]

그런데, 서사적 텍스트에서 무엇보다도 중요한 것은 시간의 문제이다. 서사적 텍스트는 하나의 이야기 즉, 시간적 연쇄로 이루어진 일련의 사건들에 대한 서술인 것이다.[6] 서사적 텍스트는 본질적으로 이야기의 (시간) 구조와 서사물의 (시간) 구조라는 이중의 (시간) 구조로 분석된다.[7] 러시아 형식주의자들이 서사

---

4) C. R. Kinney, 『Strategies of Poetics Narrative』(Cambridge Univ. Press, 1992), pp.1~5.
5) Gérard Genette, 권택영 역, 『Discours du récit(서사담론)』(교보문고, 1992), 15~21쪽.
6) Steven Cohan·Linda M. Shires, 임병원·이호 역, 『Telling Stories : A theoretical analysis of narrative fiction(이야기하기의 이론 : 소설과 영화의 문화 기호학)』(한나래, 1997), 13쪽.

물을 구성하기 위한 원래의 자료인 'Fabula'과 자료를 재구성한 서술된 이야기인 'Sjuzět'를 구분한 것은 바로 이를 말한다. 한 서술을 읽거나 듣는 데 걸리는 시간 혹은 텍스트 상에서 사건이 제시되는 시간인 '담화(서술) 시간'과 이야기에 나오는 사건들이 일어나는 데 걸리는 시간 혹은 실제 사건의 시간인 '이야기 시간'의 구분도 서사적 텍스트 분석의 필수적인 요소이다.[8] 이야기와 서술물 사이의 시간 문제는 매우 복잡한 관계망으로 파악된다. 이를 요약 정리하면 다음과 같다.[9]

1) 순서 : 이야기의 시간적 순서와 서술의 시간적 순서 사이의 불일치
사전 제시
사후 제시
2) 빈도 : 특정 사건이 서술되는 횟수
일회적 서술— 한 번 일어나고 한 번 서술됨
중첩 반복 서술— 한 번 일어나지만 한 번 이상 서술됨
요약 반복 서술— 한 번 이상 일어나지만 한 번만 서술됨
3) 지속 : 이야기 시간과 서술 시간의 길이 문제
요약— 이야기 시간에 비해 서술 시간이 압축됨
장면— 이야기 시간과 서술 시간이 등가임
휴지— 서술 시간은 계속되고 이야기 시간은 중지됨. 묘사, 논평, 해설, 독
　　　자에게 직접 말건네기
생략— 서술이 이야기 시간의 어떤 부분을 생략함

이 글에서 사용하고 있는 '서술방식'이란 용어는, 이야기와 서술물 사이의 이같은 복잡한 관계를 일컫는 개념에 해당한다. 그래서 이 글은 구조주의적 접근으로서 서술시에 대한 서술방식을 검토하려는 것이 된다. 그런데, 서술시를 분석·검토할 때 활용되는 서술이론 특히, 서술방식은 위에 정리한 사항에서 굴

---

[7] Seymour Chatman, 전수용 역, 「What Novels Can Do That Films Can't(and Vice Versa)(소설적 서술과 영화적 서술)」, 『현대 서술 이론의 흐름』(솔, 1997), 320쪽.
[8] Seymour Chatman, 전수용 역, 위의 논문, 『현대 서술 이론의 흐름』(솔, 1997), 320쪽.
[9] Steven Cohan · Linda M. Shires, 임병권·이호 역, 앞의 책, 124~131쪽.

절되어야 할 부분이 있는 것으로 여겨진다. 서술시의 서술방식의 경우, 원래 서사장르인 서사적 텍스트와는 달리, 서정장르라는 문제를 비롯하여 이야기의 범위 문제, 서술자의 시점 문제 등이 고려되어야 할 것이기 때문이다.

3. 한국 현대시의 서술방식

서술시, 즉 좁은 의미의 서술시인 서술적 서정시는 서사장르인 서사시와 달리 서정장르에 해당한다. 그래서 서정시가 이야기를 서술하는 경우가 되는데, 이 때 이야기는 본격적인 이야기가 아니라 함축적인 이야기이다. 그리고 화법의 면에서도 서술시는, 서술자와 작중인물의 혼합화법을 취하는 서사장르와는 달리, 서술자의 주석적 화법으로 이루어진다.

서술시에서 서술자의 서술로만 전개되고 있는 이야기는 일종의 함축적인 이야기이다. 그러나 그렇다고 해서 그 서술방식이 시간착오 없는 요약적 제시로만 되어 있는 것은 아니다. 서술시에서의 이야기가 함축적인 이야기이므로 서술시의 서술방식은 기본적으로 요약적 제시임에는 틀림이 없다. 그러나 경우에 따라서는 여기에다가 장면, 휴지, 생략 등이 수행될 수도 있다. 그리고 이야기와 서술의 시간적 순서에서도 일치하는 경우도 많지만 일치하지 않는 경우도 적지 않다. 거기에다가 어떤 경우는 특정 사건이 중첩되어 서술될 수도 있다. 그래서 이 논문에서는 서술방식의 여러 양상을 파악하는 데에 적절한 서술시 텍스트의 분석을 토대로 하여 서술시의 서술방식을 몇 가지 경우로 나누어 살펴보고자 한다.

먼저, 이야기와 서술의 시간적 순서가 일치하는 경우, 다시 말하면, 시간착오가 일어나지 않는 경우가 있을 수 있다. 이 경우는 서술시가 본격적인 이야기가 아니라 함축적인 이야기를 내포하기 때문에 가장 널리 쓰일 수 있는 경우가 된다. 이 때 지속의 측면에서도 이야기의 시간에 비해 서술 시간이 압축되는 요약이 일반적이다. 그리고 빈도의 측면에서도 이야기 속의 사건들이 한 번씩 서술되는 일회적 서술이 일반적이다.

> 新婦는 초록 저고리 다홍치마로 겨우 귀밀머리만 풀리운 채 新郎하고 첫날밤을 아직 앉아 있었는데, 新郎이 그만 오줌이 급해져서 냉큼 일어나 달려가는 바람에 옷자락이 문 돌쩌귀에 걸렸읍니다. 그것을 新郎은 생각이 또 급해서 제 新婦가 음탕해서 그 새를 못 참아서 뒤에서 손으로 잡아다리는 거라고, 그렇게만 알곤 뒤도 안 돌아보고 나가 버렸읍니다. 문 돌쩌귀에 걸린 옷자락이 찢어진 채로 오줌 누곤 못 쓰겠다며 달아나 버렸읍니다.
> 그러고 나서 四十年인가 五十年이 지나간 뒤에 뜻밖에 딴 볼일이 생겨 이 新婦네 집 옆을 지나가다가 그래도 잠시 궁금해서 新婦방 문을 열고 들여다 보니 新婦는 귀밀머리만 풀린 첫날밤 모양 그대로 초록 저고리 다홍치마로 아직도 고스란히 앉아 있었읍니다. 안스러운 생각이 들어 그 어깨를 가서 어루만지니 그때서야 매운재가 되어 폭삭 내려앉아 버렸읍니다. 초록 재와 다홍 재로 내려앉아 버렸읍니다.
>
> ─서정주, 「新婦」[10]

인용한 서정주의 「新婦」라는 서술시의 경우가 여기에 속한다. 이 텍스트는 기본적으로, 작중인물인 신랑과 신부에 얽힌 슬픈 이야기를 이야기 밖의 서술자인 외적 서술자가 전해주고 있는 서술시 텍스트에 해당한다. 여기서 제2연의 처음이 "그러고 나서 四十年인가 五十年이 지나간 뒤에"는 요약이라기보다 서술이 이야기의 시간인 사오십년을 생략한 생략의 방식을 활용하고 있다. 이는 이 서술시가 설화를 수용한 데 따른 것으로 설화적인 이야기에 흔히 등장하는 오랜 시간의 흐름을 표현하기 위한 것이다.

다음에 이야기와 서술의 시간적 순서의 일치를 기본으로 하고 있으나, 서술시의 처음과 끝 부분에 변화를 주는 경우가 있을 수 있다. 서술시에서 제시되는 이야기의 내용 가운데에서 시간적인 변화가 일어나면 이야기와 서술 사이에 본격적인 불일치 즉, 시간착오가 수행된 것으로 봐야 하기 때문에 이 경우는 따로

---

10) 서정주, 『미당 서정주 시 전집』(민음사, 1983). 서술시의 서술방식을 잘 파악하기 위해서 텍스트는 전문 인용토록 한다. 이하 인용하는 텍스트의 경우 모두 동일하다.

살펴야 한다. 서술시의 처음과 끝 부분에만 시간착오가 일어나는 경우, 우선 이야기와 서술의 시간적 순서가 일치를 이루는 부분은 지속의 측면에서도 이야기의 시간에 비해 서술의 시간이 압축되는 요약이, 빈도의 측면에서도 이야기 속의 사건들이 한 번씩 서술되는 일회적 서술이 일반적이다. 그러나 이야기와 서술의 시간적 순서의 불일치라는 변화를 보이는 처음과 끝 부분에서는 지속과 빈도의 측면에서도 요약과 일회적 서술에 변화를 보이는 경우가 많다.

날로 밤으로
왕거미 줄치기에 분주한 집
마을서 흉집이라고 꺼리는 낡은 집
이 집에 살았다는 백성들은
대대손손에 물려줄
은동곳도 산호관자도 갖지 못했니라

재를 넘어 무곡을 다니던 당나귀
항구로 가는 콩실이에 늙은 둥글소
모두 없어진 지 오랜
외양간엔 아직 초라한 내음새 그윽하다만
털보네 간 곳을 아모도 모른다

찻길이 뇌이기 전
노루 멧돼지 쪽제비 이런 것들이
앞뒤 산을 마음놓고 뛰어다니던 시절
털보의 세째아들은
나의 싸리말 동무는
이 집 안방 짓두광주리 옆에서
첫울음을 울었다고 한다

"털보네는 또 아들을 봤다우
송아지래두 붙었으면 팔아나 먹지"
마을 아낙네들은 무심코
차그운 이야기를 가을 냇물에 실어보냈다는

그날 밤
저릎등이 시름시름 타들어가고
소주에 취한 털보의 눈도 일층 붉더란다

갓주지 이야기와
무서운 전설 가운데서 가난 속에서
나의 동무는 늘 마음졸이며 자랐다
당나귀 몰고 간 애비 돌아오지 않는 밤
노랑고양이 울어 울어
종시 잠 이루지 못하는 밤이면
어미 분주히 일하는 방앗간 한구석에서
나의 동무는
도토리의 꿈을 키웠다

그가 아홉 살 되던 해
사냥개 꿩을 쫓아 다니는 겨울
이 집에 살던 일곱 식솔이
어데론지 사라지고 이튿날 아침
북쪽을 향한 발자옥만 눈 우에 떨고 있었다

더러는 오랑캐령 쪽으로 갔으리라고
더러는 아라사로 갔으리라고
이웃 늙은이들은
모두 무서운 곳을 짚었다

지금은 아무도 살지 않는 집
마을서 흉집이라고 꺼리는 낡은 집
제철마다 먹음직한 열매
탐스럽게 열던 살구
살구나무도 글거리만 남았길래
꽃피는 철이 와도 가도 뒤울안에
꿀벌 하나 날아들지 않는다

—이용악, 「낡은 집」[11]

인용한 이용악의 「낡은 집」이라는 서술시의 경우가 여기에 속한다. 이 텍스트는 기본적으로, 일곱 식솔의 털보네 가족의 비극적인 이야기를 통해 식민지 시대 조선 농민의 몰락상과 유이민의 실상을 전해주는 서술시 텍스트이다.12) 이용악의 「낡은 집」은 전체 8연으로 되어 있는데, 이 중에서 이야기와 서술의 시간이 일치하는 부분은 제3연부터 제7연까지이다. 「낡은 집」은 이야기의 세계 안에 존재하는 내적 서술자가 타인 관찰의 이야기를 이야기의 세계 밖에 존재하는 외적 피서술자에게 전달하는 소통구조로 이루어져 있다. 그런데, 이 서술시의 제3~7연은 털보네 셋째 아들과 그 가족의 이야기를 그 셋째 아들의 '탄생-성장-이주'라는 삶의 시간적 순서대로 내적 서술자에 의해 서술되고 있는 것이다.13) 또한 이 부분은 지속의 측면에서 요약이, 빈도의 측면에서 일회적 서술로 이루어져 있다.

그런데, 서술시 「낡은 집」에서 처음의 제1·2연과 끝의 제8연 부분은 이야기와 서술의 시간적 순서 사이에 불일치가 이루어지고 있는 부분에 해당한다. 이를 알기 쉽게 간략히 정리해서 보이면 <제1·2연 : 현재—제3~7연 : 과거—제8연 : 현재>가 된다. 이 시간적 불일치가 이루어지고 있는 부분은 지속의 측면에서 서술의 시간은 계속되고 이야기의 시간은 중지되는 휴지의 방식을 활용하고 있다. 이 휴지는 털보네 가족들이 살고 떠났던 현재의 '낡은 집'에 대한 묘사 때문에 이루어지고 있다. 그리고 빈도의 측면에서는 이야기 속의 사건을 두 번 서술하고 있는 중첩 반복 서술의 방식을 취하고 있다. 서술시 「낡은 집」에서 중첩 반복 서술이 이루어지고 있는 부분은 털보네가 이주하고 난 뒤에 묘사되고 있는 현재의 이야기 내용이다. 이 중에서 "마을서 흉집이라 꺼리는 낡은 집"이라는 서술은 완전히 똑같이 반복되고 있는 것이다.

---

11) 이용악, 『이용악 시 전집』(창작과비평사, 1988).
12) 윤영천, 「민족시의 전진과 좌절」, 위의 책(해설), 215~216쪽.
13) 황인교, 「<낡은 집>의 기호학적 분석-이용악론」, 『현대시사상』(고려원, 1991. 봄), 165~171쪽 참고.

다음으로 서술시에서 이야기와 서술의 시간적 순서가 잘 알 수 없는 경우가 있을 수 있다. 서술시에서 이야기는 함축적인 이야기인데, 이 때 이야기가 내적 서술자에 의하여 자신이 체험했거나 관찰했던 이야기를 어떤 시간적 질서보다는 기억의 파편으로 병렬시켜 제시할 수가 있는 것이다.

먼지를 일으키며 차가 떠났다, 로이
너는 달려오다 엎어지고
두고두고 포성에 뒤짚이던 산천도 끝없이
따라오며 먼지 속에 파묻혔다 오오래
떨칠 수 없는 나라의 여자, 로이
너는 거기까지 따라와 벌거벗던 내 누이

로이, 월남군 포병 대위의 제3부인
남편은 출정 중이고 전쟁은
죽은 전남편이 선생이었던 국민학교에까지 밀어닥쳐
그 마당에 천막을 치고 레이션 박스
속에서도 가랭이 벌여 놓으면
주신 몸을 팔고 팔아도 하나님 차지는 남는다고 웃던

로이, 너는 잘 먹지도 입지도 못하였지만
깡마른 네 몸뚱아리 어디에 꿈꾸는 살을 숨겨
찢어진 천막 틈새로 꺾인 깃대 끝으로
다친 손가락 가만히 들어올려 올라가 걸리는 푸른 하늘을
가리키기도 하였다 행복한가고
네가 물어서
생각하면 나도 행복했을 시절이 있었던 것 같았다

잊어야 할 것들 정작 잊히지 않는 땅 끝으로 끌려가며
나는 예사로운 일에조차 앞날 흐려 어두운데
뻑뻑한 눈 비비고 또 볼수록, 로이
적실 것 더 없는 세상 너는 부질없어도 비 되어 내리는지
우리가 함께 맨살인데 몸 섞지 않고서야 그 무슨

> 우연으로 널 다시 만날 수 있겠느냐
> 로이, 만난대서 널 껴안을 수 있겠느냐
>
> — 김명인, 「베트남 1」[14]

인용한 김명인의 「베트남 1」이라는 서술시의 경우가 여기에 속한다. 이 서술시 텍스트에서 내적 서술자가 "로이"라는 베트남 여자에 관한 슬픈 이야기를 전해주고 있지만 그 이야기는 파편화된 몇 개의 이야기이다. 그래서 이 경우 독자들은 그 총합으로 "로이"에 대한 슬픈 이야기를 접할 수 있게 되는 것이다. 이 서술시에서 매연의 처음과 끝에 있는 "로이"라는 호격은 이야기의 파편을 구획짓는 역할을 행하고 있다. 이 경우는 당연히 지속의 측면에서는 이야기의 시간에 비해 서술 시간이 압축된 요약이, 빈도의 측면에서는 한 번 일어난 사건에 대해 한 번 서술하는 일회적 서술이 일반적인 방식이 된다.

다음으로 이야기의 시간적 순서와 서술의 시간적 순서 사이에 불일치 즉, 시간착오가 서술시 전체에 걸쳐 확연한 경우가 있을 수 있다. 이 경우 지속의 측면에서는 요약이, 빈도의 측면에서는 일회적 서술이 기본적이나, 다른 서술방식도 많이 활용될 수 있다.

> 사랑하는 우리 오빠 어저께 그만 그렇게 위하시던 오빠의 거북무늬 질화
> 로가 깨어졌어요
> 언제나 오빠가 우리들의 「피오닐」 조그만 기수라 부르는 영남이가
> 지구에 해가 비친 하루의 모—든 시간을 담배의 독기 속에다
> 어린 몸을 잠그고 사온 그 거북무늬 화로가 깨어졌어요
>
> 그리하여 지금은 화젓가락만이 불쌍한 영남이하고 저하고처럼
> 똑 우리 사랑하는 오빠를 잃은 남매와 같이 외롭게 벽에가 나란히 걸렸어요
>
> 오빠……
> 저는요 저는요 잘 알았어요

---

14) 김명인, 『東豆川』(문학과지성사, 1979).

왜- 그날 오빠가 우리 두 동생을 떠나 그리로 들어가신 그날 밤에
연거푸 말은 권련을 세 개씩이나 피우고 계셨는지
저는요 잘 알았어요 오빠

언제나 철없는 제가 오빠가 공장에서 돌아와서 고단한 저녁을 잡수실 때
오빠 몸에서 신문지 냄새가 난다고 하면
오빠는 파란 얼굴에 피곤한 웃음을 웃으시며……
네 몸에선 누에똥 냄새가 나지 않니- 하시던 세상에 위대하고 용감한
우리 오빠가 왜 그날만
말 한 마디 없이 담배 연기로 방 속을 메워버리시는 우리 우리 용감한
오빠의 마음을 저는 잘 았어요
천정을 향하여 기어 올라가던 외줄기 담배 연기 속에서- 오빠의 강철 가
슴 속에 박힌 위대한 결정과 성스러운 각오를 저는 분명히 보았어요
그리하여 제가 영남이의 버선 하나도 채 못 기웠을 동안에
문지방을 때리는 쇳소리 마루를 밟는 거친 구두소리와 함께- 가버리지 않
으셨어요

그러면서도 사랑하는 우리 위대한 오빠는 불쌍한 저희 남매 근심을 담배
연기에 싸두고 가지 않으셨어요
오빠- 그래서 저도 영남이도
오빠와 또 가장 위대한 용감한 오빠 친구들의 이야기가 세상을 뒤집을 때
저는 제사기를 떠나서 백장에 일전짜리 봉통에 손톱을 뚫어뜨리고
영남이도 담배 냄새 구렁을 내쫓겨 봉통 꽁무니를 뭅니다
지금- 만국 지도 같은 누덕이 밑에서 코를 골고 있습니다

오빠- 그러나 염려는 마세요
저는 용감한 이 나라 청년인 우리 오빠와 핏줄을 같이한 계집애이고
영남이도 오빠도 늘 칭찬하던 쇠같은 거북무늬 화로를 사온 동생이 아니
예요
그리고 참 오빠 아까 그 젊은 나머지 오빠의 친구들이 왔다 갔습니다
눈물나는 우리 오빠 동무의 소식을 전해주고 갔어요
사랑스런 용감한 청년들이었습니다
세상에 가장 위대한 청년들이었습니다

화로는 깨어져도 화젓갈은 깃대처럼 남지 않았어요
우리 오빠는 가셨어도 귀여운 「피오닐」 영남이가 있고
그리고 모-든 어린 「피오닐」의 따뜻한 누이 품 제 가슴이 아직도 덥습니다

그리고 오빠……
저뿐이 사랑하는 오빠를 잃고 영남이뿐이 굳세인 형님을 보낸 것이겠습니까
섧지도 않고 외롭지도 않습니다
세상에 고마운 청년 오빠의 무수한 위대한 친구가 있고 오빠와 형님을 잃은 수없는 계집아이와 동생
저희들의 귀한 동무가 있습니다

그리하여 이 다음 일은 지금 섭섭한 분한 사건을 안고 있는 우리 동무 손에서 싸워질 것입니다

오빠 오늘밤을 세워 이만 장을 붙이면 사흘 뒤엔 새 솜옷이 오빠의 떨리는 몸에 입혀질 것입니다

이렇게 세상의 누이동생과 아우는 건강히 오늘 날마다를 싸움에서 보냅니다

영남이는 여태 잡니다 밤이 늦었어요
― 누이동생 ―

― 임화, 「우리 오빠와 화로」[15]

인용한 임화의 「우리 오빠와 화로」라는 서술시의 경우가 여기에 속한다. 이 텍스트는 '단편서사시'로 널리 알려져 있는 텍스트이다. 그런데, 김기진이 처음 개념 규정한 이 '단편서사시'라는 용어는 사실 정확한 것이 아니다. 임화의 시 텍스트 「우리 오빠와 화로」를 정확하게 개념 규정하면, 서정시가 이야기를 서

---

15) 『조선지광』 제83호(1929. 2). 텍스트의 내용을 쉽게 이해할 수 있도록 지금의 표기와 띄어쓰기로 바꾸어 인용한다.

술하고 있으므로 서술적 서정시인 서술시에 속한다. 그런데, 이 서술시는 다른 경우의 서술시보다 서술방식이 복잡한 것이다. 「우리 오빠와 화로」의 복잡한 서술방식을 제대로 알기 위해서, 우선 '순서'의 측면에서 분석한 후에 논의를 진행하는 것이 좋을 것이다. 이를 위해 전체 이야기를 화소로 나누어 살펴보도록 한다.

「우리 오빠와 화로」의 '시간착오'

1) 공장에 다니는 세 남매가 살았다 ← (1)
2) 거북무늬 화로가 깨졌다 ← (8)
3) 오빠는 영남이를 늘 '피오닐'이라고 불렀다 ← (3)
4) 막내 영남이가 어느날 거북무늬 화로를 사왔다 ← (2)
5) 어느날 밤 오빠는 누군가에 의해 잡혀갔다 ← (4)
6) 오빠와 그 친구들의 이야기가 세상을 놀라게 했다 ← (5)
7) 영남이와 누이가 공장에서 쫓겨났다 ← (6)
8) 둘이서 봉투 붙이는 일을 하기로 했다 ← (7)
9) 오빠 친구들이 오빠 소식을 전해주고 갔다 ← (9)
10) 오빠의 싸움은 우리들에 의해 계속될 것이다 ← (12)
11) 사흘 후면 오빠에게 솜옷이 차임될 것이다 ← (11)
12) 영남이는 잠들고 누이는 봉투를 계속 붙이고 있다 ← (10)

위의 도표에서 앞에 표시되어 있는 1), 2), 3)……은 서술시 텍스트 「우리 오빠와 화로」에서 이야기가 서술되어 있는 순서이고 뒤에 표시되어 있는 (1), (8), (3)은 원래 이야기의 시간적 순서를 말한다. 여기서 화살표 '←'는 원래의 이야기 순서가 서술시 내용에서는 어떤 순서로 서술되어 있는지를 보이기 위한 것이다. 서술시 「우리 오빠와 화로」는 다소 복잡하게 이야기의 시간적 순서와 서술의 시간적 순서 사이의 불일치 즉, 시간착오를 일으키고 있는 셈이다. 이에 따라 지속의 측면에서는 요약만이 아니라 휴지가, 빈도의 측면에서는 일회적 서술만이 아니라 중첩 반복 서술이 이루어지고 있다. 휴지는 서술의 시간적 순서 3)에서 이야기 안의 인물 "영남"에 대한 논평과 9)에서 "오빠의 친구들"에 대한 논평으로도 이루어지고 있지만, 서술의 시간적 순서 5)와 8)에서 이야기 안의 인물 "오빠"에 대한 논평을 중심으로 이루어지고 있다. 이는 빈도에서의 중첩 반복 서술에 의해 오빠의 영웅성을 부각시키고 있는 것에 해당한다. 그리고 빈도에서 중첩 반복 서술은 서술의 시간적 순서 8), 9), 10)에서 이야기 안에 존재하는 내적 서술자인 "누이동생"이 고난 가운데 결의를 다지는 태도를 내포독자에게 뚜렷이 드러내기 위해 활용되고 있는 것이기도 하다.

이와 같이 서술시 「우리 오빠와 화로」는 다소 복잡한 서술방식을 취하고 있다. 그렇다고 해서 이 텍스트가 서사시인 것은 아니다. 「우리 오빠와 화로」에서의 이야기는 여전히 함축적인 이야기에 불과할 뿐이고 무엇보다도 이야기의 서술이 서사장르와는 달리 서술자의 주석적 화법에만 의존해 있기 때문이다. 그러나, 이 서술시 텍스트는 임화의 다른 서술시 텍스트, 예를 들어, 「네거리의 순이」, 「어머니」, 「다 없어졌구나」, 「봄이 오는구나」와 더불어 서사시의 자료적 상태를 드러내고 있는 것으로 여겨진다.16)

> 그해 가을 나는 아무에게도 便紙 보내지 않았지만
> 늦어 軍人 간 친구의 便紙 몇 통을 받았다 세상 나무들은
> 어김없이 동시에 물들었고 풀빛을 지우며 집들은 언덕을
> 뻗어나가 하늘에 이르렀다 그해 가을 濟州産 5년생 말은

---

16) 윤여탁, 『리얼리즘시의 이론과 실제』(태학사, 1994), 147~156쪽 참고. 여기서, 임화의 이런 서술시들이 동일한 사건에 기초한 일련의 이야기를 서술하는 방식을 보이고 있다거나 하나의 장편 시편으로 묶일 수 있는 연작시의 형태를 띠고 있다는 지적을 하고 있다. 그리고 이 서술시들에 등장하는 대표적인 인물들의 제 관계를 다음과 같이 도표로 정리해서 보이고 있다.

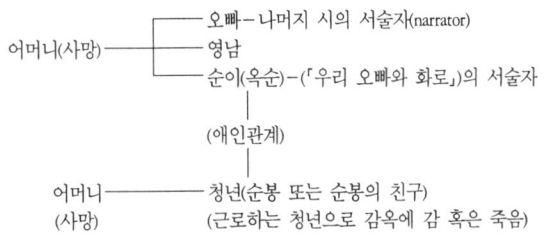

제 주인에게 대드는 자가용 운전사를 물어뜯었고 어느
유명 작가는 南美紀行文을 연재했다
아버지, 아버지가 여기 계실 줄 몰랐어요
그해 가을 소꿉장난은 國産映畵보다 시들했으며 길게
하품하는 입은 더 깊고 울창했다 깃발을 올리거나 내릴
때마다 말뚝처럼 사람들은 든든하게 박혔지만 햄머
휘두르는 소리, 들리지 않았다 그해 가을 모래내 앞
샛강에 젊은 뱀장어가 떠오를 때 파헤쳐진 샛강도 둥둥
떠올랐고 高架道路 공사장의 한 사내는 새 깃털과 같은
速度로 떨어져내렸다 그해 가을 개들이 털갈이할 때
지난 여름 번데기 사 먹고 죽은 아이들의 어머니는 후미진
골목길을 서성이고 실성한 늙은이와 天賦의 白痴는
만날 시간을 정하려 할 때 그 여자는 침을 뱉고 돌아섰다
아버지, 새벽에 나가 꿈 속에 돌아오던 아버지,
여기 묻혀 있을 줄이야
그해 가을 나는 세상에서 재미 못 봤다는 투의 말버릇은
버리기로 결심했지만 이 결심도 농담 이상의 것은
아니었다 떨어진 은행잎이나 나둥그러진 매미를 주워
성냥갑 속에 모아두고 나도 누이도 房門을 안으로
잠갔다 그해 가을 나는 어떤 가을도 그해의 것이
아님을 알았으며 아무 것도 美化시키지 않기 위해서는
卑下시키지도 않는 法을 배워야 했다
아버지, 아버지! 내가 네 아버지냐
그해 가을 나는 살아온 날들과 살아갈 날들을 다 살아
버렸지만 壁에 맺힌 물방울 같은 또 한 女子를 만났다
그 여자가 흩어지기 전까지 세상 모든 눈들이 감기지
않을 것을 나는 알았고 그래서 그레고르 잠자의 家族들이
埋葬을 끝내고 소풍 갈 준비를 하는 것을 이해했다
아버지, 아버지 …… 씹새끼, 너는 입이 열이라도 말 못해
그해 가을 假面 뒤의 얼굴은 假面이었다
—이성복,「그해 가을」[17]

---

17) 이성복,『뒹구는 돌은 언제 잠 깨는가』(문학과지성사, 1980).

이 텍스트는 비유기적인 서술시 텍스트에 해당한다. 서술시에서는 유기적인 단일한 이야기가 서술되는 것이 일반적이지만, 이성복의 서술시인 「그해 가을」의 경우는 다양한 이야기들이 서로 연관이 없이 비유기적으로 집합되어 있을 뿐이다. 이 시에 제시되어 있는 각각의 사건들은 모두 빈도에 있어서는 일회적 서술, 지속에 있어서는 요약의 양상을 보이고 있다. 그래서 시의 내용에 있어서 "그해 가을"에 일어난 여러 사건들이 시간적 순서의 선후도 알 수 없이 나열되어 있을 뿐이다. 이 경우 나열되어 있는 사건들의 시간적 순서의 선후가 중요한 것도 아니다.

이성복의 서술시 「그해 가을」은 70년대 후반과 80년대 초의 서로 관련 없는 일상사들이 행간걸림을 통하여 연결되어 있는 형식적 특성을 보이고 있다. 일상적인 삶의 파편들이 집합되어 있을 뿐이다. 이 시는 조리없는 세계에 대하여 조리없는 발화를 해대고 있는 것처럼 보인다. 그러나, 연관성이 없는 것처럼 보이는 서로 다른 일상사들이 사실은 하나같이 세상의 허망함을 일깨워 주는 공통성을 지니고 있다. 그 세상은 "어김없이 동시에" 몰드는 70년대 후반과 80년대 초의 전체주의적 체제에 바탕을 두고 있다. 그래서 자유로움과 희망이 없다. 세상은 "재미" 없고 스스로 "卑下"시키기에 알맞다. 이성복이 다른 서술적 서정시 「그날」에서 표현한 것처럼, "모두 병들었는데" 겉으로는 "아무도 아프지 않았"던, 아니 아픔을 드러낼 수 없었던 70년대 후반과 80년대 초 "壁에 맺힌 물방울 같은 또 한 여자"처럼 타인들과 연대감을 가질 수 없는 소외된 존재의 모습들이 개별적으로 나열되어 있을 뿐이다. 80년대의 삶은 "假面"으로 사는 것 같은 주체성이 없는 삶이었고, 또 뒤의 얼굴도 "假面"인, 그래서 진실이 철저히 숨겨져 있는 시대의 삶이었다.

이와 같이 이성복의 서술시 텍스트 「그해 가을」은 비유기적인 개방적 형식을 취하고 있는데, 평범한 일상사의 병렬적 구성을 통하여 70년대 후반 80년대 초 당대의 암울하고 희망없는 삶의 양태를 보여주고 또 아버지의 상징성을 통해서 정통성 없는 억압적인 권위에 대한 반발과 도전을 전략적으로 수행하고 있는 것이다.

> 우리 관군이 육전에서 패배를 거듭하고
> 있는 동안 해전에서는
> 이순신 장군이 연전연승 일본 함대를 격멸시켜
>
> 전세를 역전시키고 있었다. 4번 타자
> 김봉연이 타석에 들어서자
> 관중들은 함성을 지르며
>
> 묵묵히 걸어나갔다. 최루탄 가스에도
> 아랑곳하지 않고
> 자유로운 삶을 위해서 그들은
>
> 콘돔이나 좌약식 피임약을
> 사용하였으므로 대부분의 아이들이
> 외동아들이거나 외동딸이었음에도
>
> 불구하고 라면은 퉁퉁
> 불어 있었다. 정확히 물을 3컵 반
> 재어서 부어넣었는데, 어떻게, 면발이 퉁퉁
> ― 장경린, 「라면은 퉁퉁」[18]

인용한 서술시 텍스트는 비유기적 형식의 서술로 이루어져 있다. 포스트모더니즘은 모더니즘에서 중시되는 공간적인 이미지에서 시간적인 서술로 시적 방법론상으로도 중대한 변화를 보여주고 있다. 그런데, 그 서술은 인과적인 질서가 해체된 서술이 되고 있는 데에 주목해야 한다. 인용한 장경린의 서술시 텍스트 「라면은 퉁퉁」도 앞에서 살펴본 이성복의 서술시인 「그해 가을」과 마찬가지로 다양한 이야기들이 서로 연관이 없이 비유기적으로 집합되어 있다. 그래서 장경린의 「라면은 퉁퉁」에 제시되어 있는 각각의 사건들도 모두 빈도에 있어서

---
18) 장경린, 『누가 두꺼비집을 내려놨나』(민음사, 1989).

는 일회적 서술, 지속에 있어서는 요약의 양상을 보이고 있다. 그런데, 이 시의 내용에 제시되어 있는 여러 사건들은, 이성복의 「그해 가을」과는 달리, 같은 시·공간에서 일어난 사건들이 아니다. 시간과 공간을 초월하여 사건들을 결합할 정도로 이 서술시의 서술방식은 비유기성의 새로운 면모를 드러내고 있다. 그리고 여러 사건의 시간적 순서의 선후는 알 수 있으나 시간적 순서의 선후 자체가 전혀 무의미하다. 오직 각 사건들이 아무런 연관이 없이 교묘하게 결합되어 있는 양상을 보여주고 있을 뿐이다. 그래서 사건들의 시간적 순서의 선후와 관계없이 매연이 연간걸림을 통하여 새로운 서술적 문맥을 형성하도록 조립되어 있는 것이다.

장경린의 서술시 「라면은 통통」의 제1연은 이순신 장군의 승전이라는 조선시대의 역사적 상황에 대한 서술이다. 제2연은 프로야구에서의 선수의 행동과 관중의 반응이라는 현대의 일상에 대한 서술이다. 무거운 역사와 일상의 가벼움이 대등하게 나와 있다. 그런데 제1연과 제2연은 "전세를 역전시키고 있었다"라는 구절로 교묘하게 연결되어 있다. 연관성이 전혀 없는 내용을 이중적인 의미를 가진 언어로 병치하는 것은 이질적이고 비동시적인 것의 동시성이라는 포스트모더니즘의 논리에 상응하는 시적 방법론이다. 제2연의 가벼운 일상은 제3연의 무거운 정치적 이데올로기와 의미의 연관성이 전혀 없이 연결되어 있다. 그리고 제3연의 정치의 무거움은 제4연의 사적인 가족계획 나아가 제5연의 일상의 가장 자질구레한 라면 조리법에까지 연결되어 있다. 이 작품은 비동시적인 것의 동시성을 통하여 가벼움과 무거움의 혼재적 상황을 그리고 있다. 아니, 역사나 이데올로기도 더 이상 문제의식으로 등장하지 않는 '참을 수 없는 존재의 가벼움'을 그리고 있다.

이와 같이, 장경린의 서술시 「라면은 통통」은 포스트모더니즘의 '비동시성의 동시성'이 서술방식에까지 활용되어, 시의 내용에서 여러 사건들이 시간과 공간을 초월하여 새로운 문맥을 형성할 정도로 비유기성의 새로운 양상을 보이는 서술방식의 면모를 드러내고 있는 것이다.

4. 맺음말

　이 글은 서술적 서정시라는 좁은 의미의 '서술시'에 대한 구조주의적인 접근을 보이고 있는 글이다. 구체적으로는 서술시의 서술방식을 서술시 텍스트 분석을 통하여 이론적으로 검토하고 있다. 이를 위해 채트먼과 즈네뜨 그리고 스티븐 코핸·린다 샤이어스의 서술이론을 원용하고 있는데, 이를 서술시의 장르적 성격에 맞추어 굴절시켜 다루고 있다.
　서술시의 서술방식의 경우는 뚜렷하게 몇 가지 유형으로 구분할 수가 없다. 그러나, 대개의 경향을 정리하면 다음과 같다. 이야기와 서술의 시간적 순서가 일치하는 경우는 서술시에서 가장 널리 쓰일 수 있는 방식이 된다. 이 경우 지속에서는 요약이, 빈도에서는 일회적 서술이 일반적이다. 파편의 총합으로서의 이야기가 서술되어 있는 경우도 마찬가지이다. 이야기와 서술의 시간적 불일치가 서술시의 처음이나 끝 부분에만 일어나는 경우, 이 부분은 요약과 일회적 서술 외에 다른 방식이 쓰이는 수가 많다. 이야기와 서술의 시간적 순서가 서술시 전체에 걸쳐 발생하는 경우는 요약과 일회적 서술 외에 장면, 휴지와 중첩 반복 서술 등 다른 서술방식이 보다 광범위하게 쓰이게 된다. 그리고 서로 연관이 없는 사건이 나열되거나 시·공간을 초월하여 결합되는 비유기적인 새로운 서술방식의 모습을 보여 전혀 새로운 문맥으로 해석해야 할 서술시의 경우에도 관심을 모을 필요가 있다.
　이상, 서술시의 서술방식을 간략히 정리하였는데, 이는 구체적인 특정 시인의 서술시들이나 특정 시대의 서술시별로 그 특징을 검토하는 데에 활용될 수가 있다. 그렇게 함으로써 서술시의 서술방식의 유형이 문학내·외적 의미와 연관되어 보다 심도를 지니게 될 것으로 여겨진다. 그리고 서술시의 양식적 특성 자체를 서사시, 진술시 나아가 서정장시 등과 비교하여 검토하는 것도 문제거리가 될 수 있을 것이다.

방법론적 저항과 경계의 해체
— 1980~90년대 모더니즘시

1. 머리말

　모더니즘은 흔히 영미의 온건한 모더니즘과 대륙의 과격한 모더니즘 즉, 아방가르드를 포함한다. 전자가 과도한 형식주의적 성격을 갖는다면, 후자는 형식파괴적 성격을 갖는 것으로 이해된다.[1] 우리 시문학사에서도 모더니즘은 1930년대 이래로 이 두 부류로 대별되어[2] 지속과 단절 그리고 결합을 통해 반전통의 전통으로서 거듭되어 왔다고 볼 수 있다.
　1980~90년대 모더니즘시에 대하여 살펴보려는 이 글은, 당시 부각된 모더니즘시의 특성에 따라 개관해보려고 한다. 1980~90년대 모더니즘시의 특성은, 1980년대에는 과격한 모더니즘인 아방가르드가 우리 시문학사에서 저항적인 성격을 띠게 되는 한편 포스트모더니즘과도 연관되는 네오아방가르드의 성격이 두드러진 점과, 1980년대 후반부터 1990년대까지에는 모더니즘에 대해 '후기'와 '탈'의 양면성을 지니고 있는 포스트모더니즘의 성격이 두드러진 점에서 찾을 수 있을 것이다.

---

1) 이승훈, 「해체시와 포스트모더니즘」, 『현대시사상』 제4호(고려원, 1990.가을), 68쪽. 나병철, 『근대성과 근대문학』(문예출판사, 1995), 154쪽.
2) 김용직, 「1930년대 모더니즘시의 형성과 전개」, 『현대시사상』 제24호(고려원, 1995.가을), 88~92쪽.

2. 네오아방가르드와 방법론적 저항

1980년대 모더니즘시는 아방가르드적 성격이 부각된 것으로 이해된다. 우리 시문학사에서 아방가르드는 1930년대 이상을 통하여 드러난 바가 있다. 그러나, 이상의 아방가르드에서는 아방가르드가 지닌 저항적 참여성이 구현되지 못함으로써, 그의 시는 자의식과 세계상실의 모습을 드러낸 것으로 파악된다. 우리 시문학사에서 아방가르드적인 성격과 저항적 참여성이 합치되는 것은 1960년대 김수영의 반시에서 비로소 발견되는 사항이다. 그런데, 삶과 예술의 경계선이 붕괴되는 아방가르드의 성격이 뚜렷하게 표출되는 것은 1980년대 아방가르드의 시, 이른바 해체시에서 구현되고 있다.3)

이 글에서 1980년대의 과격한 모더니즘시를 네오아방가르드라고 보고 있는 이유는, 일반적으로 이차대전 이후 포스트모더니즘과 연관되는 아방가르드를 네오아방가르드라고 명명하고 있는데, 우리 시의 경우 이것과 합치되는 것으로 이해되기 때문이다. 그리고 앞에서 언급한 것처럼 우리 시문학사에서 1980년대의 아방가르드가 그 이전의 아방가르드와 시사적으로 연결되면서도 성격상 구별이 되는 새로운 것이기 때문이다.4)

아방가르드는 제도로서의 예술과 예술의 자율성에 대한 비판을 바탕으로 한 이른바 반미학에 기초해 있다. 전통미학에 반하는 반미학은, 제재를 변용시키는 것이 아니라 제재 혹은 기성품을 발췌하여 조립시키는 미학이다. 그래서 예술과 삶의 경계선이 붕괴되는 것이다. 아방가르드는 이를 통하여 예술을 삶의 실천 속으로 재통합할 것을 목표로 삼는다. 제도로서의 예술을 파괴하려는 아방가르드는 예술을 삶의 실제로 되돌림으로써 삶의 혁명화가 예술의 혁명화로 변화되어 예술작품 자체 속에서 그 의도가 실현되는 것이다. 아방가르드의 저

---

3) 김준오, 「우리시와 아방가르드」, 『문학사와 장르』(문학과지성사, 2000), 367~370쪽.
4) 김욱동, 『모더니즘과 포스트모더니즘』(현암사, 1992), 131~180쪽 참고. 나병철, 앞의 책, 229쪽에서는 1980년대의 해체시를 네오아방가르드 혹은 초기포스트모더니즘으로 보고 있다.

항성은 바로 여기에서 표출된다.[5]

아방가르드에는 일반적으로 초현실주의, 다다이즘, 미래주의, 표현주의 등 여러 예술 개념과 운동이 포함된다. 이 가운데 초현실주의는, 엄밀하게 말하면, 탈심미화된 자율적 예술 혹은 심미주의에 대한 내적인 공격으로 파악된다.[6] 1980년대 우리의 네오아방가르드 시 가운데에서도 초현실주의적 성격이 가장 두드러지게 드러나는 이성복의 시가 비교적 온건한 경향으로 이해되는 것도 바로 이 때문이다.

> 그해 가을 나는 아무에게도 便紙 보내지 않았지만
> 늙어 軍人 간 친구의 便紙 몇 통을 받았다 세상 나무들은
> 어김없이 동시에 물들었고 풀빛을 지우며 집들은 언덕을
> 뻗어나가 하늘에 이르렀다 그해 가을 濟州産 5년생 말은
> [……]
> 그해 가을 나는 살아 온 날들과 살아 갈 날들을 다 살아
> 버렸지만 壁에 맺힌 물방울 같은 또 한 女子를 만났다
> [……]
> 아버지, 아버지 …… 씹새끼, 너는 입이 열이라도 말 못해
> 그해 가을 假面 뒤의 얼굴은 假面이었다
> ─ 이성복, 「그해 가을」 부분

위에 인용한 시는, 초현실주의의 자동기술법과 데뻬이즈망의 기법에 따라 1980년대의 서로 관련 없는 일상사들이 행간걸림을 통해 연결되어 있다. 즉, 일상적인 삶의 파편들이 집합되어 있을 뿐이다. 그러나, 연관성이 없는 것처럼 보이는 서로 다른 일상사들이 사실은 하나같이 세상의 허망함을 일깨워 주는 공통성을 지니고 있다. 그 세상은 "어김없이 동시에" 물드는 1980년대의 전체주의

---

[5] Peter Bürger, 이광일 역, 『Theory of the Avant-Garde(아방가르드 예술이론)』(동환출판사, 1986) 참고.
[6] Richard Wolin, 이경숙 역, 「모더니즘 대 포스트모더니즘」, 『포스트모더니즘의 이해』(김욱동편저, 문학과지성사, 1990), 217~218쪽.

적 체제에 바탕을 두고 있다. 그래서 자유로움과 희망이 없다. "모두 병들었는데" 겉으로는 "아무도 아프지 않았"(「그날」)던, 아니 아픔을 드러낼 수 없었던 1980년대. 그래서 "壁에 맺힌 물방울 같은 또 한 女子"처럼 타인들과 연대감을 가질 수 없는 소외된 존재의 모습들이, 이 시에서는, 개별적으로 나열되어 있을 뿐이다. 80년대의 삶은 "假面"으로 사는 것 같은 주체성 없는 삶이었고, 또 뒤의 얼굴도 "假面"인, 그래서 진실이 철저히 숨겨져 있는 시대의 삶이었다.

이와 같이 이성복의 시는 초현실주의의 기법에 따른 개방적 형식으로 평범한 일상사의 병렬을 통하여 1980년대 당대의 암울하고 희망없는 삶의 양태를 보여주고 있다. 그리고 "아버지 …… 씹새끼, 너는 입이 열이라도 말 못해"와 같이, 아버지의 상징성을 통해, 억압하는 정통성 없는 권위에 대한 반발과 도전을 전략적으로 수행하고 있다. 이성복의 시에 나타나 있는 초현실주의의 성격을, 우리 시사에서 그 이전에 나타나는 것과는 달리, 개인의 무의식을 가족관계와 사회로 확대하는 유물적 초현실주의를 암시하고 있는 것으로 파악하는 입장도[7] 이와 연관될 것이다.

1980년대 우리의 네오아방가르드 시 가운데 보다 과격한 성격을 드러내고 있는 시는 황지우와 박남철의, 이른바 해체시이다. 그런데, 시와 삶이 통합된 아방가르드의 저항성은 황지우에게서 보다 두드러지게 드러난다.

  1983년 4월 20일, 맑음, 18℃

  토큰 5개 550원, 종이컵 커피 150원, 담배 솔 500원, 한국일보 130원, 짜장면 600원, 미쓰 리와 저녁식사하고 영화 한 편 8,600원, 올림픽 복권 5장 2,500원.

  표를 주워 주인에게
  돌려준 청과물상(46)

---

7) 이승훈, 『한국 모더니즘 시사』(문예출판사, 2000), 310쪽.

령=얼핏 생각하면 요즘
세상에 趙世衡같이 그릇된

[……]

— 안의섭, 「두꺼비」

(11) 第10610號

　　▲일화15만엔(45만원)　▲5.75캐럿물방울다이어1개(2천만원)　▲남자용파텍시계1개(1천만원)　▲황금목걸이5돈쭝1개(30만원)　▲금장로렉스시계1개(1백만원)　▲5캐럿에머럴드반지1개(5백만원)　▲비취나비형브로치2개(1천만원)　▲진주목걸이끈것1개(3백만원)　▲라이카엠5카메라1대(1백만원)　▲청자도자기3점(싯가 이상)　▲현금(2백 50만원)
　　　　— 황지우, 「한국생명보험회사 송일환씨의 어느 날」 부분

　　황지우에게 있어서는, 인용시에서 보는 바와 같이 기존의 시양식이 철저하게 파괴되어 있다. 아니, 파괴를 양식화시키고 있다.[8] 황지우의 네오아방가르드시, 이른바 해체시는 기본적으로 형태시적 요소를 지니고 있다. 이 시에서는 시각적인 효과를 극대화하기 위해 만화까지 동원되어 있다. 여기에다가 짜깁기 즉, 편집이 시의 구성원리가 되고 있다. 이른바 다다이즘의 우연성과 콜라쥬 및 몽타쥬 기법에 따라, 작중인물 송일환씨의 일기 및 하루 생활비 내역과 신문기사의 조각들 그리고 만화와 귀금속류 내역 등이 짜깁기되어 있는 것이 이 시이다. 짜깁기되어 있는 것도 하나하나가 시인의 창작물과 전혀 관계없는 현실에서의 습득물이다. 그래서, 시와 삶의 경계선이 붕괴되어 있는 것이다. 황지우의 네오아방가르드시는 현실의 습득물인 소재가 바로 작품이 되고 있는 미적 자유이론이 그 형성원리가 되고 있으며,[9] 예술의 영점화 현상을 보여주고 있다.[10]

---

8) 황지우, 『사람과 사람 사이의 신호』(한마당, 1994:개정판), 28~29쪽.
9) 김준오, 「한국 모더니즘의 현단계-모더니즘과 마르크시즘의 만남」, 『현대시사상』 제1호(고려원, 1988), 68쪽.
10) Arnold Hauser, 최성만·이병진 역, 『Soziologie der Kunst(예술의 사회학)』(한길사, 1983),

짜깁기와 예술의 영점화 현상은 반미학의 중요한 요소에 해당한다. 반미학은 기존 질서를 와해시키려는 비판의 시작을 의미한다.11) 이 시는 반미학을 통해 1980년대의 견고한 기존 질서를 해체하고 사회적 모순에 대한 비판과 저항의 자세를 보여준다. 이 시에서는 분명 앞부분과 뒷부분에서 하루하루의 생활을 소박하게 영위해 가는 소시민의 한 사람인 송일환씨의 하루 생활비 내역과 사치풍조에 뒤범벅이 되어 있는 상류층의 귀금속류 내역이 의도적으로 대조되어 있다. 이러한 대조 그 자체가 당대의 부조리한 사회적 상황을 비판하는 기능을 한다.

황지우는 반미학의 시적 방법론으로 사회현실에 대한 미적 저항을 적절히 수행한 시인이다. 그가 쓴 「묵념, 5분 27초」라는 시는 제목만 있고 내용은 아예 없다. 그래서 이 시는 반미학의 성격을 예지없이 보여주는 예가 되고 있다. 이 시에서는 여백으로 이루어진 침묵이 바로 시적 내용인 것이다. 작품 제목에서의 "5분 27초"는 사회현실적인 문맥으로 이해해야 하는데, 이는 일종의 시사적인 인유이다. 5분 27초는 5월 27일 즉 광주항쟁에 대한 전면적인 유혈진압이 감행된 날을 의미한다. 그래서 '5분 27초간의 묵념'은 다름 아닌 광주항쟁에서 쓰러져 간 사람들을 추모하는 묵념인 것이다. 제목만 제시되어 있는 이 시는, 광주의 피흘림으로 시작된 암울한 시대인 1980년대, 그 기나긴 묵념과 침묵의 시대상황을 내용없는 침묵으로 간명하게 드러내주고 있다.

3. 포스트모더니즘과 경계의 해체

80년대 후반기는 정치의 후진성에도 불구하고 외면적인 경제 성장에 의하여 우리 사회가 후기자본주의사회 또는 뉴미디어사회로 서서히 진입한 시기이다. 그리고 이 때부터 문화에 있어서는, 기술복제문화나 영상매체문화의 발달로 인

411~418쪽.
11) Hal Foster, 윤호병 외 역, 『The Anti-Aesthetics(반미학)』(현대미학사, 1993), 9쪽.

해 다국적기업 단계의 후기자본주의사회의 문화논리인 이른바 포스트모더니즘이 모습을 드러내게 된다. 후기자본주의사회에서 일반화되는 복제와 재생산은, 낭만주의 이래로 강조되어 온 주체의 자기표현이 약화되고 주체의 해체라는 현상이 만연되는 것과 밀접하게 결부되어 있는 사항이다.12)

또한 후기모더니즘과 탈모더니즘의 양면성을 지니고 있는 포스트모더니즘은, 모더니즘을 수용하면서 비판하는 모순적 특성을 지니고 있는 것이다.13) 포스트모더니즘은 아방가르드의 유산을 소산시켜 생긴 문화현상으로, 아방가르드적 성격, 제도권 예술에 대한 공격, 기계기술에 대한 낙관, 엘리트문화에 대항하는 대중주의 문화의 발흥을 그 특징으로 하고 있다.14) 포스트모더니즘이 고급문화와 대중문화의, 절충성과 비판의식이라는 새로운 관계의 가능성을 지니게 된 것은 아방가르드가 그 길을 마련해준 것이다.15)

포스트모더니즘에서 가장 주목해야할 핵심적인 지배소를 들면, 상호텍스트성, 탈장르화 내지 장르확산, 자기반영성, 대중문화에 대한 관심 등이 될 것이다.16) 포스트모더니즘에 있어 상호텍스트성은 대부분 패러디로 표출된다. 그래서 패러디는 포스트모더니즘의 가장 중요한 형식이라고 볼 수 있다.17) 이는 복사 혹은 재생산이라는 후기자본주의의 논리에 그대로 상응하는 예술적 양식이 되는 것이다.18) 그런데, 포스트모더니즘의 패러디 전략은 바로 내부에서의 해체전략인 해체주의 이론의 탈구축 전략과 맥을 같이 하고 있다. 여기서, 해체는 파괴/건설의 경계를 넘나드는 상호보충적인 의미를 지니고 있는 개념에 해당한

---

12) 정정호·강내희 편,『포스트모더니즘론』(터, 1991:재판), 17~18쪽.
13) 김준오,「도시시와 포스트모더니즘」,『현대시사상』제4호(고려원, 1990. 가을), 50쪽.
 이승훈,「해체시와 포스트모더니즘」, 같은 책, 84쪽.
14) Andreas Huyssen, 정정호 역,「포스트모더니즘의 위상정립을 위해」,『포스트모더니즘론』(터, 1991 : 재판), 263~330쪽.
15) Linda Hutcheon, 장성희 역,『The Politics of Postmodernism(포스트모더니즘의 이론과 전략)』(현대미학사, 1998), 52쪽.
16) 김욱동,『모더니즘과 포스트모더니즘』(현암사, 1992), 195~239쪽.
17) Linda Hutcheon, 김명옥 역,「포스트모더니즘 시학」,『포스트모더니즘의 이해』(문학과 지성사, 1990), 163~164쪽.
18) 김준오,「도시시와 포스트모더니즘」,『현대시사상』제4호(고려원, 1990. 가을), 66쪽.

다. 그리고 리얼리티와 픽션 사이의 구별을 불가능하게 만드는 개념에 해당한다.19) 다시 말하면, 텍스트의 외부와 내부의 경계가 해체되는 것이다.20)

포스트모더니즘에서는 여러 문화양식에 걸쳐 패러디 현상이 광범위하게 나타나고 있다. 문학에서도 패러디가 널리 활용되고 있다. 장정일의「라디오같이 사랑을 끄고 켤 수 있다면-김춘수의「꽃」을 변주하여」는 제목에서부터 알 수 있듯이 김춘수의「꽃」을 패러디한 시이다. 김춘수의「꽃」이 존재의 본질에 대한 탐구와 사랑의 관계에 대한 본질적 의미를 드러내고 있다면, 이를 패러디한 장정일의 이 시는 후기자본주의 시대에 편만해 있는 존재와 사랑의 관계의 물질주의적이며 가변적이고 일시적인 성격을 드러내면서 비판하고 있다.

그런데, 포스트모더니즘 문학에서 패러디는 문학뿐만 아니라 타예술이나 대중영상매체문화에 대한 패러디가 광범위하게 나타나고 있다. 이는 대중영상매체문화의 발달이라는 시대적 상황을 반영하는 것으로 이해된다. 그리고 고급문화와 대중문화의 경계를 붕괴시킴으로써 문학에 있어서 귀족주의적 개념과 엘리트들의 이념을 전복시키는 전략이 되기도 한다.21) 그런데, 대중영상매체문화는 문화산업의 일환으로 상품성을 지니기 쉬운 것이다. 그래서, 문학이 대중영상매체문화를 패러디하는 것은 예술의 사회화를 예술의 상품화라는 방식으로 도출하는 것을 의미하게 된다.22) 예술의 상품화와 상품의 예술화는 상품미학에서 만난다. 그리고 상품미학은 광고에서 극대화된다.

> 한 쌍의 남녀(카우보이
> 스타일의 모자를 쓴 남자는
> 곧장 앞을 보고-역시
> 남자다, 요염한 자태의 여자는

---

19) 김성곤,「모더니즘과 포스트모더니즘」,『현대시사상』(고려원, 1989), 93~94쪽.
20) 이승훈,「해체시와 포스트모더니즘」,『현대시사상』제4호(고려원, 1990. 가을), 84쪽.
21) Linda Hutcheon, 김상구·윤여복 역,『A Theory of parody(패러디 이론)』(문예출판사, 1992), 133~134쪽.
22) Terry Eagleton, 강내희 역,「Capitalism, Modernism, Postmodernism(자본주의, 모더니즘, 포스트모더니즘)」,『포스트모더니즘론』(터, 1991 : 재판), 203~225쪽.

> 카메라 정면을 보고 - 역시
> 여자다)가 沙漠을 걸어가고 있다
>
> 이렇게만 씌여 있다
> 동일레나운의 광고
> IT'S MY LIFE - Simple Life
>
> [……]
>
> 沙漠에는 생의 마막에 집어던질
> 돌멩이 하나 없으니-
> ─오규원, 「그것은 나의 삶」 부분

    광고를 패러디한, 오규원의 이 시는 TV에 나오는 '동일레나운의 광고'의 광고문안과 광고내용의 영상을 그대로 언어로 담아내고 있다. 그래서 이 패러디시는 영상광고와 언어의 결합이 된다. 즉, 이 시에서 광고와 시의 경계는 더 이상 없다. 이 시의 제목인 「그것은 나의 삶」은 바로 광고문안의 일부인 "IT'S MY LIFE"를 그대로 가져온 것이다. 이 시에서 "한 쌍의 남녀"가 "카우보이 모자"를 쓰고 "사막을 걸어가고" 있는 영상언어는 후기자본주의사회의 다국적기업의 광고 모습을 잘 보여준다. 이는 우리나라 기업의 상품광고문안이 우리글이 아닌 영어 "IT'S MY LIFE—Simple Life"로 되어 있는 데서 극대화된다.
    그런데, 광고의 언어는 실물을 제시하기보다는 상품을 팔기 위한 전략적인 속임수를 통해 실물에 대한 동일시의 욕망을 부추기는 기표에 불과하다. 광고는 무엇을 어떻게 소비할 것인지에 대해 소비자의 의식을 프로그래밍한다. 생산자는 소비자가 실제생활에서 필요한 물건보다는 소비자의 욕망을 자극하는 물건들을 생산한다. 광고를 통해 욕망을 자극받게 되는 소비자는 결국 생산자에 의해 그 의식이 조직되도록 유도되는 셈이다. 그래서 광고는 소비자에게 타인의 이미지를 자기화하는 욕망을 불러일으킨다. 이는 자기가 주체가 되어 갖는 욕망이 아니므로 허위욕망이 된다. 이 욕망은 상상의 욕망일 뿐이다. 광고는

상품에 현실뿐만 아니라 상상이라는 존재도 부여한다.23)

위의 시에서, 오규원은 시라는 관습 자체를 파괴하여 상품 광고를 과감하게 패러디하고 있다. 여기서 현실에서의 습득물인 광고문안이 바로 시적 대상이 된다는, 오규원의 반미학적 태도를 읽을 수 있다. 그런데, 오규원의 시에서는 수용된 광고문안에 대한 일정한 비판의식이 나타나 있다. 광고문안의 일부인 "Simple Life"를 두고 "생의 마꽉에 집어던질 / 돌멩이 하나" 없는 "넓은 沙漠"에 비유하고 있음을 보아 알 수 있다. 이는 깨우침이 없는 자동화된 일상적 삶의 공간을 의미하는 것으로 이해되기 때문이다. 포스트모더니즘에서 이루어지고 있는 대중영상매체문화에 대한 패러디에서는 타자화된 욕망을 쫓아가면서도 비판하는 현대인의 이중적인 의식이 드러나 있다. 이를 흔히 '인사이드 아웃사이더'(inside-outsider)라고 일컫기도 한다. '인사이드 아웃사이더'적 태도는 바로 포스트모더니즘의 패러디에서 부각되는 특징인 것이다.24)

1990년대 포스트모더니즘시의 중요한 한 양상은 메타시이다. 메타시는, 한 편의 시를 창작함과 동시에 그 시의 창작과정이나 시 혹은 시인에 대해 진술 내지 비평을 하는 경우가 많은데, 이 때 창작과 비평의 차이는 없어지고 해체의 정신에 의한 형식상의 긴장을 갖는다.25) 메타시가 지닌 시와 비평이라는 장르 혼합 자체가 단일한 중심이 없는 탈중심적이고 다원적인 글쓰기에 해당한다. 이는 예술(허구)와 현실(실재)의 경계를 무너뜨리는 것과도 연관된다. 텍스트의 내부와 외부의 경계 없애기와 통하는 것이다. 이런 사항은 메타시 자체가 텍스트의 불확정성과 비완전성을 드러내는 것을 의미하게 된다.26)

   그는 시를 쓴다 그는 그가 무엇을 하는지 모른다 그는

---

23) Heri Lefebvere, 박정자 역, 『la vie quotidienne dans le monde moderne(현대세계의 일상성)』 (세계일보, 1990), 154~159쪽.
24) 김성곤, 「모더니즘과 포스트모더니즘」, 『현대시사상』 제3호(고려원, 1989), 89쪽.
25) Patricia Waugh, 김상구 역, 『Metafiction(메타픽션)』(열음사, 1989), 20~21쪽.
26) 기획 좌담 「메타시, 새로운 시대의 시쓰기」, 『현대시사상』 제27호(고려원, 1996.여름), 100쪽.

> 강의를 한다 그는 강의를 한다고 생각한다 그는 잡지를
> 편집한다 잡지가 그를 편집할 때도 있다 그는 술을
> [……]
> 바라본다 그는 이렇게 산다 그는 그가 무엇을 하는지
> 모른다 한트케는 지옥이라고 했지만 그는 시를 쓴다
> 시 쓰기는 살아가는 한 가지 방법이다
> ─이승훈, 「그는 그가 무엇을 하는지 모른다」 부분

장정일의 「길안에서의 택시잡기」와 오규원의 「안락의자와 시」가 텍스트의 불확정성을 보여주는 메타시라면, 위에 인용한 이승훈의 「그는 그가 무엇을 하는지 모른다」는 주체의 불확정성을 보여주는 메타시에 해당한다. 해체주의에 따르면, 인간은 통일된 자아가 아니라 미결정적인 주체로 인식된다. 이는 중심 주체가 없다는 말도 된다. 그래서 시를 쓸 때에는 시 쓰는 주체가 형성되고, 강의를 할 때에는 강의를 하는 주체가, 잡지를 편집할 때에는 그에 맞는 주체가 형성된다. 그럴 뿐만 아니라 어떤 일이 그 사람의 주체를 형성시키기도 한다. 이와 같이, 이 시는 우리에게 주체에 대한 회의와 새로운 인식을 간명하게 전해주고 있다. 이 메타시에 활용되고 있는 행간걸림은 전통적인 시가 지닌 시행의 안정성을 깨뜨리는 형식의 불안정성을 통해 해체주의적 정신을 표현하는 데에 적절한 것으로 여겨진다.

그런데, 이 시는 3인칭 '그'로 객관화된 시인에 대한 시 쓰기 즉, 시인론시로서 메타시에 해당한다. 그래서 이 시는 앞뒤로 "그는 시를 쓴다"로 되어 있을 뿐만 아니라 "시 쓰기는 살아가는 한 가지 방법이다"라는 언명이 나오는 것이다. 사실, 오늘날 시인은 별다른 존재가 아닌 것이 되고 있다. 낭만주의 시대에 이루어진 시인관은 오늘날에는 전혀 기대할 수 없는 지경에 이른 것으로 여겨진다. 상인이 장사를 하며 살아가듯이 시인은 시를 써 살아갈 뿐이다. 시인에게 있어 시 쓰기는, 시 구절 그대로, 살아가는 한 가지 방법일 뿐이다. 그래서 이 시는 나서서 전통적인 시인관(아직까지 남아 있다면)을 해체하고 있는 것이다.

4. 맺음말

　이상과 같이, 이 글에서는 1980~90년대 모더니즘시의 특성으로, 아방가르드가 저항적인 성격을 띠게 되는 한편 포스트모더니즘과도 연관되는 네오아방가르드와, 모더니즘에 대해 '후기'와 '탈'의 양면성을 지니고 있는 포스트모더니즘으로 정리하고 있다. 하지만, 이러한 내용은 1980~90년대의 모더니즘시에서 두드러진 특징만 개관한 것이지 그 모두를 포괄하고 있는 것은 아니다. 이러한 사항을 참고하여 보완되어야 이 글은 보다 엄밀한 글이 될 것이다.

지역문학의 현황과 전망

1.

　한국 사회의 뿌리깊은 모순 가운데 하나는 서울과 지방 사이에 오랫동안 누적되어 온 불균형이다. 서울과 지방의 관계는 마치 제국과 식민지의 관계와 같다. 즉, 지방은 지금까지 일종의 '식민화된 타자'로 취급되어 온 것이다. 이른바 지방(역)자치제는 중앙집권적인 통치형태로 빚어진 국가사회의 불균형과 이로 인해 초래된 각종 부작용을 최소화시키고자 하여 도입된 통치형태이다. 그러나, 실제에 있어서 지방(역)자치제는 지방(역)자치단체장을 직접선거에 의해서 뽑는 등의 외형적인 면만을 갖추고 있을 뿐 재정과 권한 등의 내실을 충실히 갖추고 있지는 못하기 때문에 그 속내는 여전히 중앙집권을 벗어나지 못하고 있다.
　부산·경남 지역을 중심으로 하여 지역문학의 현황과 전망을 가늠하는 글의 서두에 현재 한국사회의 중앙집권적인 통치형태를 들먹이는 것은 주제를 빗겨간 것 같지만 사실은 조금도 그렇지 않다. 그만큼 아직 우리는 권력과 통치형태의 중앙집권화에 못지 않게 문화의 중앙집권화 현상에서 벗어나지 못하고 있는 것이다. 재정 지원과 문학매체가 서울에 집중되어 있을 뿐만 아니라 문인들도 될 수 있으면 서울이나 인근의 수도권에 살면서 문학활동을 하려고 애쓰는 게 숨길 수 없는 현실이다. 그만큼 서울은 '특별'한 곳이다. 자신은 서울중심주의에서 한 발치도 벗어나지 못하고 또 이에 대해 특권의식을 여전히 지니고 있으면서도 탈중심주의의 문학을 지향한다고 말하는 형국이 오늘의 우리 문학의 현실이다. 근대의 이분법적 사고의 극복을 위해 내세워진 탈중심주의는 서구 중심에 대한 비판과 동양의 부각, 남성 중심에 대한 비판과 여성의 부각, 이성 중심에 대한 비판과 몸의 부각은 의식하면서 서울 중심에 대한 비판과 지방(역)의 부각은 의식하기를 꺼려하는 게 엄연한 우리의 현실이다.

흔히 '지방'과 '지역'을 통용해서 같이 쓰고 있지만, 이 두 용어는 그 개념과 내포가 다른 용어이다. 다시 말하면, 지역문학이라 할 때의 '지역'은 '지방'과는 구별되는 개념어가 된다. 지방은 서울에 대한 대타개념으로, 서울/지방의 이분법적 용법으로 쓰인다. 그러나 '지역'이라 할 때에는 다양성과 상대성을 염두에 둔 것으로, 서울도 하나의 지역이 되는 것이다. 그래서 지역은 서울 중심에 대한 주변이라는 의미가 아니라, 자기 중심을 가진 개념에 해당한다. 따라서 '지방'이 아니라 '지역'이라는 용어를 사용하는 것은 중요한 의식의 전환에 해당한다. 그러나 지역이라는 용어를 사용한다고 해서 당장 올바른 지역문학으로 자리매김되는 것은 아니다. 여전히 서울 이외의 지역에 대하여 폄하하거나 스스로 낮추는 의식을 버리지 않는 한 본래의 용어에 걸맞는 지역문학에 값하기는 어려울 것이다.

지역문학은 본질적으로 탈중심주의를 지향한다. 서울 중심에 대한 지방 주변의 부각, 나아가 다양한 중심을 설정하는 다원주의에 따라 각 지역이 상대적인 관계가 되는 지역문학이 올바르게 나아가는 방향이 될 것이다. 21세기를 내다보는 오늘날, 근대의 부정성을 극복하려는 탈근대적 사유는 근대의 이분법적 인식틀을 근본적으로 반성하고 있다. 이 시점의 지역문학론은, 서울 중심―지방 주변이라는 이분법적 인식에 대한 전복적인 사유를 지니지 않을 수 없다는 점에서, 탈근대적 사유를 바탕에 깔고 있는 것으로 여겨진다. 계간지 『시와 사람』측에서 새로운 천년을 준비하는 기획특집으로 지역문학의 도약 문제를 내세우고 지역문학의 전망을 짚어보려는 청탁을 한 이면에는 이러한 인식이 내재되어 있는 것으로 보인다.

그러나, 현단계의 지역문학은 여전히 뿌리깊은 식민지성에서 자유롭지 못하고 있는 게 숨길 수 없는 사실이다. 아무리 지방(역)자치제라 해도 정치·경제·사회·문화의 모든 면에서 한국사회의 서울집중화가 해소되지 않는 한, 타 지역의 식민지성은 완전히 극복되기 어려울지 모른다. 그런 가운데, 각 지역의 각 분야에서 식민지성을 해소하려는 노력을 줄기차게 하고 있는 것도 사실이다. 각 지역의 문학분야는 이런 노력의 앞자리에 위치지울 수 있을 것이다.

2.

지역문학이 식민지성을 극복하는 데에 가장 중요한 관건이 되는 것은 정기적인 문학매체의 발간이다. 문학이라는 글쓰기 활동은 문학매체를 통해서 밖에 할 수 없으므로 이는 너무도 당연한 일이다. 1990년대에 들어와 각 지역에서는 자체적으로 정기적인 문학매체를 보유하려는 노력들을 해왔다. 대구의 『시와 반시』, 광주의 『시와 사람』, 제주의 『다층』, 부산의 『오늘의 문예비평』과 『시와 사상』 등이 바로 그것이다. 이제 각 지역문인들은 오직 서울지역의 문학매체만을 바라보다가 자기 지역의 매체, 나아가 타 지역의 매체에까지 눈을 돌리게 되었다. 그래서 지역문인들은 예전보다 쉽게 발표지면을 확보하게 되어 자신들의 작품활동에 박차를 가할 수 있게 되었다.

부산 지역의 문학매체 중 현재까지 꾸준히 발간되고 있는 문예지는 『오늘의 문예비평』과 『시와 사상』이다. 1991년 창간된 『오늘의 문예비평』은 전국 최초의 비평 전문 계간지로서, 지역문학의 활성화와 한국문학의 객관성 확보를 위해 꾸준히 노력해 오고 있다. 문학론의 흐름과 진단도 시의 적절하게 내보이고 있어 현재까지 한 호도 거르지 않고 34호째 내고 있다. 그 동안에 서울지역에서도 비평전문지가 발간되었으나 오랫동안 지속되지 못한 사정으로 볼 때 『오늘의 문예비평』의 약진은 눈여겨볼 필요가 있다. 『오늘의 문예비평』은 문학매체의 특성화와 전문화의 측면에서 성공한 사례로 꼽을 수 있다. 1994년 창간된 『시와 사상』은 시 전문 계간지인데, 시론과 시비평에 관한 적절한 특집의 기획 등을 통해서 현재까지 22호째 내고 있다. 부산 지역은 소설가보다 시인들이 더 많이 활동하고 있는 도시인데, 시 전문지 『시와 사상』 이러한 상황을 상당히 반영하고 있는 것으로 보인다.『오늘의 문예비평』이 비평 전문지이고『시와 사상』이 시 전문지라면, 1996년 반년간지에서 계간지로 발돋움한『문학지평』은 문학의 지평을 넓혀 문화 부문을 아우르는 종합문예지의 특성을 지니고 있었는데, 재정 등의 사정으로 휴간된 것이 아쉽기만 하다. 올해 봄에 창간된『게릴라』는 문화예술 전반에 걸쳐 전문성과 대중성 사이의 중간지점, 아니 그 경계선을 허물어 버리려는 탈정형화된 새로운 형식으로 등장한 매체이다.『게릴라』는 문학을 확장한 문학예술에까지 관심을 갖고 또 일반 독자들에게 쉽게 다가가기 위한 대중화를 의식한 편집에 힘쓰고 있는 문화예술 비평지에 해당한다.

  부산 지역의 문학매체는 이와 같이 서로 다른 형식과 지향을 가짐으로써 각자의 영역이 지닌 역량을 극대화하려고 힘쓰고 있다. 문학매체의 다양화와 전문화는 지역문학의 다원화에 상응할 뿐만 아니라 경쟁력 확보에 관건이 된다. 그런데, 문제는 이 문학매체를 바라보는 시각과 의식에 있다. 우리 스스로가 힘들여 전국 어디에 내놓아도 손색이 없는 당당한 문학매체를 발간하면서도 그 매체를 폄하하는 의식이 문제가 된다. 서울지역의 매체에 발표되면 상당히 좋은 작품이고 우리 지역이나 서울 이외의 타 지역의 매체에 발표되면 그렇지 않은 작품으로 여기는 태도가 문제이다. 일종의 식민지적 근성을 우리 스스로가 버리지 못하는 한 지역문학의 뿌리 깊은 식민지성은 극복되기 힘들 것이다.

  물론, 우리 지역에서 발간하는 문학매체이다 보니 그 매체와 거기에 관여하는 편집진과의 연고로 함량 미달의 작품이 실리기도 한다. 이러한 현상도 따지고 보면 앞의 경우와 마찬가지로 우리 지역의 문학매체를 폄하하는 태도에서 발생한다. 내 작품은 서울지역은 몰라도 가까운 우리 지역의 매체에는 실리지 않겠는가 라는 안이한 생각이 거기에 내재되어 있다. 그러한 현상이 지속된다면 지역문학의 하향평준화는 불 보듯 뻔한 일이 된다. 지역문학의 발전을 위해서는 무엇보다도 지역문인 스스로 지역의 문학매체에 대하여 자존을 가져야 한다. 그리고 지역문인들에 대해서 일방적인 편애나 무시가 아니라 정당한 평가를 내려야 하며, 이를 바탕으로 하여 이들의 문학활동을 문학매체에 반영시켜야 한다. 문제는 지역이 아니라 수준이다. 지역문인들도 수준 있는 작품을 지역매체를 통해서 내보이겠다는 발상의 전환을 가져야 한다. 그래야 지역문학은 그 오랜 식민지성을 벗어날 수가 있을 것이다.

 문학활동의 기반이 되고 있는 문학매체의 활성화와 경쟁력 확보는 지역문학 발전의 기본이 된다. 그러나, 현재 지역의 문학매체는 일종의 출혈을 감수하면서 명맥을 이어가고 있는 게 숨길 수 없는 실정이다. 지역문학이 지역의 오랜 식민지성을 극복하려는 선봉에 있고 또 문화의 식민지성을 극복하지 않는 한 진정한 지방(역)자치제는 요원하다는 인식을 갖고, 지자체나 지역의 기업에서는 문학매체에 대한 지속적인 관심을 갖고 이에 적정한 지원을 해야 한다. 문학이나 문화에 대한 지원이 있다 해도 가시적이거나 소비적인 행사에 치중되어 있는 것은 시정되어야 한다.

3.

 경남의 지역문학은 문학매체보다는 경남지역문학회에서 1997년에 창간하여 현재까지 4호째 발간된 『지역문학연구』를 통해서 살펴보아야 한다. 그만큼 경남에 있어서는 『지역문학연구』가 어느 지역보다도 특징적일 뿐만 아니라 문학매체보다 일찍 간행되어 일정한 영향력을 행사하는 의미 있는 것이기 때문이다. 부산지역의 문학매체가 부산에서 발행되는 점 말고는 그 성격이나 집필진을 지역적 특수성에 맞추지는 않은 것에 비해, 『지역문학연구』는 그 성격을 철저히 지역적 특수성에 초점을 맞추고 있다. 그래서 부산·경남 지역문인만을 대상으로 하여 연구 및 비평을 행하고 지역의 자료를 발굴·정리하는 일에 초점을 두고 있다. 그 집필진도 이 지역의 문인이나 문학연구자로 한정되어 있다. 이는 오랫동안 변방에 처해 있었던 이 지역문인들과 그 자료들을 중심에 적극 부각시킨다는 의식을 깔고 있다. 서울중심적이고 중앙집권적인 사고를 전복시켜 지역을 부각시키겠다는 전략은 뿌리깊은 식민지성을 극복하려는 탈중심주의·다원주의·상대주의의 중요한 태도가 된다. 그래서 잊혀진 지역문인을 발굴하고 정리하는 성과도 보이고 있다. 그러나 한편으로는 우려되는 점도 없지 않다. 이는 지역문인과 지역문학에 대한 애정이 과대평가로 이어질 가능성이 항존해 있기 때문이다. 따라서 주변의 복권도 중요하지만 엄정한 자리매김이 되지 않으면 또 다시 주변성에 갇히기 쉬운 것이다. 또한 지역적 배타성의 부정성도 잠재되어 있는 것이므로 이에 대한 해소 방안도 마련되어야 할 것으로 보인다.

최근 경남지역의 문학매체로 『시와 생명』이 창간호를 선보였는데, 1990년대에 이루어진 각 지역의 문학매체 발간과 이에 따른 지역문학의 활성화에 발맞추고자 하는 경남의 노력을 엿볼 수 있다. 그런데, 『시와 생명』은 시 전문 계간지이지만, 부산의 『시와 사상』하고는 성격을 달리하는 것으로 이해된다. 『시와 사상』이 시와 연관된 시론과 사상에 상당히 개방적이라면 『시와 생명』은 매체의 이름에서도 알 수 있듯이 그 지향점을 생명사상의 발현에다 두고 있음을 천명하고 있다.

생명사상과 생태주의는 근대의 부정성을 극복하고자 하는 전환기의 가장 중요한 사상이다. 이는 자연을 오직 인간의 기술적 조작의 대상 즉, 도구적 이성의 대상으로만 취급하는 근대의 기계론적 세계관에 저항하는 사상에 해당한다. 인간과 자연의 조화와 공생을 추구하는 생태주의는 인간과 자연의 합일, 자아와 세계의 합일을 지향한다. 그런데, 이는 다름 아닌 서정시가 궁극적으로 지향하려고 하는 융합의 세계관과 일치된다. 원래 서정의 본질은 자아와 세계의 동일성 즉, 인간과 자연의 합일에 있는 것이다. 그래서 생태학적 상상력의 추구는 바로 서정의 회복과 맞물려 있게 되는 것이다. 근대의 부정성을 극복해야 하는 새로운 천년의 21세기에 과학기술문명의 반생명성에 저항하여 생태주의와 생명사상을 시를 통해 구현하는 것은 그래서 의미가 깊다. 이제 출범한 『시와 생명』이 생명사상의 깊이와 넓이를 잘 가늠하면서 문학의 이러한 지향에 하나의 구심점 역할을 해나가길 바란다.

4.

 지역문학이 서울 중심/지방 주변을 넘어서는 탈중심주의 사고를 바탕에 두어야 하는 것과 탈근대의 사상을 그 내용적 지향점으로 하는 것은 서로 연관이 되는 사항이 된다. 그런 면에서 앞에서 살펴본 부산·경남의 문학매체는 각기 그 지향과 형식, 내용 면에서 지역문학의 활성화를 위해 각기 힘쓰고 있음을 알 수 있다. 다가올 새로운 천년 21세기는 근대의 이원화된 사고를 극복하려는 노력이 극대화되어 이의 종식이 가시화되는 시대가 될 것임에 틀림없다. 그래서 서양/동양, 남성/여성, 정신/육체의 전복에 못지않게 서울/지방의 전복은 의미 깊은 것이 된다. 그러기 위해서 현재 지역문학은 무엇보다도 스스로 내면화하고 있는 변두리의식을 탈피하고 또 자신의 수준을 고양시킴으로써, 오랫동안 지속되어 온 식민지성을 벗어나야 한다. 지역문학은 서울도 하나의 지역이 되는 것을 지향한다. 그래서 각 지역이 차별이 아니라 차이의 관계로 전환되길 기대하는 것이다. 이를 위해 무엇보다도 지역문인들이 지역문학에 대한 자존을 가지며 문학활동을 하는 것이 현재에 여전히 엄존하는 문화의 중앙집권화를 하루 빨리 극복하는 전기를 마련할 것이다. 문제는 어느 지역이 아니라 문학의 수준이다.

제2부 비평의 고뇌

비평과 정당한 소통의 문제

1. 머리말

　너무도 당연한 말이지만, 비평은 글쓰기의 한 방식이다. 글쓰기는 글읽기를 전제로 한다. 글읽기가 있어서 글쓰기도 있지만, 읽히지 않는 글쓰기는 의미 없는 것이 되기 때문이다. 글쓰기는 있되 글읽기가 없다면, 이것은 어떠한 이유에서건 소통상에 문제가 있다는 말이다. 비평의 시대라 하는, 그래서 비평이 본질적으로 내재하고 있는 메타성을(비평은 문학이라는 언어현상에 대한 언어로서 근본적으로 메타언어적인 것이다) 최대치로 활용하는 비평의 비평 즉, 메타비평까지 심심찮게 발표되는 이 시대에, 과연 비평에서는 글쓰기와 글읽기의 소통이 활발하게 진행되고 있는 것일까? 혹시 비평적 글쓰기에 참여하는 사람들만이 또한 글 읽는 사람은 아닐까? 한편에서는 비평의 시대라고 하면서 또 다른 한편에서 비평의 위기를 운위하고 있는 것은 무엇보다도 소통상의 문제는 아닐까?
　이 글은 기본적으로 이러한 질문에서 시작한다. 그 동안에 본격적인 비평전문지들이 첫 호에서는 의욕적으로 출발을 하다가 몇 호 못 가 이내 지쳐 나자빠지는 모습을 보여준 것은, 여러 가지 이유가 있겠지만 비평적 글쓰기에 대한 글읽기가 예상에 훨씬 미치지 못한 것도 중요한 이유가 되는 게 아닐까? 비평에 참여하고 있는 층이 이전보다 상당히 두터워져 글쓰기의 면에서는 비평의 시대라고 할 수 있지만, 글읽기의 면에서는 예상보다 늘지 않으므로 마치 풍요 속의 빈곤처럼, 상대적으로 비평의 위기감은 더욱 들지도 모른다. 극단적으로 말해서, 비평은 비평가들만의 말잔치가 되고 있는 것인지도 모른다. 이것이 비평의 어쩔 수 없는 속성이라고 적당히 위안하면 더 이상 할 말은 없어진다. 그러나, 비평도 글쓰기의 일종임에랴. 글읽기를 지향하는 것은 너무도 당연한 것이다.

지금 이 순간에도 어김없이 문학 관련의 많은 계간지와 월간지에 여러 형식의 비평문들이 일정하게 발표되고 있다. 그 중에는 이론비평도 있고 실천비평도 있다. 더러는 비평 자체를 돌아보는 이른바 메타비평을 선보이고 있다. 메타비평은 비평의 자의식의 표출이다. 그런데, 대개의 경우 메타비평은 실제 발표되어 온 이론비평이나 실천비평에 대한 비평의 모습을 띠고 또 이에 대한 반론적 성격의 메타비평 등으로 확대되어, 비평에 대한 비평의 연쇄로 논쟁을 일으키거나 논쟁적 성격을 지향해온 것이 사실이다. 물론, 논쟁의 생산성은 충분히 긍정되어야 한다. 이로 인해 우리 문학과 비평이 그만큼 풍요로워진 것은 더 말할 필요가 없다.1)

하지만, 논쟁의 소모성이 가져온 부정성도 무시할 수 없을 정도로 심각한 게 엄연한 사실일 것이다. 안 그래도 비평을 멀리하는 독자들이 비평에서 등을 돌리게 되는 가장 큰 이유가 바로 이 때문인지도 모른다. "조각난 비평도 이젠 신물이 난다",2) 근래에 발표된 비평문 가운데에 씌어 있는, 놀라운 이 구절을 오직 한 개인의 고백성 발언으로만 취급할 수 있을까? 대학에서 문학을 가리키면서 시를 쓰고 있는 사람이 이럴진데, 일반 독자들의 심경은 어떻겠는지 능히 짐작이 가고 남음이 있을 것이다.

그래서 이 글은 이미 발표된 비평문을 읽고 이에 대한 비평을 하는(이 경우의 비평은 두말 할 필요 없이 바로 비판이다) 형식을 취하지 않는다. 더구나 메타비평은 어떠한 의미에서건 필요 이상으로 대상 비평문들을 어쩔 수 없이 초점

---

1) 비평의 논쟁에 대한 자료와 이에 대한 사적 연구의 대표적인 저서를 들면 다음과 같다.
    김영민, 『한국문학비평논쟁사』(한길사, 1992)
    임헌영·홍정선 편, 『한국 근대 비평사의 쟁점』(동성사, 1986)
    홍신선 편, 『우리문학의 논쟁사』(어문각, 1985)
2) 이지엽, 「90년대 시학의 층위와 21세기」, 『시와 사람』 제12호(시와사람사, 1999.봄), 113쪽.

화하게 될 우려가 있다. 따라서, 이 글은 비평을 하는 한 사람으로서 자기 반성으로서의 비평, 말 그대로 비평의 자의식을 최대한 살리는 비평의 형식을 취하고자 한다. 이는 무엇보다도, 타인이 자기 반성의 거울이 되듯이, 비평을 읽고 있거나 읽으려고 하는 사람을 염두에 두어 비평을 하는 한 사람으로서 자신의 비평적 글쓰기를 돌아본다는 의미이다.

이 글이 '정당한 소통'이란 개념으로 비평을 돌아보고자 하는 것은 바로 이 때문이다. 독자를 염두에 둘 때, 비평적 글쓰기에서 가장 중요한 문제는 다름 아닌 소통의 문제인 것이다. 비평의 존재 의의는 아무리 충만한 세계라 해도 자족적인 데 있는 게 아니라, 비평가와 독자와의 진정한 소통에 있어야 한다. 비평은 근본적으로 글쓰기의 한 방식인 것이다.

2. 정당한 소통을 위한 비평

1) 매니아적 소통과 비평의 섹트화

비평 활동에 참여하고 있는 층은 나날이 두터워지는 데 비해, 실제 씌어지고 있는 비평문들은 독자들에게 잘 읽히지 않을 뿐만 아니라 시인들과 작가들도 멀리 하는 현상을 어떻게 이해하여야 할까? 이것은 무엇보다도 이른바 '매니아 현상'으로 설명할 수 있을 것으로 보인다. 이 경우 '매니아'는 소통상에 초점을 둔 말이다. 매니아란 궁극적으로 타인을 의식하지 않고 자신이 하고 싶은 일에만 열중하는 사람이다. 그래서 이들은 그 분야에서 개척정신을 발휘하여 새로운 경지로 나아가지만, 그 분야를 모르는 타인들에게는 뚜렷하게 경계를 긋는 법이다. 그 경계 안으로 타인들은 감히 들어올 수도 없다. 어떤 경우는 타인이 감히 접근할 수 없다는 점에 일종의 선민의식까지 지니게 된다. 이럴 때 타인과의 소통은 근본적으로 어렵게 되어 있다.

비평에서 매니아 현상은, 이론비평에서 더욱 심화된다. 이 경우는 그 비평문을 읽을 독자로 현재 비평을 하고 있거나 앞으로 비평을 하려는 사람들만을 상정하는 것이 된다. 더구나 그 이론비평이 설익은 생경한 표현으로 다가올 때에는, 이들과의 소통도 제대로 이루어지지 않게 된다. 이 때 비평문은, 밀가루 냄새가 아직 나는 제대로 구어지지 않은 식빵과 같다. 그래서 이 경우의 비평은 자기만의 세계에 몰입해 있는 독방의 주인공과 같은 모습으로 다가오게 된다.

비평의 섹트화는 매니아 현상의 보다 세밀한 내적 표현으로 나타난 경우에 해당한다. 출신이나 연고가 같거나 비평적 지향의 유사성에 따라 비평의 섹트화는 이루어진다. 물론, 섹트화는 차이의 관계에서 자신들을 돌아보게 하고 경우에 따라서는 서로의 비평에 자극제가 되기도 한다. 그런데, 섹트화가 권력의 문제와 결합하게 되면 차이가 아니라 차별의 관계가 되어, 비평이 헤게모니를 잡기 위한 전략과 의도를 내포하게 된다. 이 경우 대개 비평문과 이의 든든한 물적 토대가 되는 매체는 이런 전략과 의도를 성취하기 위한 전위에 서게 된다. 그래서 흔히 하는 말로 '패거리 비평'이 되는 것이다. 이런 비평은 비평 내부에서조차도 소통이 제대로 이루어지지 않는 비평이 되기 쉽다. 내부에서도 소통이 제대로 되지 않는 비평에 독자들이 관심을 갖고 읽어주기를 바란다는 것은 어리석은 일이다. 독자들은 이런 비평을 외면하기 마련이다.

2) 광고성 비평과 비평의 책임

그러면 독자들은 실제로 비평을 접하지 않는가? 사실은 그렇지 않다. 아무리 문학의 위기 운운해도 아직까지 상당수의 독자들은 문학작품을 찾아 읽으려고 애쓰고 있다. 우리는 여전히 문학작품들이 베스트셀러가 되는 문화적 환경 속에 살고 있다는 사실이 이를 단적으로 말해 준다. 그런데, 독자들이 문학작품을 선택하는 데 참조하는 중요한 한 가지가 바로 비평이라는 데에 주목할 필요가 있다. 독자들은 누군가가 좋은 작품을 선별해주기를 기대한다. 이런 기대를 채워주는 형식 가운데 가장 손쉬운 방법은 누구보다도 출판자본이 간파하고 있다. 이른바 신문이나 잡지의 문학작품 광고 또는 문학작품(집)의 앞 뒤 표지에 있는 촌평으로의 비평이 바로 그것이다. 이것이 무시 못할 비평인 것은 이런 비평들이 대개 비평가의 유명세에 기대어 이루어지고 있고 또 이 비평 형식이 독자들에게 상당한 영향을 주어 실제 문학작품(집)의 유통에 깊이 관여되기 때문이다.

　독자들이 무심코 읽게 되는 비평 가운데 가장 흔한 게 이런 광고성 비평인 것이다. 매일 접하게 되는 신문만 펼쳐 봐도, 어김없이 한 두 권의 문학작품(집)에 대하여 광고성 비평이 있기 마련이다. 이러한 광고가 가능하다는 사실 자체가 우리에게는 여전히 무시 못할 문학작품의 독자층이 있고, 또 광고를 통해서 문학작품(집)의 판매와 유통의 상당한 효과를 보고 있다는 말이 된다. 그렇다면 비록 촌평의 형식이긴 하지만 이를 가벼이 생각해서는 안되는 것이다. 흔히, 자본주의의 경제 체제 아래에서는 문학작품도 문화상품 가운데 하나에 속한다 한다. 그리고 이는 어쩔 수 없는 일이라고도 한다. 그래, 맞는 말이다. 따지고 보면, 문학도 상품 가운데 하나인 게 엄연한 현실이다. 그리고 이러한 광고성 비평을 통하여 문학에 대한 잠재된 수요가 현실화되고 있는 것도 숨길 수 없는 사실이다.

　문제는 이러한 잠재된 수요를 출판자본이 악용한다는 데에 있고, 이 악용에 비평이 일정한 역할을 수행하고 있다는 데에 있다. 출판자본은 본질적으로 영리를 추구하기 마련이다. 이것은 자본의 어쩔 수 없는 속성이기도 하다. 그런데, 출판자본이 제대로 된 상품을 가지고 영리를 추구한다면 별 문제가 없는데 그렇지 않은 경우는 부정적인 여러 문제를 발생시키게 된다. 기술산업시대에 공산품이 제대로 된 상품이 되려면 무엇보다도 기능을 온전히 갖추어 제품으로서 하자가 없어야 한다. 만약에 하자가 있다면 그 제품은 반품 처리되어 기능을 제대로 갖추기 전까지는 유통되지 말아야 한다. 이것이 상품으로서 유통질서를 지키는 일이다. 그런데, 문학작품의 경우 그 제대로 갖추어진 기능이라는 게 눈으로 확인하기 힘든 사항이니 어느 작품이 잘된 작품인지 어느 작품이 그렇지 않은 작품인지를 판별하기란 무척 힘들다. 이 힘든 역할을 떠맡아야 할 존재가 다름 아닌 비평이라 할 것이다.

　그런 면에서 비평은, 마치 소비자보호원이나 시민단체가 제품의 하자 유무를 살피고 좋고 나쁜 상품을 구별해 내듯이, 문학작품의 잘잘못을 가리고 좋고 나쁜 작품을 분별해 내어야 한다. 이것이 문학의 유통질서를 제대로 지키는 일일 것이다. 다시 말하면, 문학의 진정한 소통을 위한 길인 것이다. 그런데 현재 이루어지고 있는 광고성 비평은, 대개의 경우 마치 기업의 영리 추구의 목적에서 이루어지는 홍보물과 같이, 출판자본의 욕망에 영합하고 있는 측면이 농후한 게 사실이다. 그래서 광고성 비평에 힘입어 상당수의 독자들이 그 문학작품을 찾아 읽게 되는 경우 표면상으로는 문학작품이 잘 소통되고 있는 것처럼 보이나, 실상은 독자들을 호도하고 있는 그래서 독자들과 제대로 소통되고 있지는 않은 것이다.

이런 사정은 문학작품도 하나의 상품이라고 강조하는 쪽에서 더욱 심하게 나타나고 있다. 다시 말하면 문학상품의 논리를 제대로 활용하고 있는 게 아니라 악용하고 있는 것이다. 문학작품도 상품임에는 틀림없다. 그러나, 상품으로서 문학작품이 진정하게 소통되려면, 이 문학작품은 제대로 갖추어진 상품이어야 한다. 그런 면에서 비평은 출판자본의 욕망과 결탁해야 할 게 아니라 오히려 출판자본의 전략에 적절하게 대응하는 역할을 맡아야 할 것이다. 그래서 상품으로의 문학작품과 독자 사이에 진정한 소통이 이루어지도록 해야 하는 것이다.

3) 비판의 무화와 글쓰기의 위협

광고성 비평과 연관하여 살펴보아야 하는 것으로 이른바 '인사치레 비평'이 있다. 이는 주로 서평이나 작품(집) 해설 형식으로 다가오게 된다. 광고성 비평이 출판자본의 영리적 욕망과 결부되어 있다면, 인사치레 비평은 앞에서 언급한 비평의 섹트화와 결부되어 있다. 같은 섹트 안에서는 서로에 대하여 인사치레를 하지 않을 수 없는 것이다. 그럼으로써 섹트화된 비평이 내적으로는 인사치레 비평을 통하여 명예욕을 충족시키며 결속을 다지고, 외적으로는 패거리 비평을 통하여 권력을 유지시키고 헤게모니를 선취해 나가는 것이다.

내적인 인사치레 비평은 자연히 비평을 하는 사람과 비평을 받는 사람 사이의 인간관계가 중시되고 이에 따라 비평 외적인 내용을 장황히 서술하는 이른바 신변잡기성 비평으로 흘러가기가 쉽게 되어 있다. 이는, 비평문은 문학작품을 호평하고 있으나 실제 문학작품은 이에 상응하지 못할 때에 더욱 심해진다. 아니면, 서로간의 연분을 지나치게 강조함으로써 얻게 되는 문학내·외적 효과를 기대할 때에 그렇다. 그래서 인사치레 비평은 비평정신에 심각한 위험요소가 될 뿐만 아니라, 신변잡기성 글쓰기 경향으로 인하여 비평적 글쓰기 형식 자체에도 심각한 위협이 되고 있다고 해도 결코 과언이 아니다.

광고성 비평도 그렇지만 인사치레 비평은 무엇보다도 비판이 있을 수 없는 비평으로서, 비평 본래의 기능 중 중요한 한 가지인 비판성을 최소화시키게 된다. 이른바 비평의 위기는 이런 면에서도 찾을 수 있다. 비평의 위기는 무엇보다도 비평이 제 역할을 다하지 못할 때 맞게 되는 것이다.

그리고 광고성 비평 뿐만 아니라 인사치레 비평은 근본적으로 이론적 근거를 제대로 제시하지 않거나 제시할 수 없는 비평이 된다. 이론적 근거가 있다고 해도 이들 비평이 의도하는 바 목적에 따라 과장되거나 축소되기 마련이다. 그래서 결과적으로 문학작품을 제대로 해석해 낸 것이 아님에도 불구하고 이것이 실제 이상의 호평을 받음으로써 광범위하게 유통되어 독자들을 호도하게 되는 것이다. 이 경우 독자들에게 소통되는 정도가 크면 클수록, 그래서 오히려, 제대로 된 상품의 성격을 지닌 문학작품이 아님에도 불구하고 널리 유통되는 잘못된 소통체계를 갖게 될 뿐이다. 그럴 뿐만 아니라 이러한 비평은 본질적으로 독자의 판단력을 흐리게 하여 문학과 삶에 대하여 독자들에게 잘못된 인식을 갖게 할 우려마저 지니고 있는 것이 된다.

4) 이론비평과 실천비평의 결합

독자들이 문학작품을 읽는 이유에는 여러 가지가 있을 수 있지만, 거기에는 지금 여기 우리 사회와 삶에 대한 성찰이 포함되어야 한다. 비평의 역할이 바로 이러한 성찰을 제대로 갖도록 하는 데에 있을 것이다. 독자들도 삶에 대한 성찰을 원한다. 그들은 문학작품을 통해서 지금 여기의 삶을 어떻게 이해할 수 있는지 관심을 갖게 마련이다. 이 때, 비평은 좋은 문학작품을 독자들에게 소개함으로써 독자들로 하여금 이를 통해 삶에 대한 성찰적 관심을 제대로 충족시켜 주어야 한다. 그래서 문학작품에 대하여 가치판단과 평가를 통해서 좋고 나쁜 작품을 선별하는 것은 비평이 피할 수 없는 사명이기도 하다. 따라서, 광고성 비평과 인사치레 비평은 필연적으로 비평 본래의 역할을 제대로 수행하기가 어렵게 되어 있다.

또한 비평이 줏대와 잣대를 가지고 않고 오직 독자들의 눈치만 살피는 것도 비평으로서 제 역할을 바르게 하는 것은 아니다. 독자들의 요구가 반드시 정당한 것은 아니기 때문이다. 이럴 경우 독자들의 취향에 맞추는 것이, 악화가 양화를 구축할 수도 있듯이, 삶에 대한 성찰적 인식을 제대로 갖게 하는 좋은 작품을 오히려 멀리 하도록 유도하는 결과를 빚게 된다. 비평이 독자와의 소통을 지향해야 한다 하더라도 독자들의 잘못된 취향에 맞추어 이른바 대중추수주의적 성격을 드러내는 것은 올바른 자세가 아닌 것이다. 그런데, 출판자본은 영리추구라는 목적을 달성하지 않을 수 없기 때문에, 독자들의 취향에 상당히 민감하고 또 경우에 따라서는 상품성 있는 취향을 만들어 퍼뜨리기도 한다. 따라서, 비평의 대중추수주의는, 비평이 그 고유의 사명을 저버리고 출판자본과 영합하여 독자를 호도하는 길이 되기 쉬운 것이다. 설령 독자들이 그런 작품을 원한다 할지라도 제대로 된 문학작품을 선별하여 이를 통해 우리 삶에 대한 성찰을 바르게 할 수 있도록 해주는 게 비평의 올바른 역할일 것이다. 아무리 수용자 중심의 자본주의 경제 체제라 해도 이는 어쩔 수 없는 비평의 역할이다. 비평가를 작가와 독자 사이의 매개자, 전달자, 교사, 담론의 관리인 아니면 고급독자 등 어떠한 명칭으로 부른다 할지라도[3] 이러한 측면은 비평의 역할에 포함될 수밖에 없는 것이 된다. 따라서 진정한 대중화와 수용자 중심은 대중추수주의에 있는 게 아니라 대중이나 수용자를 제대로 이끌어주는 데에 있다. 그래야 진정한 소통에 이를 수가 있게 되는 것이다.

따지고 보면 비평 그 자체도 삶을 제대로 성찰하기 위해서 나온 것이다. 비평

---

[3] 비평가의 위상에 대해서, Eliot는 작가와 독자 사이의 '매개자'로, Wimsatt는 둘 사이의 '교사'로, Allberes는 '전달자'로, Eagleton은 '담론의 관리인'으로, 해체비평가들은 '고급독자'로 규정짓고 있다.

이 수행하고 있는 삶에 대한 성찰은 문학작품하고는 달리 이론적 토대 위에서 가능한 것이다. 이는 비평이 근본적으로 이론을 포함하지 않을 수 없는 이유가 된다. 이론비평은 비평의 이론적 성격이 극대화되어 나타나게 된 것이다. 그런데, 이론이 삶의 현장하고 동떨어질 때 아무리 그 이론이 그럴 듯해도 이 이론은 재검토되어야만 할 것이다. 이론은 우리 삶에 대한 성찰을 제대로 수행하기 위해서 필요한 것이다. 서구의 이론을 수용하면서 이 이론이 우리 삶을 제대로 해명할 수 있는 것인지, 우리 입장에서는 이를 어떻게 바라봐야 하는지 하는 문제는 바로 여기에서 파생하게 된다. 우리 삶을 우리 언어와 이론으로 해명하지 못할 때, 일종의 식민성이 발생하지 않을 수 없다. 이런 면에서 보면, 탈식민주의 비평이론과 동아시아 담론은 이론비평의 중요한 참조틀이 된다.

 그런데, 이론비평이 삶에 대한 성찰을 제대로 수행하기 위해서는 이론비평으로 끝나서는 안될 것이다. 우리 삶은 언어를 통하여 질서화되지 않으면 제대로 파악하기 힘든 거대한 덩어리이다. 우리 삶의 모습을 언어로 형상화해서 구체적으로 보여주는 것이 다름 아닌 문학작품이니 만큼, 이론은 문학작품하고 만나야 삶에 대한 성찰에 온전하게 이를 수가 있게 된다. 문학작품에 대한 비평을 포함하지 않은 이론비평이 삶의 현장에 멀리 떨어져 있는 것처럼 보이는 이유가 바로 여기에 있다. 흔히 말하는, 문학작품을 읽지 않는 비평의 문제는 이런 면을 내재하게 마련이다. 이론도 문학작품을 통하여 검증되어야 삶에 대한 성찰에 제대로 이를 수 있고, 또 문학작품도 이론을 통하여 그 나아갈 방향을 잡아야 삶에 대한 전망을 가늠할 수가 있게 된다.

 이론비평은 무엇보다도 독자들과 소통하기 힘든 비평이 되고 있다. 이론비평은 대개 추상화된 개념의 연속으로 구성되는데, 독자들은 개념의 추상화가 아니라 형상의 구체화에 더욱 친숙하다. 그러나, 개념의 추상화는 이론을 내포해야 하는 비평으로서는 어쩔 수 없이 지닐 수 밖에 없는 속성 가운데 하나이다. 이러한 딜레마를 해결하기 위해서는 이론비평이라 하더라도 실제 작품 분석을 통해서 이론을 이해할 수 있도록 해 줘야 한다는 말이다. 또한 실천비평에서도 이론적 근거를 대야 타당성을 획득하고 그럼으로써 독자들이 쉽게 납득을 할 수 있게 될 것이다. 따라서 이론비평과 실천비평은, 이 양자가 결합하는 정도와 방식에 따라 그 비평적 성격이 달라지겠지만, 이론과 실천이 결합되는 방식을 취해야만 독자들과 정당한 소통을 해 나갈 수 있게 되는 것이다. 이론과 실천의 행복한 결합으로 독자들에게 소통의 장을 열어 보이는 비평의 대표적인 전형으로 김준오의 비평을 들 수 있을 것이다.[4] 김준오는 이론비평에서도 이론적 근거에 가장 합당한 대표적인 작품을 분석함으로써, 독자들에게 이론적 틀이 구체적인 인식으로 다가오게 하며, 이를 통해 실제 삶을 돌아볼 수 있도록 하고 있다. 시이론 비평서에 해당하는 『시론』이 많은 독자들에게 꾸준히 사랑을 받고 있는 중요한 이유는 이와 같이 바로 이론과 실천의 결합을 통해 독자들과 제대로 된 소통을 지향하는 그의 비평적 글쓰기에 연유한다고 볼 수 있는 것이다.

5) 비평과 글읽기의 즐거움

이론비평과 실천비평의 결합이 독자들과의 진정한 소통을 지향하는 비평방식이 되긴 하지만, 여기에다가 한 가지 보태어야 할 사항이 있다. 아니, 이것은 보다 더 본질적인 사항이 될 것이다. 이는 다름 아니라 독자들이 비평문을 잘 이해할 수 있도록 보다 쉽게 써야 하는 문제이다. 비평에서 독자들이 등을 돌리게 되는 이유 가운데 중요한 하나가 비평문이 너무 어렵다는 데에 있다. 물론 비평적 글쓰기는 본질적으로 이론과 근거와 해석을 내포해야 하기 때문에 다른 글쓰기 방식보다는 어쩔 수 없이 어려울 수밖에 없는 운명을 타고 난 것인지도 모른다.

그러나, 이를 전혀 달리 생각할 수 없는 것은 아니다. 문학사 비평이라기보다

---

[4] 김준오의 비평에 대해서는 이승훈, 「김준오 시론의 현대성」, 『오늘의 문예비평』 제25호(책읽는사람, 1997.봄). 전정구, 「메타적 글쓰기의 개성」, 『오늘의 문예비평』 제25호(책읽는사람, 1997.봄). 구모룡, 「시학의 확장 : 본질시학에서 해체시학으로」, 『시와 시학』 제28호(시와시학사, 1997.겨울). 고현철, 「이론과 실천이 직조하는 체계적 기술시학」, 『현대시학』 제362호(현대시학사, 1999. 5). 김경복, 「인간을 찾아, 근원을 찾아」, 『시와 사상』 제21호(동남기획, 1999.여름) 등을 참고하기 바란다. 필자의 글은, 김준오의 비평을, 이론비평과 실천비평의 행복한 결합으로 보고 있다.

는 문학사 연구에 보다 적확하긴 하지만, 조동일의『한국문학통사』는 쉽게 씌어져 소통의 장을 넓혀 나간 글쓰기의 중요한 참고틀을 제공해 주고 있다. 문학과 역사와 철학의 결합체적 성격을 띠고 있는 이 책은 간결하고 쉬운 문체에 힘입어 그 내용상의 어려움이 상당히 상쇄되고 있다. 그만큼『한국문학통사』는 무엇보다도 글쓰기의 면에서 독자들과 소통을 이루어내는 바탕을 마련하고 있는 것이 된다. 같은 내용이긴 하지만 글쓰기의 방식에 따라 독자들과 소통이 제대로 이루어질 수도 있고 그렇지 못할 수도 있는 것이다. 비평가가 비평의 이론적 바탕을 충분히 이해하지 못하고 글을 쓸 경우, 그 글쓰기는 추상적 관념어의 생경한 표현에서 자유로울 수 없게 될 것이다. 그래서 독자와 진정한 소통은 이루어지게 어렵게 될 수밖에 없다.

쉽게 쓴다는 것은 오히려 더 어려운 일이다. 이는 자신이 내용을 충분히 이해하고 어떻게 쓸 것인가 고민하고 난 뒤에 이루어지는 문제이기 때문이다. 충분히 쉽게 설명할 수 있는 것을 너무 어렵게 쓰는 것은 비평가가 충분히 이해하지 못한 경우이기 때문일 수도 있는 것이다. 쉽게 쓴다고 해서 수준에 문제가 있는 것은 아니다. 쉽게 써야 수준 있는 내용을 독자와 제대로 소통할 수 있는 게 아닌가. 그래서 '어떻게 쓸 것인가'의 고민은 '무엇을 쓸 것인가'에 못지 않은 고민이 된다.

진정한 소통을 위한 글쓰기 방식의 문제는 중요한 문제가 아닐 수 없다. 여기서 한 가지 더 생각할 수 있는 사항은 이른바 창조적 비평의 강점을 수용하는 데에 있다. 이 말은 전적으로 창조적 비평을 하자는 말은 아니다. 창조적 비평은 창작자로서의 비평가가 수행하는 비평으로서 비평가의 심미적 체험을 강조하는 만큼 본질적으로는 반해석을 지향하게 마련이다. 이는 비평에서 중요시되어야 할 이론적 틀을 희석화하게 될 우려가 내재되어 있다. 그래서 전적으로 창조적 비평을 지향하는 것은 비평의 바른 방향은 아닐 것이다. 이 글에서 말하고자 하는 점은 비평도 글쓰기의 한 방식인 만큼 글읽기의 즐거움과 묘미를 느낄 수 있도록 해줘야 한다는 데에 있다. 다시 말하면, 독자에게 비평을 통해서도 글읽기의 즐거움을 주어야 한다는 점이다. 다시 말하지만, 비평도 글쓰기의 한 방식이다. 어려운 내용도 쉽고 재미있게 강의할 수 있듯이, 수준 있는 내용도 읽는 즐거움을 주면서 비평을 할 수가 있는 것이다.

글읽기의 즐거움과 묘미를 주는 비평의 대표적인 전형은 김현의 비평이다. 근래에 발표된 비평문 가운데에 시비평의 위기를 주제로 한 메타비평에서 김현의 비평을 그리워하는 대목이 있어 눈에 띠는데,5) 이는 비평적 글쓰기의 면에서 김현의 비평이 여전히 중요한 참고사항이 되기 때문이다. 김현 비평의 강점은 다른 데 있는 게 아니라, 비평도 즐거운 글읽기의 한 방식이라는 인식을 자신의 비평적 글쓰기 자체를 통하여 심어준 데 있다. 어떠한 형식의 글이건 읽는 즐거움과 묘미를 주는 글은 영상문화가 위세를 떨치고 있는 이 시대에 글쓰기와 글읽기가 여전히 존재해야 하는 근본적인 이유를 설명해 준다. 어떠한 글이건 글이라면 본질적으로 수사학적 요소를 지닐 수밖에 없는 까닭이 여기에 있다. 비평도 글쓰기의 한 방식인 만큼 수사학적 요소를 지녀야 되는 것이다. 이는 독자와 진정한 소통을 이루기 위해서도 필요한 일이 된다.

3. 맺음말

오늘날 비평의 중요한 문제를 글쓰기와 진정한 소통의 문제로 고찰한 이 글은 무엇보다도 비평의 자의식을 비평가의 한 사람으로서 자기반성을 하는 데에 초점을 맞춘 것이다. 그래서 이 글은 비평의 여러 문제를 돌아보는 것이기에 앞서 자신의 비평적 글쓰기의 방향도 잡아보고자 하는 뜻이 내재되어 있다. 메타비평이 아니더라도 비평은 본질적으로 자신의 존재에 대한 비평을 포함해야 하기 때문에,6) 이와 같은 형식의 글도 유용하리라 본다.

---

5) 이희중, 「시 비평의 빈곤」, 『현대시』 제110호(한국문연, 1999.2)
6) Frederic Jameson, 유종호 역, 「Metacommentary(메타코멘터리)」, 『현대문학비평론』(한신문화사, 1994), 579쪽.

낭만적 사랑과 키치(Kitsch)적인 양식
— 베스트셀러 시집의 비판적 해석

이 글은 베스트셀러 시집을 비판적으로 해석하여 베스트셀러 시집의 수용에 있어 일정한 반성적 자세를 갖게 하는 데에 조금이나마 도움이 되고자 쓴 글이다. 이를 위해 비판적 해석의 주된 개념적 틀로 '낭만적 사랑'과 '키치적인 양식'을 가져와 적용할 것이다. 그래서 베스트셀러 시집이 '낭만적인 사랑'이라는 주제적인 요소와 '키치적인 양식'인 문화양식이 결합되어 존재하는 일종의 가짜 서정시임을 밝혀 비판하고자 한다.

이를 위해 우선 최근의 베스트셀러 시집의 상황을 살펴보는 것이 순서일 것이다. 최근(2000. 7. 20)의 『새책소식』에 실려 있는 전국베스트셀러 '시집' 부문 목록을 보면, 시집 제목에서부터 직접 드러나고 있듯이 단연 '사랑'에 관한 시집이 대부분임을 알 수 있다. 『한 사람을 사랑했네』, 『함께 있으면 좋은 사람』, 『나도 모르게 당신께 익숙해진 것을 알게 되었습니다』, 『내가 얼마나 당신을 사랑하는지 당신은 알지 못합니다』, 『당신이 그리운 건 내게서 조금 떨어져 있기 때문입니다』, 『여기도 그대입니까』, 『그대 눈을 떠봐 온통 사랑이야』, 『눈물에 얼굴을 묻는다』 등이 바로 그것이다. 이 중에서 『여기도 그대입니까』의 경우는, 『한 사람을 사랑했네』의 이정하가 1999년에 엮은 『사랑하지 않아야 할 사람을 사랑하고 있다면 2』에 「나에게 바람」이라는 시를 발표한 임유란이 낸 첫 시집이다.

이 글에서 구체적으로 분석의 대상으로 삼으려는 시집은 이정하의 『한 사람을 사랑했네』와 용혜원의 『함께 있으면 좋은 사람』 그리고 이정하의 『너는 눈부시지만 나는 눈물겹다』 등이다. 무엇보다 앞의 두 시집은 시부문 베스트셀러 최상위에 올라 있기 때문에 분석의 대상으로 가장 적절하다. 『한 사람을 사랑했네』는 2000년 1월 초판 1쇄를 낸 이래 2000년 5월 8쇄를 내고 있고, 『함께 있으면 좋은 사람』은 1998년 초판 1쇄를 낸 이래 1999년 12쇄를 내고 있다. 용혜원의 『함께 있으면 좋은 사람』은 같은 제목으로 현재 세 권의 연속 시집이 발간되어 있다. 이정하의 『너는 눈부시지만 나는 눈물겹다』는 장기 베스트셀러 시집이기 때문에 분석의 대상으로 적절하다. 이 시집은 1994년 초판 1쇄를 낸 이래 2000년 48쇄를 기록하고 있다. 그럴 뿐만 아니라 앞에서 잠깐 언급한 것처럼 베스트셀러 시집 양산에 있어서 이정하의 역할을 고려할 때 이 시집은 분석의 대상으로 안성맞춤이 된다.

구체적인 분석 대상으로 삼은 세 시집을 비롯한 베스트셀러 시집은 대개 표지가 알록달록하고 중간에 삽화가 그려져 있는 경우도 상당히 있다. 그리고 이들 시집에 수록되어 있는 작품들의 주제는 단연 사랑이다. 그것도 이른바 '낭만적 사랑'이다. 어김없이 시집 제목 자체에 사랑이라는 단어 내지는 사랑의 상황을 나타내는 말이 드러나 있다. 그리고 이 글에서 분석의 대상으로 삼은 세 시집의 서문을 통해서도 이런 사항을 명백히 알 수 있다.

> 사랑하지 않아야 할 사람을 사랑하고 있다면, 그리하여 그와는 언젠가 헤어져야 한다는 것을 알고 있다면 그 사랑은 가혹한 형벌일 수밖에 없다. 그러나 그 사실을 깨닫고도 마지막 순간까지 자신의 모든 것을 터뜨리는 사람이 있다. 안타까운 일이다. 사랑은 왜 이처럼 현명하지 못한가 모르겠다.
> ―『너는 눈부시지만 나는 눈물겹다』의 '서문'

> 그로 인해 세상의 종말까지도 경험해 본 적이 있는지. 몸서리치도록 사랑하다 함께 죽어도 좋다 생각한 사람이 당신에겐 있는지. 가슴이 아팠다
> ―『한 사람을 사랑했네』의 '서문'

우리들의 삶은 사랑 때문에 살고, 사랑 때문에 아름답고 슬픈 것이 아니

겠는가!
　　　―『함께 있으면 좋은 사람』의 '서문' 「시인과 독자」

　이와 같이 베스트셀러 시집은 삶의 다양한 측면과 거기에 내재되어 있는 깊이를 사상시킨 채 오직 사랑에만 유독 과도한 집착을 보이고 있다. 그래서 베스트셀러 시집은 이 시집의 주된 독자들(독자사회학에서 통계에 의해 면밀히 살펴져야 할 사항이긴 하지만, 널리 10대 후반과 20대 초반으로 여겨지고 있는 수용자)에게 우선 체험의 단순화를 불러일으킬 우려가 상당히 큰 것으로 여겨진다.

　위의 인용에서 보는 바와 같이 이들 시집의 서문은 한결같이 '낭만적 사랑'을 말하고 있다. 우선 로맨스에 어원을 두고 있는 '낭만적'이라는 말의 기원이 허황한 감정, 비개연성, 과장과 비현실성과 연관되어 있다.[1] 베스트셀러 시집에서 과도하게 드러나고 있는 낭만적 사랑은, 주지하는 바와 같이, 이성 사이의 사랑을 삶의 최고의 가치라고 생각하는 태도에서 나온다.[2] 한 마디로 말하면 사랑(연애)지상주의적 태도이다. 그리고 충족의 가능성에서 멀면 멀수록 더욱 추구하는, 충족되지 않는 사랑의 형태를 지니고 있다. 이는 다시 말하면, 금지된 대상에 더욱 집착하는 것으로 이해할 수 있다. 위의 인용 중에서, 우리들의 삶은 사랑 때문에 산다고 말하는 것이나 사랑하지 않아야 할 사람을 사랑한다거나 헤어져야 한다는 것을 알고 사랑한다는 것은, 바로 이들 시집의 주제가 낭만적 사랑을 표명하고 있다는 것을 스스로 밝히고 있는 대목이 된다.

　　사랑을 얻고 나는 오래도록 슬펐다.
　　사랑을 얻는다는 건

---

1) Lilian R. Furst, 이상옥 역, 『Romanticism(낭만주의)』(서울대출판부, 1983), 16쪽.
2) '낭만적 사랑'의 개념에 대해서는 Anthony Giddens, 배은경·황정미 역, 『Sexuality, Love & Eroticism in Modern Society(현대사회의 성·사랑·에로티시즘)』(새물결, 1996), 85~113쪽과 유종호, 「임과 집과 길」, 『동시대의 시와 진실』(민음사, 1995), 59~72쪽 참고. 앞으로는 낭만적 사랑과 관련하여 특별히 강조하는 사항에 한에서만 인용 쪽수를 보다 구체적으로 밝히도록 한다.

너를 가질 수 있다는 게 아니었으므로.
너를 체념하고 보내는 것이었으므로.

미치도록 한 사람을 사랑했고,
그 슬픔에 빠져 나는 세상 다 살았네.
세상살이 이제 그만 접고 싶었네.
─이정하,「한 사람을 사랑했네 序」

 시집의 표제시이기도 한 이 작품은 낭만적 사랑의 속성인 충족되지 않는 사랑과 사랑의 절대성을 그대로 노출하고 있다. 현실적인 충족의 가능성이 멀수록 더욱 추구하는 사랑이기에 사랑을 얻어서 슬플 수밖에 없고 또 궁극적으로는 체념하고 보내는 것일 수밖에 없다. 그렇다고 낭만적 사랑은 절대로 현실을 어쩔 수 없는 것으로 인정하고 수용하지도 않는다. 그래서 사랑만이 삶의 절대적인 가치로 여기는 태도를 갖도록 한다. 그렇기 때문에 연인과 헤어진 사람은 세상 다 살았다고 생각하게 되는 것이다.
 낭만적 사랑은 그 사랑이 오직 한 사람에 의해서만 충족된다는 믿음에 바탕을 두고 있다.[3] 그래서 "내가 빠져 죽고 싶은 / 이 세상의 단 한 사람인 그대"(이정하,「내가 빠져 죽고 싶은 강, 사랑, 그대」)라는 표현이 스스럼없이 나오게 되는 것이다. 이는 낭만적 사랑이 그 기원에 있어서 마리아 숭배라는 종교적인 찬미의 태도를 세속적으로 옮긴 데에서 비롯된 것으로 이해된다. 그래서 오직 하나의 님은 이상화될 수밖에 없게 되어 있다.[4] 시집의 제목인 '너는 눈부시지만 나는 눈물겹다'에서처럼 사랑의 대상은 눈부시기만 하다. 그리고 그 님은 이상화되어 있어 "이 땅 위에 함께 숨쉬고 있다는 / 이유만으로도 마냥 행복"(이정하,「그를 만났습니다」)하다고 감격해 한다.

---

[3] Anthony Giddens, 앞의 책, 91쪽 참고. 여기에서 Giddens는 "낭만적 사랑에 빠진 개인에게 그 사랑의 대상은, 단지 그가 딴 사람 아닌 바로 그 사람이라는 이유 하나만으로도 자신의 결여를 메꾸어줄 수 있는 그런 존재이다"라고 언급하고 있다.
[4] 위의 책, 91쪽.

가다가 높은 파도에 배가 뒤집힌다 해도
그리하여 물 속에 가라앉는다 해도
그 순간까지 그대와 함께 할 수 있다는 건
내게 가장 큰 행복이니까. 그때 아마 난
세상에서 가장 절실한 목소리로 사랑한다
말할 수 있을 겁니다.

— 이정하, 「사랑 예보」

더 나아가 낭만적 사랑은 죽음이라는 극단적인 상황을 설정하기도 한다. 위에 인용한 시에서도 님과 함께 하는 죽음의 순간에 행복감을 느끼며 사랑한다는 고백을 주저없이 할 것임을 표명하고 있다. 수잔 손탁은 『은유로서의 병』에서 낭만적인 것과 죽음에 이르는 병(예를 들어 이전의 결핵)의 연관을 밝힌 바 있다. 죽음에 이르는 병은 로맨틱한 연상을 획득시키는 일종의 신화화가 이루어지고 있는 것이다.[5] 그래서, 낭만적 사랑의 속성에 극단적으로는 죽음에 대한 예찬이 내포되어 있는 것으로 봐야 정확하게 이해한 것이 된다.[6] 이와 같이 낭만적 사랑의 속성인 절대성과 극단성 그리고 비현실성이 베스트셀러 시집에 수록되어 있는 시들의 속살을 이루고 있다. 낭만적 사랑의 시들이 현실로부터의 도피라는 혐의에서 자유로울 수 없는 이유가 바로 이 때문이다. 기든스는 이러한 현상을 "개인들을 더 넓은 사회적 상황으로부터 떼어낸다"고[7] 설명하고 있다.

낭만적 사랑이 지닌 현실도피적인 성향은 낭만적 동경 가운데 방랑생활 속에서 일상을 무시해버리는 태도로 나타나기도 한다. "우리 한가롭게 만나 / 평화롭게 있으면 / 모든 시름과 걱정이 사라집니다 // 우리 사랑의 배를 탔으니 / 어디론가 떠나고 싶습니다"(용혜원, 「함께 있으면 좋은 사람 2」). 시집의 표제작이기도 한 이 작품에서 삶의 속살인 일상은 그 그림자도 없다. 오직 한가롭고 평화로우

---

[5] 여기서는 柄谷行人, 박유하 역, 「병이라는 의미」, 『日本近代文學の起源(일본근대문학의 기원)』(민음사, 1997) 참고.
[6] 유종호, 앞의 책, 61쪽.
[7] Anthony Giddens, 배은경·황정미 역, 앞의 책, 91쪽.

며, 그럼으로써 시름과 걱정도 있을 수 없다. 그리고 아예 어디론가 떠나고 싶다고 표명하기도 한다. 베스트셀러 시집이 보여주고 있는 낭만적 사랑은 일상의 삶을 벗어나는 여행만큼이나 구체성과 현실성이 부족한 것이고, 이에서 여기에 내재되어 있는 현실도피성이 극단화되고 있음을 알 수 있다.

눈빛으로 느꼈다
사랑을

무어라 다 말할 수 없는
움직임이 내 가슴에서

불붙기 시작하였다

—용혜원, 「첫 만남」

또한 낭만적 사랑은 찰나적 매혹 즉, 첫눈에 반한 사랑을 함축하고 있는 것이다. 위에 인용한 시에서 보는 바와 같이, 첫 만남에서 첫눈에 반한 상황을 상정하고 있는 것이 낭만적 사랑이다. 이 첫눈에 반한 사랑은 심층적으로는 사랑의 대상에 대한 직관적 포착이 이루어지는 게 전제가 된다.[8] 문제는 낭만적 사랑이 이 직관적 포착에 대한 믿음이 어긋날 수 있는 가능성을 열어주지 않는 데에 있다. 이는 오로지 자신과 사랑의 대상의 일치만을 상정하고 있는 태도에서 발생한다. 그런데, 낭만적인 사랑에서 두 사람이 완전히 상호적인 관계 속에서 서로 바라보고 상대방에 반응한다는 주장은 일종의 속임에 해당한다. 왜냐하면 심층적으로 너를 바라보는 나는 나를 바라보는 너와 결코 일치될 수가 없기 때문이다.[9]

낭만적 사랑에서 무엇보다도 중요한 요소는, 어떤 대상과의 현실적인 사랑보다도 사랑한다는 감정 그 자체를 사랑하는 경향이다. 그래서 구체적인 사랑의 대상이 없이 자신의 주관만 움직이며 감정적인 도취를 고양하게 된다. 한 마디

---

8) 위의 책, 85쪽.
9) Anthony Easthope, 이미선 역, 『The Unconscious(무의식)』(한나래, 2000), 114쪽.

로 말하면 사랑을 사랑하고 있는 것이다.10)

> 또 더 이상 아파해야 할 것이 없어질 때까지
> 그대와 함께 한 추억을 샅샅이 끄집어내어
> 상처받을 것입니다.
> —이정하, 「잊기 위해서가 아니라」

위에 인용한 시에서 보는 바와 같이 베스트셀러 시집에 표현되어 있는 낭만적 사랑의 시는 구체적인 형상화가 부족하고 감정의 과잉과 감상적 정서에 빠져 있는 경우가 많다. 사랑의 추억이 나오더라도 구체적인 상황 속에서 이루어지는 형상화는 전혀 없다. 그저 "추억"이라는 말밖에는 없는 것이다. 사랑이라는 감정 자체가 중요한 만큼 과거지향적이며 상실과 그리움을 강조하게 된다. 위에 인용한 시에서도 과거에 대한 그리움으로 상처를 받았다고 표명하고 있는 것이다. 사랑이라는 감정이 중요하기 때문에 사랑의 비극성으로 인해 더욱 그리워하는 모습을 보여주기도 한다. 이는 충족의 가능성에서 멀수록 더욱 추구하는 성향과 결부되어 있는 사항이기도 하다. 그래서 "언제나 비극으로 끝나는 사랑이라는 내 슬픈 영화"(이정하, 「슬픈 영화」)가 되는 것이다.

베스트셀러 시집을 통해 낭만적 사랑을 느끼고자 하는 것은 일종의 전염된 감정에 의한 현상으로도 이해된다. 이는 베스트셀러 시집이 키치적인 양식을 띠고 있는 것과 관련되는 사항이다. 키치적인 양식은 인간 존재방식의 한 유형인 키치적 태도의 객관화된 형태를 말한다.11) 문화로서의 키치의 근저에는 심리상태로서의 키치가 놓여 있는데, 키치가 문화의 양식으로 표출되는 데에는 낭만주의를 일상성과 결합시키는 방식이 내재되어 있는 것으로 이해된다.12) 키

---

10) 유종호, 앞의 책, 61쪽.
11) Abraham Moles, 엄광현 역, 『Psychologie du kitsch(키치란 무엇인가?)』(시각과 언어, 1996), 12쪽. 이 책의 원래 제목인 'Psychologie du kitsch(키치의 심리학)'이 필자가 지금 쓰고 있는 이 글의 방향과 성격에 보다 잘 부합한다.
12) 위의 책, 135쪽 참고.

치는 역사적으로 낭만주의의 결과물로 여겨진다. 그래서 낭만주의는 키치의 어머니라고 할 수 있다. 키치는 낭만주의적 세계관과 연관을 맺고 있는 몇 몇 정서적 욕구 위에 번성한 것으로, 상당한 정도로 낭만주의의 진부한 형태라고 볼 수 있는 것이다.13)

낭만적 사랑과 키치적인 양식의 결합이 자연스러운 것은 바로 이 때문이다. 베스트셀러 시집은 다름 아닌 이 결합의 구체적인 표현으로 이해된다. 키치적인 양식의 하나로서 베스트셀러 시집을 읽는 독자에게는, 시를 읽는 것 자체가 욕구이면서 위안이 되는 것으로, 시집을 통해 낭만적 사랑이 환기하는 그리움·외로움·달콤함 등의 심리적 정서만을 확인할 수 있을 뿐이다.14) 이렇게 보면 낭만적 사랑이 내재하고 있는 사랑한다는 감정 그 자체를 사랑하는 속성과 시를 읽는 것 자체가 욕구이면서 위안이 되는 키치적인 성향은 동일한 구조를 가지고 있는 것이 된다.

키치에서 중요한 것은 욕구의 대상이 아니라 욕구 그 자체이다. 다시 말하면 키치에서 중점은 대상이 아니라 정서 자체에 놓여 있다. 예를 들어 종교적인 키치는 절대자의 만남이 없이도 종교적 감정을 일깨우려 하며 성(연애)적인 키치는 사랑하는 대상이 없이도 사랑의 느낌을 주려 하는 것이다.15) 그래서 키치는 향유되는 대상이 환기하는 어떤 정서를 경험하기보다 자기 자신의 내부에 있는 정서를 향유하는 자기기만을 내포하게 된다. 키치의 본질적 특징은 대용문화라는 사실에 있다. 키치는 자기기만의 형식을 가진 가짜예술이 되어 인식적 기능과는 무관한 감정을 텍스트의 원리로 하여 가짜 슬픔과 고뇌를 조작해 내게 되는 것이다. 그래서 지나친 포장에 의해 대량으로 공급될 뿐만 아니라 감정축적의 구조를 가지고 있는, 낭만적 사랑을 표출하고 있는 베스트셀러 시

---

13) M. Calinescu, 이영욱 외 역, 『Five Faces of Modernity(모더니티의 다섯 얼굴)』(시각과 언어, 1993), 295~297쪽.
14) 최미숙, 「키치와 문학교육」, 『한국 모더니즘시의 글쓰기 방식과 시 해석』(소명출판, 2000), 322쪽 참고.
15) 이영욱, 「키취/진실/우리 문화」, 『문학과 사회』 제20호(문학과지성사, 1992.겨울), 1226쪽.

집은 진짜 서정시 행세를 하는 가짜 서정시에 해당한다.[16] 키치는 근본적으로 미적 허위의식을 지니고 있는 것이다.[17]

가짜예술로서 키치는 예술적인 친근함을 지향하기 때문에 스테레오 타입을 지닐 수밖에 없다. 다시 말하면 키치는 그 내용이 명쾌한 것이고[18] 본질적으로 대중적 커뮤니케이션의 미적 체계로서, 만성화된 규칙을 가지고 있는 예술인 것이다.[19] 앞에서 살펴본 대로 베스트셀러 시집에 드러나고 있는 낭만적 사랑은 여성이나 여성화된 화자를 통해서 잊을 수 없는 간절한 그리움 등의 정서를 표출하고 있다. 이 경우 채용되어 있는 화자 자체가 낭만적 사랑에 어울리는 만성화된 규칙이 되는 것이다. 그리고 키치가 만들어 내는 연상체계는 매우 진부한 것으로 거의 자동적인 연상작용으로 추출된 것이며 그로 인해 아무런 저항없이 쉽게 수용될 수 있는 것이다.[20] 앞에서 살펴본 바와 같이 베스트셀러 시집에서 낭만적 사랑을 표출하기 위한 연상체계는 거의 자동화되어 있다고 해도 과언이 아니다.[21] 동일한 주제를 동일한 방법으로 표출하기 때문에 개성이 없을 뿐만 아니라 쉽게 익명성에 젖어들기가 쉽다. 베스트셀러 시집을 읽은 독자가 이에 표출되어 있는 낭만적 사랑의 정서를 자신의 정서로 동일화하기 쉬운 것도 이와 연관된다.

또한 키치는 실재보다 외관에 더욱 주의를 기울이는 것으로,[22] 이는 가짜예술이 내재하고 있는 장식성으로 드러난다.[23] 앞에서 살펴본 베스트셀러 시집에서 표출되고 있는 낭만적 사랑은 그 외양을 장식하고 있는 요소인 음악과 비

---

16) 김준오, 「패러디·패스티시·키취」, 『현대시의 환유성과 메타성』(살림, 1997), 137~150쪽.
17) M. Calinescu, 이영욱 외 역, 앞의 책, 306쪽.
18) Abraham Moles, 엄광현 역, 앞의 책, 137~138쪽.
19) M. Calinescu, 이영욱 외 역, 앞의 책, 307~316쪽.
20) Abraham Moles, 엄광현 역, 앞의 책, 140쪽.
21) 위의 책, 138쪽에서 Moles는 키치문학이 "연인에 대한 그리움으로 초췌한 모습을 보여주며 항상 비애의 그림자가 떠다니고 있다"고 언급하고 있다.
22) M. Calinescu, 이영욱 외 역, 앞의 책, 285쪽.
23) Abraham Moles, 엄광현 역, 앞의 책, 26쪽.

등을 통한 분위기 형성에 힘입고 있는 경우가 많다. "라흐마니노프의 피아노 협주곡을 듣다가도"(이정하, 「흔적」), "당신을 만난 그날 비가 내렸고, / 당신과 헤어진 날도 오늘처럼 비가 내렸으니"(이정하, 「비오는 날의 일기」) 등의 구절이 이의 적절한 예가 될 것이다. 키치가 지닌 장식성은 일종의 미적인 가식이다. 그런데, 이 미적인 가식을 믿도록 유혹당한다는 사실 자체가 비판적 감각이 마비되기 쉬운 문제를 내재하고 있다.24)

또한 키치가 즉각성의 원리에 따라 접근의 즉각성과 효과의 즉각성 그리고 순간적인 아름다움을 표상한다는 데에 또 다른 문제를 내포하고 있다.25) 키치는 예술문화와 관련되어 있는 것들이 상품과 마찬가지로 직접적 소비에 적합한 것으로 전환될 수 있다는 심리학적 발견에 기초하고 있다. 그래서 미적인 선전행위를 목적으로 하며 소비의 욕망을 자극하게 된다. 다시 말하면 키치는 대량소비를 위해 고안된 대중위락적인 예술로서, 광범위한 공중의 가장 피상적인 미적 욕구를 즉각적으로 만족시켜 주는 기능을 하는 것이다.26)

낭만적 사랑을 표출하고 있는 베스트셀러 시집이 키치적인 양식과 연관되는 것은 이에서도 확인된다. 베스트셀러 시집은 즉각성의 원리에 따라 그 시를 읽는 독자들의 사고과정이 필요없이 수용될 뿐만 아니라 또한 즉각적으로 낭만적 사랑이 표상하고 있는 감정 자체를 확인하게 한다. 그래서 시를 통한 진지한 대화는 존재하기가 어렵게 된다.27) 읽는 대로 바로 이해되어야 하는 신속성은 현대사회의 속도주의에 편승하는 것으로 시를 통한 사유과정을 사상시킴으로써 삶에 대한 인식과 깨달음에 제대로 이르지 못하게 한다.

그럼에도 불구하고, 키치적인 양식을 통하여 낭만적 사랑을 표출하고 있는 시집들이 베스트셀러가 되고 있는 이유는 바로 이들이 꿈의 문학이기 때문이다.28) 그러나 이 때 꿈의 문학은 다름 아닌 일상적 현실로부터 날아오르려는

---

24) M. Calinescu, 이영욱 외 역, 앞의 책, 318쪽.
25) 위의 책, 7쪽.
26) 위의 책, 289쪽, 302쪽, 304쪽, 320쪽.
27) 최미숙, 앞의 책, 322쪽.
28) Abraham Moles, 엄광현 역, 앞의 책, 136쪽. Anthony Giddens, 배은경·황정미 역, 앞의

환상적 도피처로서의 문학을 의미한다.[29] 키치로서의 베스트셀러 시집이 추구하고 있는 낭만적 사랑이 환기하는 여러 정서들은 자동적인 연상체계와 만성적인 규칙에 따른 닫혀진 체계 내에서 하나의 환상으로서의 지위를 벗어나지 못하는 것이다.[30] 그러면서도 키치적 양식으로서 베스트셀러 시집은 환상과 가상을 현실과 실재로 수용하게 한다.[31] 그래서 키치적 양식을 띠고 있는 소비의 문학으로서 베스트셀러 시집은 표면적이든 이면적이든 현실도피의 문학이라는 혐의에서 자유로울 수가 없다.[32] 이는 베스트셀러 시집을 경계해야 하는 무엇보다도 중요한 이유가 된다.

책, 90쪽.
29) M. Calinescu, 이영욱 외 역, 앞의 책, 302쪽, 309쪽.
30) 이영욱, 앞의 글, 『문학과 사회』 제20호(문학과지성사, 1992. 겨울), 1228쪽 참고.
31) 김준오, 앞의 책, 147쪽.
32) Abraham Moles, 엄광현 역, 앞의 책, 143~144쪽.

남북분단의 상황과 시적 응전

1.

"새 천년에도 우리의 소원은 통일" 29%(한국일보, 1999. 9. 22)

한 신문사가 새 천년을 앞두고 조사한 「뉴밀레니엄 희망사항」의 결과를 새 천년(산술적으로 새 천년의 시작은 2001년부터지만, 2000년을 새 천년이 시작으로 생각하는 경향이 일반화되어 있다) 100일전에 발표한 기사의 제목이다. 21세기와 새 천년을 내다보는 이 시점에 있어서 20세기에 고착된 남북분단의 상황을 극복하여 통일된 국민국가를 수립하는 것이 여전히 우리 민족의 가장 큰 과제임을 실감케 하는 대목이다.

그런데, 지금 우리는 세계사적으로 자본주의와 사회주의라는 근대의 거대한 두 이데올로기의 대립이 무화된 이른바 탈냉전의 시대에 살고 있다. 이는 1980년대 후반부터 그 조짐을 보였으나, 동구권의 몰락·소련의 해체·독일의 통일 등 사회주의권의 몰락이라는 일련의 사태가 이루어진 1990년대에 와서 형성된 상황이다. 그래서 우리 시대의 세계적인 흐름은 탈냉전의 논리에 따라 거대 이데올로기의 대립이 사라졌으며, 자본과 정보 그리고 문화의 흐름에 따라 세계가 재편성되기도 하고 통합되기도 하는 모습을 보여주고 있다. 오늘날 정보산업과 문화산업이 가장 강력한 산업이 되고 있는 것도 바로 이 때문이다. 우리도 이러한 시대적인 추세에 발맞추어 나아갈 방향을 모색하고 있는 것이 지금의 형국이다. 그러나 우리가 이런 추세에 좇아 살아가고 있는 동안 우리는 세계적으로 거의 유일한 우리만의 특수한 상황인 분단의 현실을 망각하며 살아가고 있는 지도 모른다. 그러면서 어떤 때가 되면 남북분단의 현실을 뼈저리게 느끼며, 이에 대한 극복의 문제가 새삼스럽게 의식되고 있는지도 모른다.

그런데, 분단 현실의 극복은 우리 민족만의 과제이기도 하지만, 따지고 보면 이는 세계사적인 과제가 된다. 무엇보다 자본주의와 사회주의의 첨예한 대립으로 빚어진 남북분단은 바로 근대의 모순으로 빚어진 것이기 때문이다. 이는 근대의 두 거대 이데올로기가 내포한 폭력적 성향으로 빚어진 모순이다. 근대의 부정성을 극복하고 탈근대적 전망을 모색하려고 하는 오늘날 우리에게 탈근대의 논리는 근대의 두 거대 이데올로기의 대립으로 빚어진 남북분단의 상황을 해결하지 않고는 진정으로 실현되지 않는다고 말할 수 있다. 분단 상황의 극복 문제는 다름 아닌 근대 극복이라는 탈근대의 논리에 상응하는 것이 된다.

그래서 근대의 두 거대 이데올로기의 대립이 무화되어 이것이 문제의 틀로 간주되지 않는 게 오늘날의 일반적인 상황이긴 하지만, 근대의 두 거대 이데올로기를 의식하여 새로운 길을 모색하는 것도 하나의 흐름이 되고 있는 게 또한 사실이다. 좌우 이데올로기의 대립을 넘어 그 극복방안을 모색해 온 앤서니 기든스의 『제3의 길』이 세계적인 반향을 일으키고 있는 것이 좋은 예가 된다.

따지고 보면, 탈냉전의 오늘날의 상황이란 것은 사회주의권의 몰락에 따른 자본주의의 독주 그것도 세계화의 자본주의가 독주하는 시대 상황인 것이다. 그런데, 세계화의 자본주의는 국가의 경계를 넘어 지구 전체를 하나의 경영 단위로 삼는 것이긴 하지만, 그 자체에 많은 모순점을 내포하고 있기도 한 것이다. 마르틴과 슈만이 쓴 『세계화의 덫』에 따르면, 세계화는 약육강식의 생존논리로 귀착되어 결국 '상층 20대 하층 80'의 사회가 됨으로써 중산층이 붕괴되어 최종적으로는 삶의 하향평준화 현상을 불러 일으키는 것이 되기 쉽다고 한다.

이러한 점을 감안한다면, 앤서니 기든스가 『제3의 길』에서 사회주의의 경직성과 자본주의의 불평등을 극복하는 새로운 정치적 이데올로기의 모델을 탐색하고 있는 것은 상당히 의미있는 작업이 된다. 이 새로운 모델은 근대의 두 거대 이데올로기가 끼친 부정성을 극복하려는 것이기도 하면서, 바로 근대성 자체에 대한 성찰적 내용과 연관되는 것이기도 하다. '제3의 길'을 내세운 앤서니 기든스가 '성찰적 근대성'이란 개념을 부각시키고 있는 것도 바로 이 때문이다. 요컨대, '제3의 길'은 근대 극복이라는 탈근대의 논리로 볼 수 있는 것이다.

여전히 남북분단의 상황에 처해 있는 우리에게 앤서니 기든스는 하나의 참고사항이 될 수 있다. 영국 또는 유럽의 입장과 우리의 입장이 다르기 때문에 앤서니 기든스의 탐색을 우리가 그대로 가져올 수는 없다. 그러나, 하나의 암시는 될 수 있을 것이다. 세계적인 차원에서 사회주의의 실패와 자본주의의 병폐를 겪고 있으면서도 여전히 이 두 이데올로기의 대립상태를 벗어나지 못하고 있는 우리의 특수한 분단상황은 결국 근대가 끼친 부정성의 큰 노정이며, 분단의 극복은 바로 탈근대의 논리와 맞닿게 되는 것이기 때문이다.

이러한 탐색은 여전히 남북분단 상황에 처해 있는 우리의 입장에서 정치사회 사상적으로 더욱 천착이 되어 남북분단의 극복과 진정한 통일을 위한 방향 설정에 일정한 역할을 해야 할 것이다. '남북분단의 상황과 시적 응전'의 문제를 살펴보는 이 글에서는 분단 극복의 문제가 어떻게 오늘날 탈근대의 논리와 연관되며, 이 문제를 여전히 또한 새롭게 인식해야 하는가 하는 점을 말하고자 한 것이다.

2.

'남북분단의 상황과 시적 응전'에 대하여 살펴보려는 이 글은 아직 시적 담론의 내부에 들어가지 못하고 있다. 그것은 분단 상황의 극복이 너무도 무거운 주제이기도 하지만, 이를 위해서는 시적 담론 내부에 들어가지 전에 이것과 연관하여 먼저 살펴보아야 할 것이 있기 때문이다. 남북분단 상황의 극복은 시적 담론 내부에서도 논의될 수 있는 것이긴 하지만, 문학 내지 문화운동의 실천적 측면이 선행되어야 가능한 것이다.

남북분단의 극복을 위해서는 항상 통일을 위한 준비를 해야 한다. 이 말은 너무도 당연한 말이면서도 다시 되새겨야 할 말이다. 독일이 통일이 된 지 어언

10년이 되어 가지만, 진정한 통일을 위하여 많은 진통을 겪었고 아직도 그 진통이 끝나지 않았다고 봐야 할 것이다. 진정한 통일은 정치적인 통일로만 이루어지지 않는다. 경제, 사회, 문화 등 다방면에서 오랫동안 이질화되어 있던 것의 통일이 함께 수행되어야 하는 것이다. 그래서 진정한 분단 극복을 위해서는 각 부문에서 이를 의식하여 준비를 해야 한다. 또 요즈음 이러한 움직임도 점차적으로 일고 있는 게 사실이다.

시적 담론과 연관하여 문학 내지 문화의 통일을 위한 준비를 언급하는 이유가 바로 여기에 있다. 그런 면에서 올해 한글날에 맞추어 '상권'이 나왔고 11월 말 '중권'과 '하권'이 나올 예정으로 되어 있는 『표준국어대사전』은 상당히 의미있는 작업이 된다. 국립국어연구원이 편찬자로 되어 있는 이 사전이 북한말 7만 단어를 수록하고 있기 때문이다. 분단 50여년 동안 같은 언어를 사용하면서도 실제로는 이데올로기의 대립에 따라 언어의 이질화가 계속 진행이 되어 온 점을 생각한다면, 언어의 이질화를 극복하기 위한 이러한 작업은 분단 극복을 위한 중요한 디딤돌이 될 것임에는 틀림이 없다. 몇 년전에 출간된 『남북한 현대문학사』(최동호 편)도 한민족공동체로서의 남북한이란 기본전제에서 출발하여 그동안 진행되어 온 남북한 문학의 이질화 현상의 극복을 위하여 하나의 민족문학이라는 포괄의 논리로 접근하여 문학사에 대한 서술을 시도하고 있는 책이다.

현재 일정하게 이루어지고 있는 북한문학에 대한 자료 개방과 이에 대한 연구도 보다 활발히 진척되어야 한다. 그러면서 북한문학이 지닌 이질성과 동질성이 정확하게 파악되어야 할 것이다. 정확한 인식만이 제대로 된 이해를 가져와 상대방을 포용할 수 있기 때문이다. 서로간의 동질성을 추구하되 또한 이질성에서 서로 보완해야 하는 점을 발견해야 진정한 통일문학이 이루어질 수 있을 것이다.

3.

　이제, 본격적으로 시적 담론의 내부로 들어와 '남북분단의 상황과 시적 응전'의 문제를 살펴보고자 한다. 이 경우에 문제의 초점은, 남북분단 상황에 대한 정확한 인식을 바탕으로 하여 분단 극복의 전망을 제시하려는 시적 형상화에 있다 할 것이다. 그런데, 남북분단의 상황에 대한 정확한 인식은 근본적으로 관념성을 배제하고 구체성을 부각시켜야 가능한 것이 된다.
　우리에게 통일은 하나의 당위이다. 그렇더라도 '어떠한 일이 있어도 통일이 되어야 한다'는 식의 낭만적이고 관념적인 통일론은 극복되어야 한다. '어떻게 해야 진정한 통일이 되는가'라는 현실적이고 구체적인 통일론이 필요하다. 마찬가지로 시에서도 관념적인 통일의 표출은 극복의 대상이 되어야 하는 것이다.

　　　아직은
　　　언 강 풀리지 않은
　　　이 날들 위에서

　　　네가 아니더라도
　　　네가 아니더라도

　　　그쯤에서
　　　나는
　　　정사하고 싶었다

　　　언제까지나 네가 품고 있는 날들이
　　　언제까지나 네가 품고 있는 날들이

　　　강의 이쪽
　　　강의 저쪽

南男
北女

그쯤에서 흐르기를
꼭 그쯤에서 만나기를

아직은
언 강 풀리지 않은
이 날들 위에서

— 백학기, 「南男北女」 전문

　이 작품은 남북분단 극복의 의지를 남쪽 남자와 북쪽 여자의 만남과 정사로 형상화하고 있다. 그리고 분단의 현재적 상황을 언 강과 풀리지 않은 날로 묘사하여 표출하고 있다. 따라서 나름대로 시적 형상화가 이루어지고 있는 것이다. 그러나, 문제는 이러한 형상화 방식이 상투적일 뿐만 아니라, 사실은 무엇보다도 관념적이란 점에 있다.
　우선 이 시의 형상화 방식이 상투적인 점은, 남북분단 극복의 의지를 남녀의 만남·정사·결혼으로 환치시켜 표현하는 것 자체가 이전의 현대시에서 자주 쓰던 방식이라는 점에 있다. 1960년대에 발표된 신동엽의 「껍데기는 가라」에서 "두 가슴과 그곳까지 내논 / 아사달 아사녀가 / 中立의 초례청 앞에 서서 / 부끄럼 빛내며 / 맞절할지니"라 표현하고 있는 것이나, 70년대에 발표된 문병란의 「織女에게」에서 "우리는 다시 만나야 한다 / 우리들은 은하수를 건너야 한다 / 오작교가 없어도 노둣돌이 없어도 / 가슴을 딛고 건너가 다시 만나야 할 우리, / 칼날 위라도 딛고 건너가 만나야 할 우리,"라 표현하고 있는 것 등이 바로 그것이다.
　무엇보다도 이들 작품들이 시적 형상화는 되어 있다 하더라도 남북 분단의 현실에 대한 인식이 관념적이라는 점이 문제이다. 분단상황에 대한 관념적인 인식은 시에서도 그 극복의 길을 제대로 열어주지 못한다. 시에서 분단의 현실 상황과 이에 대한 극복이 구체성을 획득해야 하는 것은 바로 이 때문이다. 따라서 우리의 현실 가운데 분단상황은 어떻게 느껴지는가, 분단상황에 대한 관념적인 인식을 넘어서는 시적 형상화를 위해서는 이 점을 염두에 두어야 할 것이다. 다시 말하면, 분단상황은 실제 현실에서 다양한 삶의 현장 속에 내재되어 있는 것이다.

>공산주의를 택한 육촌 형님들은
>북에서 훈장을 받았는지
>숙청을 당했는지 알 길이 없고
>오직 피눈물나는 사람은
>마지막 혈육 수영이 누님뿐.
>건빵을 씹으며 혀를 깨문다.
>한국의 KBS 텔레비전은
>남북한 탁구 시합을 중계하면서
>남한이 북한을 이기는 쾌락만을 말했다.
>그 누구 단 한 사람도
>우리의 기구한 운명을 통탄하지는 않았다.
>— 이세방, 「건빵을 씹으며」 부분

인용한 작품은 남북분단으로 인하여 이산가족이 된 화자가 건빵을 씹으며 남북한 탁구 시합 중계를 보고 있는 시적 상황을 그리고 있다. 말하자면, 현실의 일상생활 가운데 구체적인 한 장면이 포착하고 있는 것이다. 북에 사는 혈육의 소식조차도 모르는 화자는 남북한 탁구 시합을 보면서 새삼스럽게 이들이 그리워짐을 느낀다. 그러면서 탁구 시합을 보며, 중요한 점은, 남북한 중에 누가 이기고 누가 지느냐가 아니라, 북에 이산가족을 두고 있는 화자뿐만 아니라 '우리'가 기구한 운명 속에 살고 있다는 인식임을 내보이고 있다.

남북분단의 상황은 바로 우리가 아직까지 벗어나지 못한 '구체적인' 삶의 조건이기 때문에 거대한 관념으로 존재하는 게 아니라 현실의 일상생활 가운데 녹아 있는 것이다. 그리고 정확한 현실인식만이 이를 극복할 수 있는 길을 열어줄 수 있게 되는 것이다. 분단 극복에 대한 시적 응전이 무엇보다도 구체성을 획득해야 하는 이유가 여기에 있다.

그런데, 분단상황은 실제현실에서 여러 가지 갈등과 모순을 내포하고 있는 게 사실이다. 이는 분단 극복을 위한 시적 응전이 다양한 모습을 띨 수밖에 없는 이유가 된다.

> 독한 불의 밤을 지나 재의 새벽,
> 빈 양주병 곁에서 잠이 깬다. 미스 빼주는
> 헝클어진 머리칼을 미국식으로 쓰윽,
> 쓸어올린다. 화장이 군데군데 지워져
> [……]
> 잠시꿈꾸는거지정신차리며그만이지누가알긴해?미국놈들은한국년들을
> 좋아하니까우린비싸지않거든난몸이그들과늘깊이닿아있지그러니까난누구
> 보다도미국을잘이해하지정말이지난그들의애인이니까
> 그녀는 잘난 미군이나 하나 잘 낚아
> 한탕 할 날을 꿈꾼다. 잘 하면 미국행 비행기도
> 탈 수 있을 거야. 그 꿈이 담배를 피워 물게 한다.
> [……]
> 미스 빼주는 길 건너 소리사에서 흘러나오는
> 유행가 가락에 맞춰 껌을 씹으며, 미 팔군 후문의 담장 사이로, 전혀 새로운 세계를 드러내듯이
> 미끈한 허리를 쓸쩍 열어 보인다.
> ― 이하석, 「아메리카」 부분

남북분단의 원인은 민족 내부에도 있지만 외세의 개입에 의한 것이기도 하다. 정치적인 통일을 넘어선 진정한 분단 극복은 민족주체성의 견지에서 외세의 개입이 무화되는 단계에까지 이르러야 가능할 것으로 여겨진다. 그런데, 오랫동안 지속되어 온 분단상황으로 인하여 우리 땅에는 여전히 미군이 주둔하고 있는 실정이다. 그럼으로써 혼혈아 문제, 기지촌 매매춘 문제, 미군과 주민간의 갈등 문제 등 여러 가지 갈등과 모순이 파생되고 있다. 위에 인용한 작품은 기지촌 매매춘 문제에 초점을 두고 있는 시에 해당한다.

이 작품의 시적 인물은 기지촌의 양공주인 미스 빼주이다. 이 인물의 행동을 객관적으로 진술하고 있는 함축적 시인은 비판적 시각을 견지하고 있다. 미군을 상대로 매매춘 행위를 하는 시적 인물은 미국에 대한 지극한 환상을 가지고 있는 것으로 그려지고 있다. 인용에서 띄어쓰기 없이 산문으로 기술되어 있는 중간 부분은 함축적 시인의 시점이 아닌 시적 인물의 시점에서 자기 독백을 행하고 있는 부분이다. 여기서 시적 인물인 미스 빼주의 의식 속에 내재되어 있는 아메리카에 대한 환상이 아주 극명하게 드러난다. 함축적 시인은 미스 빼주가 지닌 내면화된 아메리칸 드림의 허황성을 폭로하고 있는 것이다. 이 시는 남북 분단의 현실에서 미국을 어떻게 이해해야 할 것인가 하는 점과 관련이 되는 작품에 해당한다.

정치적인 통일을 넘어선 진정한 분단 극복은 근본적으로 민족 내부의 결속이 제대로 이루어져야 가능한 일이 된다. 그런 면에서 아래 인용하는 작품은 하나의 시사점을 던져주고 있다.

> 브란덴부르크 개선문을 통과하면서도
> 아직도 막혀 있는 것은 인간의 문,
> 가슴과 가슴은 하나 되어 있지 않다
> 두꺼운 장벽보다 더 두꺼운 마음의 장벽,
> 동독인과 서독인은 먹은 자와 먹힌 자의 고통,
> 또 하나의 마음의 장벽이 가로막혀 있다.
> － 문병란, 「사라진 베를린 장벽」 부분

이 작품에서 시적 화자는 통일이 된 독일을 기행하면서 보고 느낀 점을 발화하고 있다. 위의 인용에서 보는 바와 같이 이 시는 진술에 가까워 시적 형상화의 측면에서는 성공적이라고 할 수가 없을 것이다. 그러나, 이 시는 분단극복에 대한 인식의 측면에서 매우 중요한 점을 내재하고 있다. 독일의 통일은 여러 가지 면에서 우리에게 하나의 참조틀이 된다. 그런 면에서 이 작품은 민족 내부의 결속이 제대로 이루어지지 않은 정치적인 통일만 가지고는 진정한 의미의 분단 극복이 이루어지지 않는다는 사실을 간결한 시적 인식으로 보여주고 있는 것이다.

이 시점에서 올해 노벨 문학상을 수상한 귄터 그라스가 한국의 독자에게 해주고 싶은 말로 대답한 다음의 진술은 귀담아 들을 필요가 있을 것이다.

> 독일이 통일을 한 과정을 잘 관찰해 그때 저지른 실수를 반복해서는 안됩니다. 그리고 무엇보다 서로 존경심을 가지고 통일을 준비해 가는 게 중요합니다. 서독은 마치 동독을 가르치는 입장에서 통일을 했는데 이는 바람직하지 않거든요.
> - 99 프랑크푸르트 도서전, 독자와의 대화시간

4.

분단 극복을 위한 시적 응전이 되기 위해서는 분단 현실에 대한 정확한 인식을 바탕으로 해야 한다. 그럴 뿐만 아니라 분단 극복의 전망을 보여주는 길을 탐색하고 이를 형상화해야 한다. 그런 면에서 오늘날 여러 방면에서 남북교류의 물꼬를 트고 있는 상황이나 이질화된 것의 통일을 추구하는 모습을 시적 형상화에 적극 활용하는 것도 하나의 방법이 된다.

그런데, 90년대에 들어와 사회적으로는 분단 극복의 노력이 계속되고 있는 데에 비해서 문학창작에서는 이에 대한 형상화가 잠잠한 실정이다. 이는 80년대에 분단 극복의 문학이 오직 민중민족적인 견지에서 추구되어 오다가 90년대에 들어와 민중민족문학의 입지가 축소되는 상황과 궤를 같이 해서 그런 것으로 보인다.

그러나 앞에서도 살펴보았듯이, 분단 극복은 오히려 근대의 두 거대 이데올로기의 대립이 무화된 90년대에 더욱 가능한 일이 되고 있다. 이는 분단 극복이 우리 민족만의 특수성을 띤 문제라서 여전히 중요한 해결과제로 다루어져야 하는 것이기도 하지만, 다시 보면 이는 세계사적 문제와 결부되어 있는 것이다.

21세기와 새 천년을 내다보는 이 시점에 있어서 분단 극복의 문제는 근대 극복의 탈근대의 논리와 맞닿아 있는 것이다. 근대가 주체의 자기 정립을 위하여 타자를 억압해 온 과정의 역사라면, 자본주의와 사회주의라는 두 거대 이데올로기의 대립과 이에 따른 분단 상황은 바로 이 억압이 첨예하게 드러난 형국으로 볼 수 있는 것이다. 타자를 인정하고 상호공존과 보완 그리고 통합의 가능성을 탐색하는 것이 탈근대의 논리라면, 남북분단 상황에 대한 극복의 문제도 이 논리의 연장선에서 탐색이 가능한 것이 된다.

그런 면에서 우리 문학은 분단 극복의 문제에 인식을 제고해야 하며, 이를 탈근대의 문제와 연관하여 재구성해야 한다. 그리고 이러한 인식내용들을 시에 담아 형상화함으로써 그 공감의 힘을 확대해야 한다. 여론조사에서도 보듯이 여전히 우리 민족 최대의 과제로 간주되고 있는 사항은 진정한 분단 극복과 통일인 것이다.

이론과 실천이 직조하는 체계적 기술시학
― 김준오 선생의 비평세계

　돌이켜 보면, 선생은 만학(晚學)이셨으며 비평계에 발을 들여놓은 시기도 불혹의 나이를 앞 둔 때였다. 어쩌면 선생이 이렇게 일찍 가신 것도 늦은 나이에 시작한 학문과 비평의 일을 누구보다도 전위에서 이끌어 가고자 했으며 또 실제 그렇게 하신 것에도 있지 않나 생각한다. 말하자면, 선생은 학문과 비평의 길라잡이를 몸소 수행하시면서 자신을 너무 혹사시킨 것이다. 제대로 이룬 것이 없는 내가 선생이 쌓으신 높은 학문과 비평의 경지를 가늠하면서 선생의 비평세계를 더듬어 보는 것은 오랫동안 맺어진 선생과의 깊은 인연 때문이지만, 선생의 비평세계를 온당하게 그려낼 수 있을까 하는 두려운 마음이 앞설 뿐이다.
　선생의 비평은 본질시학에서 출발하고 있다. 선생의 본질시학은 역저『시론』제1판(문장사 판)의 제1부「시의 관점」에 실려있는 '동일성의 시론'을 통하여 잘 알 수 있다. 여기서 동일성의 관점에서 시적 세계관을 해명하고 시의 여러 요소들을 밝혀 놓고 있다. 동일성을 시의 구성원리로 볼 뿐만 아니라 시학의 공통된 원리로 보아 "시는 동일성이다"(「책머리에」)라고 규정하기까지 하였다. 그런데, '동일성의 시론'은 선생이 이전부터 천착한 '현상학'과 깊이 연관되어 있는 것으로 이해된다. 선생은「현대시의 현상학적 고찰」로 석사학위를 받았을 뿐만 아니라『문학과 시간현상학』이라는 역서를 내었다. 현상학이 자아와 세계의 관계에서 이루어진 (의식)체험에 관심을 갖는 것이라면, 상이한 체험들을 일정한 형태로 종합하는 연속성과 통일성의 문제는 바로 동일성의 관점이 되는 것이다. 선생이 시간현상학에 관심을 가진 것도 궁극적으로는 상이한 시간의 여러 체험들을 종합하는 통일적 기능을 가진 자아 동일성의 문제였다. 동일성이 시간의 변화와 체험의 갈등을 넘어서는 가치개념으로 다가올 수 있는 것은 그래서 자연스럽다.

또한 자아 동일성의 문제는 시적 자아의 문제와 필연적으로 관련되어 있다. 실재 시인과 시적 화자의 관계 문제는 문학관의 차이에 따라 인식을 달리한다. 선생이 실재 시인과 구분되는 '퍼소나'(Persona)라는 비평 용어를 부각시켜 시적 자아를 탐색한 것은 근본적으로 반낭만주의의 몰개성론에 입각해 있는 것이다. 선생이 이후에 모더니즘의 시학과 이의 연장선에서 포스트모더니즘의 시학 정립에 힘을 기울인 것은, 이와 같이 선생의 시학의 그 출발선에서부터 이미 정위된 것이라 볼 수 있다. 모더니즘이 동일성 상실에 그 기원을 두고 있는 만큼 동일성 상실을 통해 동일성을 가치개념으로 추구하는 선생의 태도는 필연적으로 모더니즘을 통하지 않을 수 없게 된 것이다.

『가면의 해석학』은 바로 문학적 장치로서 퍼소나라는 개념을 통해 시적 화자의 의식과 정체를 분석함으로써 시에서 제시되는 인간상과 체험의 가능성을 살펴보고 있는 비평서이다. 그런데, 당시 이론구조를 제대로 갖추지 않고 비평문을 마구 쏟아내는 평단 일각의 풍토에 이 비평서는 경종을 울리기에 충분한 것이었다. 선생은 이론적 근거 없이 비평을 하려고 하지 않았다. 해석의 객관성을 보장받고자 한 선생의 비평은 비평적 글쓰기와 학문적 글쓰기의 행복한 결합의 전형을 보여준다. 아니, 그 경계를 해체한 것으로도 볼 수 있다. 나아가, 어찌 보면, 선생의 글쓰기 자체가 '이론-중심, 실천-주변' 혹은 '실천-중심, 이론-주변'을 넘어선 탈중심주의 비평의 한 전위가 아닌가 한다.

선생의 본질시학 혹은 규범시학은 이후에 해체시학 혹은 기술시학으로 선회를 하게 되는데, 이와 같은 면에서 보면, 이 점은 선생의 글쓰기 자체에 이미 내재되어 있었던 것으로 여겨진다. 선생의 기술시학으로의 선회의 중요한 계기는 폴 헤르나디의 『장르론』의 번역에 있었다. 『장르론』에서 보여주고 있는 헤르나디의 장르비평의 태도가 다름 아닌 기술적이며 탈장르적이며 다원적인 것이다. 이 책의 번역은 이후에 있은 선생의 꾸준한 장르비평적 글쓰기의 촉매가 되기도 한다. 선생은 아예 "장르연구란 문학의 본질적 연구이며 모든 문학연구의 기초이자 핵심이다"(「역자 서문」)라고 언명하고 『한국 현대 장르 비평론』이라는 비평서를 낼 만큼 장르비평에 심혈을 기울였다. 이 비평서는 일종의 비평사인데, 장르비평을 이론적 체계와 시대적 양상의 두 축으로 살펴보고 있다. 이는 물론 장르류와 장르종이라는 장르 체계의 두 축과 관련되는 것이긴 하지만, 궁극적으로는 이론적 체계를 세운 바탕 위에 문학사적 맥락을 추적하는 선생의 비평태도와 연관되는 것으로 이해된다. 그리고 이 비평서는 다른 비평가의 장르비평에 대한 비평에 상당한 비중을 두고 있는 만큼 메타비평을 근본적으로 함축하고 있는 비평서에 해당한다. 이와 같이 선생이 나중에 본격적으로 드러내게 되는 '메타성'에 대한 깊은 관심은 일찍부터 형성된 것으로 여겨진다.

선생의 기술시학적 태도와 장르비평적 관심은 『시론』 제2판(이우출판사 판)과, 특히 『한국 현대 장르 비평론』 상재 이후의 제3판(삼지원 판)에 그대로 반영된다. 학술비평서로서는 드물게 연 2,000부나 팔린다는 『시론』을 끊임없이 수정 보완하는 태도에서 선생의 비평적 엄격성이 얼마나 크게 다가오는지 모른다. 선생은 언제나 비평관 정립과 이론적 토대 위에서 실천비평을 행하였다. 아마 선생만큼 이론적 틀과 비평적 결이 잘 조화되어 있는 경우도 드물 것이다.

『시론』 제3판에서는 무엇보다도 현대시의 유형화가 크게 눈에 띤다. 그런데, 선생의 유형론은 분류가 아니라 내적 요인과 원리의 이해가 그 바탕을 이루고 있다. 요컨데, 선생의 비평태도는 규범시학이 아니라 기술시학적인 것이다. 그래서 현대시의 유형론은 변화에 대한 기술이 되는 셈이다. 그런데, 변화에 대한 기술은 근본적으로 문학사적 맥락을 내포하기 마련이다. 선생이 지니고 있는 문학사적 맥락은 정신사적, 사회역사적, 미학적 문맥들을 포괄하면서 통시적인 변화와 공시적인 다양화로 현대시의 유형론을 살펴보는 것을 의미한다.

선생의 기술시학적이고 해체시학적인 관점은 『시론』 제4판(삼지원 판)에서 두드러진다. 여기에서는 담론적 관점을 활용함으로써 본질시학을 근본적으로 해체하고 있다. 선생의 본질시학인 '동일성의 시학'이 결국 자아 동일성 내지 자아 중심주의의 시학이라면, 해체시학은 "자아 중심주의의 주체철학 전통을 깨고 텍스트에서 타자성을 발견한다든가 언술내용의 주체와 언술행위의 주체를 엄격히 구분하는"(「사판 서」) 담론적 관점을 취하고 있는 것이다.

선생의 『시론』이 연속적인 수정판을 내면서 '동일성의 시론'을 어떻게 위치 지우며 다루고 있는가 하는 점은 바로 이와 밀접히 연관되는 문제가 된다. 제1판에서 「시의 관점」이라는 핵심적인 제목으로 맨 앞 자리에 놓여 있던 '동일성의 시론'은 제2판에서부터는 맨 끝 자리에 부록 혹은 보론이거나 아무 부제도 없이 실려 있는 것이다. 이는 선생의 비평관이 본질시학에서 기술시학으로 변모하고 있는 점과 그대로 상응한다. 선생이 스스로 "동일성은 서정시의 한 정의에 지나지 않"는다고(「현대시의 변화와 비평의 제문제」) 밝히고 있기도 하다.

선생의 기술시학적 관점은 무엇보다도 시유형론에서 두드러진다. 『도시시와 해체시』는 시 유형론을 실천비평을 통하여 펼쳐 보이고 있는 비평서에 해당한다. 80년대 후반과 90년대 초반의 시 유형론을 탈중심주의, 탈이데올로기, 탈정치라는 기본적인 틀을 바탕에 깔고 일상시, 도시시, 패러디시 등으로 나누어 분석해 보이고 있다. 여기서 특별히 강조되어 있는 시 유형은 '패러디시'이다. 이 패러디시는 다름 아니라 본질시학에서 해체시학으로 전이되는 전위에 위치 지울 수 있는 시 유형에 해당한다. 그런데, 패러디시는 다원적이고 집단적인 글쓰기에 해당되므로, 이는 본질적으로 자아 중심주의를 해체하는 철학적인 기반을 가지고 있는 것이다. 자아의 문제와 관련하여 본질시학에서 해체시학으로 비평관을 변모시킨 선생이 무엇보다도 패러디시에 관심을 집중한 일은 그래서 필연적으로 여겨진다. 해체시학을 바탕에 깔고 있는 패러디시와 그 변형으로서의 메타시는 또한 장르혼합현상을 두드러지게 드러내고 있는 시 유형에 해당한다. 그래서 선생의 패러디시와 메타시에 대한 탐색은 결국 예전부터 지녔던 선생의 장르비평적 관심이 내재되어 수행된 것으로 볼 수 있다. 패러디시와 메타시는 본질적으로 비평을 함축하고 있는 시 유형인 것이다. 패러디시와 그 변형으로서 메타시에 대한 탐색은 『시론』 제4판에서도 상당히 부각되고 있다.

그런데, 선생이 패러디시를 비롯한 시유형론을 『시론』에 즉각 수용한 태도는 중요한 의미를 지닌다. 이는 선생이 현장비평을 문학연구의 수준에서 수행했었다는 점을 말해 준다. 다시 말하면 선생은 이론을 구성하면서 실천비평을 행하고 또 이를 즉각 학문의 현장에 수용하였던 것이다. 이는 선생의 시학을 '체계적 기술시학'이라고 명명할 수 있는 다른 한 이유가 된다. 여기서 체계적이라는 말의 기본적인 의미는 이론적인 토대를 확립하고 있다는 데에 있다.

선생의 체계적 기술시학은 비평서『현대시의 환유성와 메타시』에서 정점에 이르고 있다. 90년대는 무엇보다도 글쓰기의 기반과 조건이 문제가 되는 시대인데, 이와 연관되어 이 비평서에서는 90년대의 특징적인 시 유형으로 환유시, 메타시, 표층시 그리고 새로운 서사구조의 서술시에 대하여 미학과 세계관을 내포한 문학사적 맥락에서 다루고 있다. 반구조의 비유기적 형식의 부각으로 표출된 환유시, 시인의 주관적 개입이 보류되고 그 시선이 오직 사물의 표면에만 머문 표층시, 서사구조의 파편화와 추상화된 모습을 보여주는 서술시를 반목적론적 세계관, 해체된 자아관, 서정 상실의 상황, 시간에 대한 새로운 관심 등 90년대 말의 중요한 관심 요소와 관련시켜 시의 유형론을 이론화하는 것은 선생의 체계적 기술시학의 성과에 해당한다. 비평과 학문의 현장에서 시의 다양한 변화 양상과 바로 지금 생산되고 있는 시에 대하여 이론적 접근이 가능한 것은 무엇보다도 선생의 체계적 기술시학에 힘입은 바 크다고 하면 지나친 말일까.

선생의 비평세계를 다루면서 빼놓을 수 없는 하나는 고전시학과 현대시학의 접목 문제이다. 이 점은 선생의 비평이 주로 서구 이론의 수용과 응용으로 이루어져 있기 때문에 받고 있는 오해를 불식시키는 데 무엇보다도 중요한 사항이다. 우리의 현대비평이 서구 이론에 힘입은 바 큰 것은 숨길 수 없는 사실이다. 그런 면에서 오히려 선생은 너무도 정직하셨다. 이론적 근거를 일일이 밝혀서 오히려 오해받는 곤혹스러움을 선생은 비평의 엄격성으로 견뎌 나가셨다. 그러는 한편으로는 우리 시학의 체계화에도 관심을 제고시켜 나가셨다. 사실 고전시학과 현대비평의 접목은 선생의 초기 비평서에서부터 후기 비평서에까지 일정 부분 내비치고 있는 사항에 해당한다. 서정적 자아를 이기철학의 본연지성과 기질지성과 연관하여 해명하고 있는 점이라든가, 패러디의 원리를 고전시학의 용사론과 연관시켜 밝히고 있는 점 등이 대표적인 예가 될 것이다.

선생이 스스로 "우리 시학의 개발과 정립은 언제나 절실한 우리의 과제다"(『시론』「삼판 서」), "고전시학의 개념들과 현대비평의 개념들과의 접목에 주력했다"(『시론』「사판 서」)고 밝히고 있기도 하다. 그리고 선생이 창립한 '현대시학회'에서 고전시학과 현대시학, 다시 말하면 동양시학과 서양시학의 접목을 통하여 시학의 보편성을 탐색하고자 하는 일련의 기획을 잡아 놓은 상태에서 선생이 갑자기 누우시니, 선생을 생각하면 이 점이 가장 안타깝기 이를 데 없다. 우리 시학의 미래를 위해서도 선생은 좀더 살아 계셨어야 했다.

그러고 보면 선생은 바로 고전과 현대, 동양과 서양을 아우르는 시학의 일반화와 체계화를 필생의 목표로 삼고 있었는지도 모른다. 시학의 체계화를 위해 일생을 받쳤다고 해도 과언이 아닐 선생을 생각할 때, 이제, 또 다른 의미에서 '살아남은 자의 슬픔'은 거두고 선생이 못 다한 바를 이루어야 되리라. 이 점이 바로 선생을 제대로 살리는 길이리라. 여기에 내가 일조를 할 수 있다면, 부족한 대로 '나한테 주어진 길을 걸어가야' 하리라. 하지만, 아직은 나날이 잎을 더해 가며 짙어 가는 푸른 나무들을 하염없이 바라보고 있을 뿐이다. 선생의 명복을 빈다.

체계적 기술시학
— 김준오의 시론과 장르론

1. 체계적 기술시학 : 관점

김준오의 시론은 근본적으로 기술시학이라고 할 수 있다. 김준오의 시론이 본질시학에서 해체시학으로 확장되어 온 것으로 파악한다든지[1] 규범시학에서 기술시학으로 선회해 온 것으로 파악한다든지[2] 혹은 본질적으로 동일성의 시학으로 파악한다든지[3] 궁극적으로 은유(동일성)의 시학을 옹호하고 있는 것으로 파악한다든지[4] 하는 것은 각기 일정한 관점에서 김준오 시론을 그려보고 있는 것이기 하지만 그 전체상을 온당하게 바라보고 있지 못한 것으로 생각된다.[5]

---

1) 구모룡, 「시학의 확장 : 본질시학에서 해체시학으로」, 『시와 시학』 제28호(시와시학사, 1997. 겨울)
2) 고현철, 「이론과 실천이 직조하는 체계적 기술시학」, 『현대시학』 제362호(현대시학사, 1999.5)
3) 김경복, 「인간을 찾아, 근원을 찾아」, 『시와 사상』 제21호(동남기획, 1999.여름). 김경복은 김준오의 시론을 근본적으로 동일성의 시학으로 파악하고 있다.
4) 구모룡, 「궁극적 화(和)」, 『다층』 제2호(1999.여름). 구모룡은 이 글의 앞뒤에서 그전에 발표한 「시학의 확장 : 본질시학에서 해체시학」에서 보인 입장을 조금 수정한다. 다시 말하면, 구모룡은 김준오의 시론이 본질시학에서 해체시학으로 확장되다가 다시 본질시학으로의 회귀 가능성을 보이고 있는 것으로 파악하고 있는 것이다. 이 입장의 수정에 중요하게 작용한 글이 김준오의 「전이의 시론」, 『시와 시학』 제28호(시와시학사, 1997.겨울)이다. 김경복의 「인간을 찾아, 근원을 찾아」에서도 김준오의 시론을 동일성의 시학으로 규정하는 데에 「전이의 시론」에서 중요한 근거점을 확보하고 있다.
5) 이 글에서, 김준오의 시론에 대한 필자의 입장을 명백히 하기 위하여 다른 비평가의 입장과 견주고 경우에 따라서는 비판도 수행하지 않을 수 없음을 밝힌다. 그리고 이 글은 그전에 필자가 발표한 「이론과 실천이 직조하는 체계적 기술시학」에서 보인 입장에 대한 수정과 비판도 포함하고 있다. 이 글에서 필자는 김준오의 시론이 근본적

이를 제대로 알기 위해서 김준오 스스로 시를 바라보는 관점에 대하여 명백히 밝히고 있는 대목을 자세히 살펴볼 필요가 있다.

> 도대체 산문정신과 대립되는 시정신이란 무엇인가. 시적이란 것이 무엇인가가 근본적인 관심사였고 그래서 저 나름대로 '동일성의 시론'이라는 성격을 드러내려고 했던 것입니다. 그러나 다 아시다시피 서정장르는 불변적이고 보편적인 큰 갈래지만 서정장르에 대한 정의 자체는 시대와 개인에 따라 다양하게 전개되는 역사적 국면을 갖고 있습니다. 말하자면 '동일성'은 서정시의 '한' 정의에 지나지 않습니다. 더욱이 우리 현대시는 당연한 현상으로 많이 변모해 가고 있지 않습니까. 지금까지 교재(『시론』: 인용자)를 네 번 개정한 것은 서정시에 대한 저의 생각이 변한 것이라기보다 변화하는 현대시들을 관찰한 소산입니다.6)

여기서 우선, 시정신 내지 시적인 것의 원형을 '동일성'으로 보고 있다는 것을 확인할 수 있다. 그러나 시의 원형을 상정했다고 해서 김준오의 시론이 본질주의적 성격을 띠고 있는 것은 아니다. 『시론』에 실려있는 「동일성의 시론」은 시의 원형을 규명하기 위한 시론인 것이지, 모든 시를 포괄하고자 하는 원리는 아닌 것이다. 그래서 「동일성의 시론」이 맨 앞에 실려 있는 제1판 『시론』(문장사, 1982)에서도 "이 책에서 동일성의 관점 외에 일관된 것이 있다면 그것은 역설적으로 현대시의 변화 양상의 기술에 많은 지면을 할애했다는 점이다."(책머리에」) 라고 밝히고 있다. 다시 말하면 김준오의 시론은 '동일성'을 시의 원형으

으로 기술시학인 것으로 파악하고 있다. 앞에 쓴 글이 김준오의 시학의 변모과정을 살펴보기 위하여 그의 저서에 나타난 시학을 발표된 순서에 따라 고찰하고 있는 것과는 달리, 이 글은 그의 시학이 일관되게 체계적 기술시학임을 밝히기 위하여 그의 저서에 나타난 시학을 발표된 순서에 따르지 않고 크게 '관점'과 '범주 및 문제'로 나누어 살펴보고자 한다. 그리고 앞에 쓴 글이 「추모특집」 가운데 실려있는 추모형식이 가미된 글이라면, 이 글은 「비평·논문」란을 통하여 그의 시학에 대한 객관적인 접근을 하고자 하는 글이다. 그래서 그가 개인적으로는 필자의 스승이지만, 이 글에서는 '김준오'라는 실명만 드러내기로 한다.
6) 김준오(대담 : 남송우), 「현대시의 변화와 비평의 제문제」, 『시와 시학』 제28호(시와시학사, 1997.겨울), 128쪽.

로 삼아 이 동일성으로 현대시를 고찰하는 게 아니라 원형에서 벗어나고 있는 현대시의 변화 양상을 기술하고 있는 기술시학인 것이다. 현대시의 변화 양상을 고찰하기 위해서 시의 원형을 상정하고 있는 셈이다. 「동일성의 시론」이 제2판(이우출판사, 1988) 이후 제4판(삼지원, 1997) 『시론』까지 맨 끝 자리에 옮겨 실려 있는 것은 그의 시관이 변화되었다기보다는(만약에 본질시학에서 해체시학으로 혹은 규범시학에서 기술시학으로 시관이 변모되었다면 이 「동일성의 시론」은 변모되거나 아예 빠져야 한다.) '동일성'을 시의 원형으로 상정하여 현대시의 변모를 기술하는 데에 강조점을 두고 있는 것으로 이해해야 한다. 이 강조점을 부각시키기 위하여 시의 원형에 해당하는 「동일성의 시론」을 맨 뒷자리에 둔 것으로 봐야 하는 것이다.

위의 인용문단에서도 동일성은 서정시의 '한' 정의에 지나지 않는다고 명백히 밝히고 있다. 그리고 네 번 개정한 『시론』이 서정시 혹은 현대시의 역사적 국면에 따른 변모 양상을 고찰한 것으로 언급하고 있다(이로 보면 『시론』은 개정이 필연적이다. 이제 더 이상 개정된 『시론』을 볼 수 없는 것은 우리 시와 시론에 있어서 커다란 손실이다). 최근에 나온 김준오의 유고집 『문학사와 장르』에서도 "서정적 세계관에서는 자아와 세계의 이원론은 자동 폐기된다. 이것을 가능하게 하는 것이 서정시의 가장 본질적 특성으로 기술되는 정조다." "자아와 세계 사이의 이런 서정적 결핍 현상은 다름 아닌 '동일성'의 감각이다. 자아와 세계 사이, 서로 다른 사물들 사이의 동일성을 발견하는 것이 서정적 세계관이다." 그리고 "시적 담론이 사회 역사적 조건에 한정된다는 것, 역사적 시기에 따라 특정의 형식이 형성된다는 것은 단순한 형식적인 문제가 아니라 언제나 이데올로기적인 문제인 것이다."[7] 라고 지적하고 있는 것을 볼 때, 시의 원형을 '동일성'으로 상정한 점과 사회역사적 조건에 따라 현대시의 변모 양상을 고찰하는 태도가 일관됨을 알 수 있다. 따라서 그의 시관이 변화되었다기보다는 심화되었다고 봐야 할 것이다. 위에 문단으로 인용한 대목에서 명백히 밝히

---

7) 김준오, 「시의 형식과 이데올로기」, 『문학사와 장르』(문학과지성사, 2000), 132쪽, 139쪽.

고 있듯이, 서정시에 대한 그의 생각은 변한 것이 없다. 그의 시론은 처음부터 기술시학적인 것이다.8)

근래에 발표된 김준오의 「전이의 시론」을 주목하여 김준오의 시론이 본질적으로 동일성의 시학이거나 은유(동일성)의 시학을 옹호하고 있다고 하는 지적을 살펴보는 일은 그의 시학을 규명하는 데에 중요한 한 사항이 된다. 이것이, 구모룡이 「궁극적 화(和)」에서 "중간에 보인 해체의 시론조차 해체 그 자체를 추구하였다기보다 해체 이후의 통일을 염두에 둔 것으로 보인다. 다시 말해서 현대에 와서 증대되는 환유를 수용하면서도 궁극적으로 은유를 옹호하고 있었던 것이다."9) 라고 하고 있는 것이나, 김경복이 「인간을 찾아, 근원을 찾아」에서 "처음부터 끝까지 '시적인 것'을 탐구했다. 그런 점에서 본다면 시성(詩性)을 추구했던 형식주의자들의 세계관에 서 있는 셈이다. 시의 본질적인 면에 대한 추구는 선생으로 하여금 체계적이고 원론적인 입장을 견지하게끔 했다. [……] 전이가 갖는 의미의 합일, 의미의 통일 등은 바로 동일성의 시학의 발전이다."10) 라고 하고 있는 지적에 대한 고찰을 하지 않을 수 없는 이유가 된다.

이 두 글은 김준오의 「전이의 시론」에서 '전이'를 '동일성'의 '은유'로만 해석하고 있거나 이것에 강조점을 두고 있는 입장에 서 있다. 우선, 김준오의 「전이의 시론」이 근래에 발표된 시론이긴 하지만, 김준오의 시론에서 '전이'의 문제는 새삼스러운 것이 아니다. 이미 제1판 『시론』에서부터 "두 사물의 동일성에 의하여 비유는 성립된다. 이 동일성의 발견을 심리학 용어로 전이라 한다." "그러나 비유는 이 동일성의 개념으로만 완전히 기술될 수 없다. 우리가 결코 간과할 수 없는 사실은 비유에서 동일성 못지 않게 차이성도 중요하다." "동일성이

---

8) 전정구가 「동일성의 시론」을 김준오의 '개성적 시론'으로 보고 또 이를 '시학이론을 포괄하는 일반론의 모습'으로 파악하여 '보편적 시학의 일반론'으로 받아들이기 어렵다고 하고 있거나 '일반시학의 체계와 개성적 시론 사이'의 망설임으로 보고 있는 것은 김준오의 시론을 잘못 파악하고 있는 것으로 생각한다. 전정구, 「메타적 글쓰기의 개성」, 『오늘의 문예비평』 제25호(책읽는 사람, 1997.여름), 126쪽.
9) 구모룡, 「궁극적 화(和)」, 『다층』 제2호(1999. 여름), 39~40쪽.
10) 김경복, 앞의 글, 『시와 사상』제21호(동남기획, 1999. 여름), 218~224쪽.

아니라 비동일성, 곧 차이성이 은유의 원리가 되어 있다."11) 라고 언급되어 있는 점에 주목해야 한다. 그래서 그에게 있어 「전이의 시론」은 처음부터 일정 부분 비치고 있는 것이다. 은유를 전이의 개념과 연관시키고 있는 것이라든가 은유의 원리를 동일성뿐만 아니라 차이성에 두고 있는 것은 「전이의 시론」 이전에 이미 발견되고 있는 사항이다. 이에서 보더라도 전이는 동일성의 은유로만 환원되지 않는다. 김준오의 「전이의 시론」은 처음부터 관심을 가지고 있던 '전이'의 문제를 보다 심화시키고 있는 글이다. 이 글에서 그는 전이를 은유와 결합시킬 뿐만 아니라 환유 나아가 패러디와도 결합시키고 있다.

> 다시 말하면 패러디는 문맥 바꾸기라는 전이의 한 대표적 변형이다. [······] 이런 전이를 새삼스럽게 강조한 것은 이 글의 모두에서 지적했듯이 현대시가 현저하게 은유원리에서 환유원리로, 곧 언어선택의 강조로부터 언어배열의 강조로 시쓰기의 방법론이 변화하고 있는 데서 촉발된 것이다.12)

그래서, 전이를 오직 동일성의 은유와 결합시켜 '동일성'을 강조하고 있다고 보는 입장은 온당하게 김준오의 시론을 파악하고 있는 것이 아니라고 생각된다. 더구나, "전이의 시문법은 문학사의 각 시기마다 다양한 변형들을 낳으면서 전개되는 역사적 국면을 갖는다."13) 라는 언급으로 보아 전이를 동일성의 은유와 결합하여 본질로 환원시키는 입장은 온당하지 못한 것이라고 하지 않을 수 없다. 전이의 '역사적 국면'에 대한 강조는 그의 시학이 근본적으로 기술시학임을 말해주고 있는 사항에 해당한다.

무엇보다도, 김준오가 「전이의 시론」에서 강조하고자 하는 바는 동양시학과 서구시학 혹은 고전시학과 현대시학의 연관성이다. "비동일성을 갈망하는 현대적 은유나 몽따쥬는 현대시의 전유물이 아니다. 고전시학과 한시, 특히 선시에

---

11) 김준오, 『시론』(문장사, 1982), 120~121쪽, 131쪽.
12) 김준오, 「전이의 시론」, 『시와 시학』 제28호(시와시학사, 1997. 겨울), 157~158쪽.
13) 위의 글, 위의 책, 158쪽.

서 이미 찾아볼 수 있다."14) 라는 직접적인 언급도 그렇거니와, '전이시론'을 동양(고전)시학의 '육시론(六詩論)' 및 '시안론(詩眼論)'과 결부시키고 있는 것은 이 때문이다.15)

이와 같이 김준오의 시론은 근본적으로 '기술시학'이다. 김준오 시론이 기술시학일 뿐만 아니라 '체계적'인 것은 시의 원형을 상정한 후에 현대시의 역사적 국면을 살펴보고 있는 입장을 견지함으로써 현대시의 변모를 체계적으로 설명해 나가기 때문이다. 그리고 무엇보다도 그의 기술시학이 체계적인 것은 언제나 '이론적 토대' 위에서 현대시의 현상들을 해명하고 있기 때문이다.16) 다시 말하면 그의 기술시학은 역사적 국면에 따른 현대시의 변모 양상을 이론을 구성하면서 해명해 나가고 있는 것이다.

2. 체계적 기술시학 : 범주 및 문제

1) 장르론

김준오에게 있어, 시론과 장르론은 처음부터 결부되어 있던 사항이다. 제1판 『시론』에 이미 현대시의 "변화 양상 중에서 원래의 시정신의 변화는 물론 형태 면에서도 시와 산문의 경계선을 불분명케 하는 탈장르의 징후들을 많이 보였다."(「책머리에」)는 부분은 이런 면에서 새삼 주목할 필요가 있다. 그는 분명히 처음부터 사회역사적 조건에 따라 현대시의 변모를 살피는 기술시학을 장르론과 결부시키고 있는 것이다. "서정시에 대한 저의 관심은 처음부터 장르론적 관점과 분리될 수 없었습니다."17) 라고 분명히 밝히고 있기도 하다. 나아가 그는

---

14) 위의 글, 위의 책, 155쪽.
15) 「전이의 시론」과 「六詩論 및 詩眼論과 서구의 轉移詩論」, 『한국문학논총』 제25집(한국문학회, 1999.12). 뒤의 논문은 「전이의 시론」을 발전시킨 것으로, 유고논문 형식으로 발표된 것이다. 김준오 시론에 있어 동양(고전)시학과 현대(고전)시학의 연관성 문제는 이 글의 뒷부분 '범주 및 문제'에서 보다 구체적으로 살펴보기로 한다.
16) 이승훈, 「김준오 시론의 현대성」, 『오늘의 문예비평』(책읽는 사람, 1999.여름), 103~104쪽. 여기에서도 이 점을 지적하고 있다.

"장르연구란 문학의 본질적 연구이며 모든 문학연구의 기초이자 핵심이다."[18] 라고 하여 장르론 내지 장르비평에 심혈을 기울인다.

김준오의 장르론도 그의 시론과 마찬가지로 근본적으로 기술시학적인 것이다. 그의 장르론에서 나타나고 있는 기술시학적 태도는 그가 번역한 폴 헤르나디의 『장르론』과 연관되어 있다. 『장르론』에서 보여주고 있는 헤르나디의 장르비평의 태도가 다름 아닌 기술적이며 탈장르적이며 다원적인 것이다. 『한국 현대 장르 비평론』(문학과지성사, 1990)은 일종의 비평사인데, 장르비평을 '이론적 체계'와 '시대적 양상'의 두 축으로 살펴보고 있다. 이는 물론 장르류 혹은 이론적 장르와 장르종 혹은 역사적 장르라는 장르 체계의 두 축과 관련되는 것이긴 하지만,[19] 김준오의 체계적 기술시학의 태도와 상응하는 것이다. 이 비평서는 다른 비평가(예컨대, 최재서, 김춘수, 김윤식, 조동일)의 장르비평에 대한 비평에 상당한 비중을 두고 있는 만큼 메타비평을 근본적으로 함축하고 있다. 이와 같이 김준오의 기술시학에 상당히 내재되어 있는 '메타성'은 진작부터 지속적으로 견지되어 온 것으로 파악된다.

장르론에 대한 그의 기술시학적 태도는 이론적 갈래인 장르류보다 역사적 갈래인 장르종에 더욱 관심을 집중시키고 있는 데에서 잘 드러나고 있다. 『한국 현대 장르 비평론』에서 "역사적 산물인 이상 장르종은 지역과 시대의 특수한 의의를 반영할 뿐만 아니라 장르종의 역사는 바로 문학사의 흐름과 상응함으로써 장르종은 또한 문학사적 의의를 지닌다."[20] 라고 명백히 밝히고 있다. 그가 역사적 갈래인 장르종을 문학사와 연관시키는 태도도 그의 시학이 근본적으로 기술시학적 관점에 입각해 있기 때문이다. 이러한 기술시학적 장르관은 『문학사와 장르』에서 더욱 심화되고 있다.

---

17) 김준오(대담 : 남송우), 「현대시의 변화와 비평의 제문제」, 『시와 시학』 제28호(시와 시학사, 1997. 겨울), 128쪽.
18) Paul Hernadi, 김준오 역, 『Beyond Genre(장르론)』(문장사, 1983), 「역자서문」, 4쪽.
19) '이론적 장르', '역사적 장르'의 용어는 Todorov의 용어이다.
20) 김준오, 『한국 현대 장르 비평론』(문학과지성사, 1990), 90쪽.

역사의 각 시기에 나타난 작은 갈래들은 따라서 역사적으로 '의미심장'하고 또 역사적으로 '진실한' 것이다. 장르 개념을 매우 자연스럽게 작은 갈래에 한정시키는 경향은 여기에 기인한다. 특히 문학사와 결부될 때 필연적으로 작은 갈래에 초점을 두기 마련이다. [……] 장르 변화의 과정은 다름 아닌 문학의 변화를 야기시키는 과정이며 이 과정 자체가 문학사의 등가물이다. 사실 문학사는 대부분 작은 갈래들의 변화 과정의 기술로 이루어지고 있다.21)

위의 인용에서 보듯이 김준오의 장르론은 작은 갈래 즉, 역사적인 갈래에 초점을 두고 있다. 역사적인 갈래들의 변화 과정을 기술시학적으로 접근함으로써 문학사와 연관짓고 있는 것이다.『문학사와 장르』를 열어가는 글인「문학사와 장르 변화」에서 역사적인 갈래의 변화 과정을 '제시형식', '장르 모델', '정전과 순위 변화', '장르 변형과 해체' 등의 장르 내적인 요인을 통하여 분석하면서 기술해 나가고 있다.

'서술시'의 문제는 시론의 문제이면서도 장르론의 문제이다. 이것이 김준오가 "서술시는 일차적으로 장르 비평의 문제이다."22) 라고 하여『문학사와 장르』 속에서「서술시의 서사학」을 다루고 있는 이유이다. 그리고 서술시에 대한 접근은 규범시학의 입장이 아니라 기술시학의 입장에 서 있어야 제대로 접근이 가능한 것이 된다. 왜냐하면, '서술시' 자체가 시의 원형 혹은 시적인 것을 넘어선 개념이기 때문이다. 서술시에 대한 김준오의 관심은 처음부터 내재되어 있던 것으로 보이는데, 이는 제1판『시론』에서 "시와 산문의 경계를 불분명케 하는 탈장르의 징후들을 많이 보였다."(「책머리에」)고 하면서「시와 설화」라는 제목으로 일종의 서술시를 살펴보고 있는 데에서 잘 알 수 있다. 이것은 그의 시학이 처음부터 기술시학적 입장에 있은 것으로 봐야 하는 하나의 증거가 된다. 말하자면, 김준오의 시학은 기술시학이 보다 심화되어 온 과정으로 설명할 수 있는 것이다.

---

21) 김준오,「문학사와 장르 변화」,『문학사와 장르』(문학과지성사, 2000), 11~12쪽.
22) 김준오,「서술시의 서사학」,『문학사와 장르』(문학과지성사, 2000), 57쪽.

2) 시유형론

서술시 문제도 그렇지만은, 김준오에게 있어 시론과 장르론의 접점에 놓이는 것은 다름 아닌 시유형론이다. 시대 변화에 따른 현대시의 변모 양상에 대한 고찰이라는 기술시학적 관점 때문에 필연적으로 개정될 수 밖에 없었던 『시론』은 제3판(삼지원, 1991)에서 현대시의 유형론을 대폭 수용하고 있다. "이 수정·보완의 삼판은 무엇보다 장르적 관점을 크게 강화한 것이 기본방향이었다. 이런 기본방향에서 현대시의 유형화에 역점을 두었다."라는 대목이 이러한 사항을 뚜렷이 보여주고 있다. 그런데, 그의 시유형론은 "분류 자체에 목적이 있는 것이 아니라 시의 내적 요인들과 원리들의 이해에 목적이 있는 것이다."(「삼판 서」) 요컨대, 김준오의 시학은 규범시학이 아니라 기술시학이며, 기술시학이면서도 이론적 토대 위에 선 체계적 기술시학이라고 할 수 있는 것이다. 그리고 그의 시유형론은 공시적으로 현대시의 다양화를 포함하고 있을 뿐만 아니라 통시적으로 현대시의 변화를 내포하고 있는 것이다. 말하자면, 문학사적 맥락이 전제되고 있는 것으로 이해된다. 제4판 『시론』에서 이러한 관점은 "새로운 시 유형들은 시대적 조건을 떠나서 존재할 수 없음은 물론이다. 문학사적 의미망에 놓이는 이유는 여기에 있다."(「사판 서」) 라는 대목을 통하여 명백히 드러나고 있다.

김준오의 기술시학적 관점은 무엇보다도 이 시유형론에서 두드러지게 나타나고 있다. 『도시시와 해체시』(문학과비평사, 1992)는 시유형론을 펼쳐 보이고 있는 비평서에 해당한다. 80년대 후반과 90년대 초반의 시유형론을 탈중심주의, 탈이데올로기, 탈정치라는 기본적인 틀을 바탕에 깔고 일상시, 도시시, 패러디시 등으로 나누어 분석해 보이고 있다. 여기서 특별히 강조되어 있는 시유형은 '패러디시'이다. "현대시의 변화에 있어 무엇보다 강조하고 싶은 것은 '패러디시학'이다."(「머릿말」) 패러디시와 그 변형 내지 하위유형으로서의 메타시는[23] 또한 장르혼합현상을 두드러지게 드러내고 있는 시유형에 해당한다. "패러디는

---

[23] 김준오, 『시론』(삼지원, 1997), 252~256쪽.

장르 문제를 필연적으로 함축하고 있다."24) 그래서 김준오가 보이고 있는 패러디시와 메타시에 대한 강조는 그의 장르비평적 관심이 내재되어 있는 것으로 파악된다. 패러디시와 메타시는 본질적으로 비평을 함축하고 있는 시유형인 것이다.

김준오의 시유형론은 『현대시의 환유성과 메타성』(살림, 1997)에서 더욱 다채롭게 펼쳐진다. 90년대는 무엇보다도 글쓰기의 기반과 조건이 문제가 되는 시대인데, 이와 연관하여 이 비평서에서는 90년대의 특징적인 시유형으로 환유시, 메타시, 표층시 그리고 새로운 서사구조의 서술시 등을 들고 있다. 이들 시유형에 대하여 미학과 세계관을 내포한 문학사적 맥락에서 다루고 있는데, 역시 기술시학적인 관점이 견지되고 있는 것이다. 반구조의 비유기적 형식의 부각으로 표출된 환유시, 시인의 주관적 개입이 보류되고 그 시선이 오직 사물의 표면에만 머문 표층시, 서사구조의 파편화와 추상화된 모습을 보여주는 서술시 등 문학현장에서 바로 생산되는 현대시의 여러 양상에 대하여 시유형론으로 이론화한 것은 김준오의 체계적 기술시학이 거둔 하나의 성과가 된다.

3) 시학에 내재되어 있는 주체론

김준오의 시학에 있어 주체(자아)의 문제는 처음부터 내재되어 있던 문제이다. 이 경우 주체(자아)는 자아와 세계 사이의 동일성(이에서 그는 서정 혹은 시적인 것의 원형을 상정한 것이다)과 그 변모보다는 자아 동일성과 그 변모가 보다 초점이 된다. 자아 동일성을 "자아는 상이한 시간에 일어난 상이한 체험들을 의의있는 형태로 종합하고 통일하는 기능이다. 따라서 자아는 연속성과 통일성을 속성으로 하고 있다."25) 라는 개념에 입각한 것이다. 그런데, 한스 마이어홉의 자아관에서 드러나고 있는 이러한 자아 동일성은 하나의 전제와 같은 것이다. 김준오의 시학에서 이 전제는 현대시를 포괄하는 원리로 적용되는 것

---

24) 김준오, 「문학사와 패러디 시학」, 『문학사와 장르』(문학과지성사, 2000), 90쪽.
25) Hans Meyerhoff, 김준오 역, 『Time in Literature(문학과 시간현상학)』(심상사, 1979), 202쪽.

이 아니라, 여기에서 벗어나는 변모 양상을 기술하는 데에 활용되고 있는 것으로 봐야 한다. 요컨대, 그의 시학은 규범시학이 아니라 기술시학인 것이다.

김준오가 제1판 『시론』에서부터 실제 시인과 구분되는 '퍼소나'라는 비평 용어를 부각시켜 실제적인 자아와 구분되는 허구적인 시적 자아를 탐색하고 있는 것은 바로 이와 연관된다. 『가면의 해석학』(이우출판사, 1985)은 문학적 장치로서의 이 퍼소나라는 개념을 통하여 시적 자아의 의식과 정체를 분석함으로써 시에서 제시되는 인간상과 체험의 가능성을 살펴보고 있는 비평서에 해당한다. 김준오가 이 비평서에 대하여 "시의 화자를 중심으로 인간상들을 통시적으로 보고자 한 의도의 산물이다."(「머리말」)라고 밝히고 있는 데에서, 문학사적 문맥을 염두에 둔 그의 기술시학적 관점을 엿볼 수 있다.

김준오의 시적 자아관은 근본적으로 동일성을 부정하는 반낭만주의의 몰개성론에 입각해 있는 것이다. 그가 모더니즘 시학과 그 연장선에서 포스트모더니즘 시학을 탐색한 것은 그의 시학이 근본적으로 기술시학에 입각해 있는 것과 관련이 되는 사항이다. 김준오의 기술시학에 내재되어 있는 주체(자아)론은 '담론'적 관점을 수용하는 데에서 두드러지게 표면화된다.

> 이 수정판에서 보다 강화된 것은 담론의 관점이다. 이 관점은 시에 대한 선입관과 고정관념을 깨뜨리고 시를 새롭게 조명하는 한도에서 유용하다. 자아 중심주의의 주체철학 전통을 깨고 텍스트에서 타자성을 발견한다든가 언술내용의 주체와 언술행위의 주체를 엄격히 구분하는 것, 그리고 시의 형태와 사회역사적 조건의 상동성을 밝히려는 작업 등은 담론적 관점의 핵심 과제들이다.26)

여기서 다시 말하지 않을 수 없거니와, 김준오의 기술시학적 관점에서는 『시론』을 개정하는 것이 하나의 필연이다. 그의 기술시학은 현대시를 끊임없이 새롭게 고찰해 나가야 하는 것이기 때문이다. 그리고 사회역사적 조건으로 현대

---

26) 김준오, 『시론』(삼지원, 1997), 「사판 서」, 3쪽.

시의 변화를 조명하는 것은 그의 기술시학적 입장에서 나온 것이면서도 문학사적 문맥을 염두에 두고 있는 태도에 상응한다. 그리고 퍼소나라는 개념으로 실제 시인과 구분되는 시적 자아(주체)를 살펴본 김준오의 시학이 언술내용의 주체와 언술행위의 주체를 구분하여 현대시를 분석하고 기술하는 것은 그의 기술시학적 관점이 심화된 데 따른 당연한 귀결로 여겨진다. 담론이론에서는 시적 담론은 하나의 역사적 산물이며, 언술내용의 주체와 언술행위의 주체로 분열되어 있는 주체는 두 가지 다른 위치에 따른 것이다.27) 담론적 관점은 주체(자아)의 통일성에 저항하고 이를 부정한다.28) 다시 살펴보면, 퍼소나의 관점에서 몰개성 양상을 보이던 주체가, 담론적 관점에서는 주체의 분열 양상으로 드러나고 있는 것으로 파악되는 셈이다.29)

그가 시유형론에서 패러디시에 상당한 강조점을 두고 있는 것도 따지고 보면 그의 기술시학적 주체론과 연관된다. "원전을 패러디하는 자체가 다원적 글쓰기"30)이며 집단적인 글쓰기에 해당한다. 다시 말하면, 패러디는 근본적으로 통일된 주체(자아)와 주체(자아)중심주의를 부정하는 주체론에 입각해 있는 것이다.

요컨대, 김준오의 기술시학은 필연적으로 통합된 주체가 모더니티와 포스트모더니티를 거치면서 탈중심화된 주체로 변모해 가는31), 주체의 변화 개념이 내재되어 있는 것이다. 그의 기술시학이 모더니즘 시학과 포스트모더니즘 시학에 대한 탐구를 대폭 수용하고 있는 이유가 또한 심층적으로 여기에 있다.32)

---

27) Antony Easthope, 박인기 역, 『Poetry as Discourse(시와 담론)』(지식산업사, 1994), 48쪽, 76~79쪽 참고.
28) 김준오, 「시의 형식과 이데올로기」, 『문학사와 장르』(문학과지성사, 2000), 148쪽.
29) Raman Selden, 김용규 역, 『Criticism and Objectivity(비평과 객관성)』(백의, 1995)의 「문학비평과 주체 이론」 참고.
30) 김준오, 『시론』(삼지원, 1997), 246쪽.
31) Stuart Hall, 전효관·김수진 외 역, 「The Question of Cultural Identity(문화적 정체성의 문제)」, 『모더니티의 미래』(현실문화연구, 2000), 321~342쪽 참고.
32) 김준오의, 모더니즘 시학에 관한 대표적인 글은 「한국 모더니즘 시론의 사적 전개」와 「모더니즘 시학의 수용과 주체적 전개」, 『문학사와 장르』(문학과지성사, 2000)이고, 포스트모더니즘 시학에 관한 대표적인 글은 「도시시와 포스트모더니즘」과 「현대시

4) 동·서 시학의 연관성

이 글의 앞의 항목 '관점'에서 근래에 발표된 김준오의 「전이의 시론」에서 드러나는 강조점이 무엇보다도 동양시학과 서구시학 혹은 고전시학과 현대시학의 연관성임을 지적한 바 있다. 요컨대, 그는 여기서 전이시론을 육시론(六詩論) 및 시안론(詩眼論)과 결부시키고 있는 것이다. 그런데, 김준오에게 있어 동양(고전)시학과 서구(현대)시학의 연관성에 대한 탐색은 이미 제1판 『시론』에서부터 내보이고 있던 사항이다. 서정적 자아를 이기철학의 '본연지성' 및 '기질지성'과 연관시킬 뿐만 아니라, 이를 실러의 '소박한 시인'과 '감상적 시인'과도 연관시키고 있는 것이다.[33] 그리고 제4판 『시론』에서도 "적어도 패러디에 관한 한, 우리 고전시학의 용사론은 보다 면밀히 검토하지 않으면 안 되었다. 이미 삼판 서에서도 밝혔지만 고전시학의 재발굴은 다시 한번 강조하지 않을 수 없다. 그래서 본서는 고전시학의 개념들과 현대비평의 개념들과의 접목에 주력했다."(「사판 서」)고 밝히고 있는 데에서 동·서 시학의 연관성은 그의 꾸준한 시학적 관심임을 잘 알 수가 있다.

제4판 『시론』의 「패러디」 항목에 간략히 언급되어 있는 서구(현대)시학의 패러디와 동양(고전)시학의 용사의 연관성 문제는 「문학사와 패러디 시학」에서 보다 자세히 기술되고 있어 그 구체성을 획득하고 있다.[34] 또한 그는 "제가 고전시학이나 시화들을 뒤적이다가 놀란 것은 서구 이론의 원형들을 발견했기 때문입니다. 고전시학이나 서구 이론을 비교·대조하는 작업이 우리 시론을 정립시키는 한 방법론적 통로임을 실감했습니다."[35] 라고 하여 우리 시학을 제대로

의 패러디화와 이데올로기」, 『도시시와 해체시』(문학과비평사, 1992)이다.
33) 김준오, 『시론』(문장사, 1982), 25~28쪽. 서정적 자아를 이기철학의 본연지성 및 기질지성과 연관시키는 것은 조동일이 먼저 시도한 사항이다. 김준오는 이를 참조하고 있는데, 서양의 Schiller의 이론과 견주면서 동·서 시학의 연관성을 해명하려고 한 것은 순전히 그의 노력이며 관심사를 드러낸 것이 된다.
34) 김준오, 「문학사와 패러디 시학」, 『문학사와 장르』(문학과지성사, 2000), 111~117쪽. 용사시학과 패러디시학의 연관성 문제는 필자가 더욱 발전시켜 「용사시학과 패러디시학의 비교 연구」, 『현대문학이론연구』 제12집(현대문학이론학회, 1999)라는 글로 발표한 바가 있음을 밝힌다.

정립시키기 위해서도 동·서 시학의 연관성에 대한 탐구가 절실하다고 역설하면서, 이에 대한 과제를 던져주고 있다. 그의 체계적 기술시학이 동·서 시학의 연관성을 통하여 시학의 일반화 내지 보편화와 만날 수 있는 접점을 우리가 확실히 접하지 못하게 된 것은 우리 시학의 손실이다. 그러나 이제, 김준오에게 있어 지속적인 관심사였던 동·서 시학의 연관성은 동세대 특히, 후속세대의 비평가와 연구자의 몫이 되고 있다. 그리고 이것은 우리가 해결해야 할 하나의 짐으로 남아 있다.

---

35) 김준오(대담: 남송우), 「현대시의 변화와 비평의 제문제」, 『시와 시학』 제28호(시와시학사, 1997. 겨울), 13쪽.

일관된 시학으로 보려는 관점
— 구모룡의 글에 대한 반론

1.

이 글은 구모룡이 쓴 「왜 쓰는가—비평적 글쓰기의 윤리학과 심리학」1)에 대한 반론으로 씌어진 글이다. 구모룡은 "이 글이 김준오 시학을 계승하고 이를 발전시키는 생산적 논의의 단초가 되었으면 한다"면서도 문학(이론)적인 내용뿐만 아니라 감정적인 내용을 포함시키고 있다. 필자는 이 글에서 당위적이거나 당연한 내용과 함께 감정적인 내용에 대해서는 언급을 하지 않을 생각이다. 이 글이 생산적인 글이 되기를 원하기 때문이다. 그래서 이 글에서는 필자가 문학(이론)적인 측면에서 밝히지 않으면 안 되는 점만 밝혀보려고 한다.

먼저, 구모룡은 자신이 쓴 「시의 확장 : 메타시와 허무주의」2)과 필자의 글 「메타시에 대한 몇 가지 문제」3)가 "정확하게 대응"한다고 말하고 있는데, 사실은 그렇지 않다. 「메타시에 대한 몇 가지 문제」는 메타시에 진작부터 관심을 갖고 글을 써 온4) 필자가 『시와 사상』으로부터 청탁을 받고 쓴 글이다. 「메타시에 대한 몇 가지 문제」는 구모룡에 대한 비판적인 글로 씌어진 것이 전혀 아니다. '1. 글의 방향을 위하여'에서 그동안 이루어진 메타시에 대한 논의(박상배, 김준오, 구모룡, 이승훈, 최동호)를 연구사 내지 비평사적으로 간략하게 검토하

---

1) 『문화 · 비평 · 사회 2』(동아대 인문과학연구소, 2000.7)
2) 『시와 사상』 제5호(1995.여름).
3) 『시와 사상』 제14호(1997. 가을).
4) 「패러디와 메타시의 향방」, 『열린시』 제20호(1996.11)와 「메타시의 지나친 유희성을 경계한다」, 『열린시』 제23호(1997.2).

여 글의 방향을 잡고 있다. 여기에 구모룡에 대해서는 "메타시에 대한 본격적인 논의는 구모룡 평론가의 「시의 확장 : 메타시와 허무주의」(『시와 사상』, 1995. 여름)라는 평론에서 이루어진다. 그는 여기서 야콥슨의 의사 소통 모델과 언어 기능 모델에서 메타시를 개념 규정하는데, 람펑의 시이론을 중요한 참고틀로 활용하고 있다. 그리고 이렇게 개념 규정된 메타시를 몇 가지 양상으로 나누어 살펴보고 있다."라고 언급하고 있다.[5]

필자가 쓴 「메타시에 대한 몇 가지 문제」는 '2. 메타시와 패러디시', '3. 메타시와 해체주의', '4. 메타시의 유형과 의미(1. 반성적 메타시, 2. 회의적 메타시, 3. 회의적 메타시)', '5. 메타시의 우려성을 넘어서'로 이루어져 있다. 그 중에서 '2. 메타시와 패러디시'에서 그동안 이 둘의 관계에 대하여 언급한 논의(구모룡, 이승훈, 김준오)를 간략하게 요약 정리하고 있다. 이 중에서 구모룡에 대한 언급을 들면 다음과 같다.

> 메타시와 패러디시의 관계를 언급한 글의 시초는 구모룡 교수의 「시의 확장 : 메타시와 허무주의」이다. 여기서 그는 메타시를 상위 개념으로 잡고 그 하위 유형으로 시론시, 패러디시, 비평시, 사진-그림시 등으로 나누고 있다.[6] 이는 람펑의 이론에 근거를 둔 것으로, 시에서의 메타 기능에 초점을 둔 것이다. 람펑은 『서정시 : 이론과 역사』에서 시론적인 서정시와 패러디시가 메타시적 서정시에 속한다고 언급한 바 있다.[7] 그런데 람펑의 이론에서 문제점은 패러디시를 오직 전통적인 의미의 희화시로 한정하고 있는 데 있다. 주지하다시피, 오늘날 패러디는 그 개념이 상당히 넓게 활용되고 있는 것이다. 패러디를 비평적 거리를 둔 반복이나 예술상호간의 담론의 한 형식으로 정의하는 것은 바로 이를 말한다.[8] 그래서 구모룡 교수도 패러디의 이러한 특성을 받아들이고, 자신의 평론에서 잠정적으로 람펑의 이론을 수용

---

5) 『시와 사상』 제14호(1997.가을), 80~81쪽.
6) 구모룡, 「시의 확장 : 메타시와 허무주의」, 『시와 사상』 제5호(1995.여름), 60~65쪽.
7) Dieter Lamping, 장영태 역, 『Das lyrische Gedicht : Definitionen zu Theorie und Geschichte der Gattung(서정시 : 이론과 역사)』(문학과지성사, 1994), 185쪽.
8) Linda Hutcheon, 김상구·윤여복 역, 『A Theory of Parody(패러디 이론)』(문예출판사, 1992), 9쪽, 15쪽.

한다면서 메타시적 서정시와 패러디시의 분류 체계는 여전히 문제로 남는 것이라고 언급하고 있다.9) 어찌 되었건 구모룡 교수의 평론에서는 메타시의 범위가 너무 넓게 적용되고 있는 것이다.

이 인용에서 필자가 언급하고 있는 것은 오직 '메타시와 패러디시의 관계' 문제에 한정되어 있다. 그래서 구모룡이 자신의 글에 이런 저런 내용이 포함되어 있어, "선택적으로 읽고 왜곡하고 있"다고 지적하고 있는 것은 이치에 맞지 않는다. 그리고 구모룡은 필자가 "람핑의 이론마저 뒤틀어 놓고 있다"고 하는데, 사실은 그렇지 않다. 필자는 람핑이 패러디를 논하고 있다고 말한 게 아니라 "패러디시를 오직 전통적인 희화시로 한정하고 있다"고 말한 것이다. 필자는 기존의 논의(구모룡, 이승훈, 김준오)에서 메타시와 패러디시에 대해 언급한 것을 주목하여 그 관계를 정리하고자 한 것이다. 여기에 대하여 필자는 다음과 같이 언급하고 있다.

메타시나 패러디시는 다 같이 메타성을 가지고 있다. 다시 말하면, 메타성은 메타시 뿐만 아니라 패러디시에도 본질적인 요소가 된다. 패러디도 글쓰기에 대한 글쓰기(문학으로써 문학을 말하는) 메타성을 지니는 것이기 때문이다.10) 그래서 언어의 메타 기능에 초점을 맞추어 메타시와 패러디시의 관계를 논의해야 할 것이 아니라, 메타성이 적용되는 범주에 맞추어 메타시와 패러디시의 관계를 논의해야 하리라 생각한다. 그런데, 패러디의 범주로는 장르에 대한 패러디, 한 시대나 조류에 대한 패러디, 특정 예술가에 대한 패러디, 개별 작품에 대한 패러디, 예술가의 전체 작품의 특징적 양식에 대한 패러디 등이 포함된다.11) 메타시는 김준오 교수의 견해처럼, 시 텍스트가 시 텍스트나 혹은 시인 그 자체를 반영하는 경우만 한정해서 일컫는 게 좋을 것 같다. 무엇보다도 메타시는 시 장르나 시인 자체에 대한 시인의 근본적인 물음이나 회의에서 출발한 것이기 때문이다.

---

9) 구모룡, 「시의 확장 : 메타시와 허무주의」, 『시와 사상』 제5호(1995.여름), 61쪽.
10) 고현철, 『현대시의 패러디와 장르 이론』(태학사, 1997), 14쪽. 28쪽.
11) Linda Hutcheon, 김상구·윤여복 역, 앞의 책, 33쪽, 191쪽.

그리고 필자가 바로 앞에서 "그(김준오 : 인용자)는 기획좌담 「메타시, 새로운 시대의 시쓰기」에서 메타시란 시에 관한 시쓰기라는 일종의 장르 혼합, 또는 패러디의 한 양상이라고 정리하면서, 메타시가 시론시와 시인론시 등 여러 유형으로 다시 분류된다고 밝히고 있다.12)"라고 언급한 것은 메타시와 패러디시의 관계에 대한 기존의 논의를 발표된 순서에 따라 구모룡, 이승훈, 김준오 순으로 정리한 내용 중 김준오에 해당하는 부분이다.

메타시에서 범주의 문제는 람펑의 시이론 자체에 내재되어 있는 것으로 봐야 한다. 람펑은 메타시를 언급하면서 다음과 같이 지적하고 있다.

> 서정적 시의 '기초적 신호 체계'로서 일반적인 의미에서의 언어가 아니라 시적 언어와 (서정적) 시의 형식이 중요시되어야만 한다. 시문학을 주제화하고 있는 이러한 시론적인 서정시에는 소네트에 대한 소네트 혹은 에피그램에 대한 에피그램 그리고 슐레겔의 「각운과 시」, 마야코프스키의 「문학 예술에 대한 세금 감독관과 나눈 대화」나 몬탈레의 「각운」과 같은 각운에 대한 시들이 해당한다. 시론적인 텍스트종으로서는 패러디(희화시)조차도 해당되는 것으로 볼 수 있는데, 그것은 이런 패러디가 직접적 혹은 간접적으로 비판하고 있는 어떤 텍스트 혹은 텍스트의 집단에 대해서 희극적인 모방으로서 관련하고 있기 때문이다.13)

위의 인용으로 볼 때 람펑은 메타시가 "일반적인 의미에서의 언어가 아니라 시적 언어와 (서정적) 시의 형식이 중요시되어야만 한다"고 밝히고 있다. 그는 이것을 "시론적인 서정시"로 명명을 하고 이에 대한 예를 들고 있다. 그리고 "시론적인 텍스트종"에 해당하는 패러디(희화시)를 여기에 포함시키고 있는 것이다. 따라서, 람펑의 시이론으로 볼 때도 메타시는 시적 언어와 시의 형식 그리고 시론적인 것에 집중되어 있는 것이다.

---

12) 기획좌담, 「메타시, 새로운 시대의 시쓰기」, 『현대시사상』 제27호(1996.여름), 96~97쪽.
13) Dieter Lamping, 장영태 역, 『Das lyrische Gedicht : Definitionen zu Theorie und Geschichte der Gattung(서정시 : 이론과 역사)』(문학과지성사, 1994), 185쪽.

따라서 메타언어의 기능적 성격인 메타성은, 메타시의 경우 시 텍스트나 시인 자체 혹은 시적 언어와 시의 형식 그리고 시론적인 것에 적용되어야 한다. 그래서 적용되어야 하는 범주 문제가 먼저 정리되어야 하는 것이다. 구모룡이 "메타언어의 기능적 속성에 분류의 초점을 둠으로써 기이하게도 메타시를 확장하고자 한 나의 의도에 접근하고 있는 셈이다"는 이러한 필자의 논지를 잘못 이해한 것이 된다. 필자의 글에서 메타시는 시텍스트나 시인 자체 혹은 시적 언어와 시의 형식 그리고 시론적인 것에 한정되어 있다. 이에 반해 구모룡의 글에서 메타시는 시론시, 패러디시, 비평시, 사진-그림시 등으로 확대되어 있는 것이다. 필자의 반성적 메타시, 회의적 메타시, 유희적 메타시는 메타언어적 기능의 구체적인 경우인 확인(물음)과 의심(회의) 그리고 말놀이를 원용함으로써 메타시를 몇 유형으로 구분한 것이다. 물론 구모룡의 지적처럼 메타언어의 속성인 반성, 회의, 유희는 경우에 따라 서로 겹칠 수도 있다. 그래서 필자는 "메타언어의 확인(물음)이 전경화되어", "메타언어의 회의(의심)이 전경화되어", "메타언어의 말놀이가 전경화되어"와 같이 '전경화'라는 표현을 쓰고 있는 것이다. 주지하다시피, 전경화(前景化, foregrounding)는 문학텍스트가 어떤 언어 요소를 강조하는 것을 의미한다.[14] 따라서 필자의 반성적 메타시, 회의적 메타시, 유희적 메타시의 구분은 자의적인 것이 아니라 충분한 근거를 두고 있는 것이다.

2.

구모룡은 자신의 글「시학의 확장 : 본질시학에서 해체시학으로」[15]와 필자의 글「이론과 실천이 직조하는 체계적 기술시학」[16] 그리고 자신의 글「궁긍적 화(和) : 설초 김준오 선생의 시학 일별」[17]과 필자의 글「체계적 기술시학-김준오

---

14) Joseph Childers · Gary Hentzi, 황종연 역,『Modern Literary and Cultural Criticism(현대 문학·문화 비평 용어사전)』(문학동네, 1999), 193쪽.
15)『시와 시학』제28호(1997.겨울).
16)『현대시학』제362호(1999.5).

의 시론과 장르론」18)이 "정확하게 대응"한다고 말하고 있는데, 사실은 그렇지 않다. 각각 구모룡의 글 「시학의 확장 : 본질시학에서 해체시학으로」와 「궁극적 화(和) : 설초 김준오 선생의 시학 일별」이 연관성을 지니고 있고, 필자의 글 「이론과 실천이 직조하는 체계적 기술시학」과 「체계적 기술시학—김준오의 시론과 장르론」이 연관성을 지니고 있다. 구모룡의 뒤의 글은 앞의 글의 내용에다가 앞 뒤에 새로운 내용을 추가한 글이다. 추가한 부분에서 중요하게 다루고 있는 것이 김준오의 「전이의 시론」이다. 필자의 앞의 글은 김준오의 시학을 규범시학에서 기술시학으로의 선회로 파악하면서도 기술시학에 강조점을 두고 있는 글이다. 제목 '이론과 실천이 직조하는 체계적 기술시학'은 그래서 붙인 것이다. 필자의 뒤의 글은 김준오의 시학이 일관되게 '체계적 기술시학'인 것으로 파악하고 있는 글이다.

필자는 앞의 글 「이론과 실천이 직조하는 체계적 기술시학」에서 김준오의 시학을 규범시학에서 기술시학으로의 선회로 파악하고 있다. 이 선회에 중요하게 작용하고 있는 책이 김준오가 번역한 헤르나디의 『장르론』19)인데, 여기서 김준오는 「역자 서문」을 통하여 "본서의 제1장에서 저자는 전통적 삼분법의 고정관념을 벗어나 최근의 장르연구가 규범적이 아니라 기술적이며 독단적이기보다는 시험적이며, 역사적이 아니라 철학적인 경향을 띠어간다"고 언급하고 있다. 『장르론』 제1장에서 헤르나디는 다음과 같이 말하고 있다.

> 사실 최근의 장르비평에 있어 매우 고무적인 현상이라면 그것은 과거의 수많은 이론이 지녔던 세 가지 부단한 특징들을 피함으로써 융통성 없는 어떠한 장르개념도 넘어서는 경지로 향하고 있는 점이다. 첫째로 20세기 가장 탁월한 비평가들은 뻔한 평범성을 견지하고 명백히 예외적인 것을 혹평하는 대신 독특한 개체들간의 부분적 유사점들을 발견해 낸다. 둘째로 여러 가지 종류의 문학 사이에 어떤 고정된 경계를 세우는 대신 그들은 정도의

---

17) 『다층』 제2호(1999.여름).
18) 『문학과 사회』 제50호(2000.여름).
19) Paul Hernadi, 김준오 역, 『Beyond Genre(장르론)』(문장사, 1983).

차이는 있지만 문학작품이 여러 정도로 상응하는 '이상형'—막스 웨브가 개념적 모델로 사용한 유행어—을 장르적 고찰의 결과로 제시한다. 셋째로 편협한 장르전통 가운데서 근원과 수정된 것을 추적하는 대신에, 그들은 역사적 변화에 대한 연구에는 현재의 변화에 대하여 지금 우리가 지니고 있는 안목보다 훨씬 명확한 안목을 지녀야만 큰 도움이 될 수 있다는 전제 밑에 활동한다. 그리하여 최근 장르비평이 과거보다 우수한 점은 규범적이기보다 기술적이며 독단적이기보다는 시험적이며 역사적이기보다는 철학적이고자 하는 경향에 있다.[20]

이 글로 보면 최근의 장르비평이 고정된 경계를 세워 융통성 없는 규범적인 경향에서 독특한 개체들간의 부분적 유사점을 중시하고 역사적 변화를 추적하는 기술적인 경향으로 바뀌고 있는데, 이는 과거보다 우수하고 매우 고무적인 일이 되고 있다고 지적하고 있음을 알 수 있다. 그리고 이를 통해서 헤르나디의 기술시학적 태도를 확인할 수 있다.

규범시학과 기술시학은 일반화된 개념이라고 할 수 있다. 『미학사전』에 '규범적 미학'이 "모든 작품의 예술적이거나 미적인 요청에 대해서 본질적인 것을 요구하는 규범이나 예술 법칙을 설정한다"고[21] 언급되어 있다. 『우리말 큰 사전』에 '규범미학'과 '기술미학'이 올림말(사전에 싣는 말)로 제시되어 있다.[22] '규범시학'과 이와 대립되는 의미의 '기술시학'에 대해서는 다음과 같은 문학일반론을 다루고 있는 책에서도 언급되고 있다.

> 크로체와 같이 극단적으로 장르무용론을 주장한 경우도 규범시학에 정면 대립하는 내용이 되겠지만 그보다 더 우세한 경향은 장르류보다 장르종에 관심을 기울이고 그 특징을 기술하려는 시도이다. 이 경향은 근래 『문학의 종류들』이라는 이름의 책에서 역사적 장르를 집중적으로 고찰한 A. 파울러에게서 그 사례를 찾을 수 있다. 파울러는 책의 서론에서 장르를 항구적인 부류들(classes)로서가 아니라 변화를 겪는 계통들(families)로 다루는 통시적인

---

20) Paul Hernadi, 김준오 역, 『Beyond Genre(장르론)』(문장사, 1983), 19~20쪽.
21) Henkmann·Lotter, 김진수 역, 『Lexikon der Ästhetik(미학사전)』(예경, 1998), 40쪽.
22) 한글학회, 『우리말 큰사전』(어문각, 1991), 526쪽. 602쪽.

관점을 견지하려 했다는 장르연구의 기본적인 입장을 밝히고 있는데 그러한 방법론적 입장은 종래의 체계적 장르이론에 대한 비판적 인식에서 비롯되고 있다.23)

여기서 '규범시학'이라는 용어와 이와 대립되는 의미로 '기술'이라는 용어가 사용되고 있음을 확인할 수 있다. 그리고 "역사적 장르"에 집중적인 관심을 갖고 "통시적인 관점"에서 "변화를 겪는 계통들"을 다루는 파울러의 기술시학적 태도를 알 수 있다. 파울러의 『문학의 종류들 Kinds of Literature』은 헤르나디의 『장르론』과 함께 김준오의 장르비평에 있어 가장 많이 원용된 책이다.24)

필자의 뒤의 글 「체계적 기술시학-김준오의 시론과 장르론」은 김준오의 시학을 어떤 관점으로 봐야 하는가, 변모된 것으로 봐야 하는가 일관된 것으로 봐야 하는가 하는 문제의식에서 출발하고 있는 글이다. 여기서 필자는 김준오의 시학이 전체적으로 '체계적 기술시학'으로 일관되고 있음을 「시론」, 「장르론」, 「시유형론」, 「시학에 내재되어 있는 주체론」 등 여러 측면에서 밝혀 주장하고 있다. 그래서 여러 측면에서 밝혀 주장하니까 자연히 '기술시학'이라는 용어가 자주 나올 수밖에 없었던 것이지 구모룡의 말대로 "거듭 반복"하고자 한 것이 아니다.

그리고 필자는 '체계적 기술시학'에 대해서는 "김준오 시론이 기술시학일 뿐만 아니라 '체계적'인 것은 시의 원형을 상정한 후에 현대시의 역사적 국면을 살펴보고 있는 입장을 견지함으로써 현대시의 변모를 체계적으로 설명해나가기 때문이다. 그리고 무엇보다도 그의 기술시학이 체계적인 것은 언제나 '이론적 토대' 위에서 현대시의 현상들을 해명하고 있기 때문이다.25) 다시 말하면 그

---

23) 최유찬·오성호, 『문학과 사회』(실천문학사, 1994), 238~239쪽.
24) 김준오, 『한국 현대 장르 비평론』(문학과지성사, 1990) 「책 머리에」, 3쪽에서 김준오는 이를 밝히고 있다. 그리고 이 책의 제1부 「현대 장르 비평 연구」와 김준오, 『문학사와 장르』(문학과지성사, 2000)의 제1부 「장르 비평의 이론적 접근」, 제2부 「문학사와 장르 비평」에서 이 두 책은 빈번하게 인용되고 있다.
25) 이승훈, 「김준오 시론의 현대성」, 『오늘의 문예비평』(책 읽는 사람, 1997.여름), 103~104쪽. 여기에서도 이 점을 지적하고 있다.

의 기술시학은 역사적 국면에 따른 현대시의 변모 양상을 이론을 구성하면서 해명해 나가고 있는 것이다." 등에서 언급해 놓고 있다.

구모룡은 구체적인 예로 필자가 쓴 글 가운데 "서술시에 대한 접근은 규범시학의 입장이 아니라 기술시학의 입장에 서 있어야 제대로 접근이 가능한 것이 된다. 왜냐하면, '서술시' 자체가 시의 원형 혹은 시적인 것을 넘어선 개념이기 때문이다."를 들어 "서술시가 시적인 것을 넘어선 개념이라는 주장에 이르러 서술시에는 시적인 것이 없으며 시적인 것은 변화하지 않는다는 본질시학적 관점이 제시되는 바 이것이 고현철의 입장인지 궁금하다."고 언급하고 있다.

서술시(narrative poem)는 시적인 것과 서사적인 것이 혼합되어야 가능한 개념이 된다. 그래서 필자는 "'서술시'의 문제는 시론의 문제이면서도 장르론의 문제이다. 이것이 김준오가 "서술시는 일차적으로 장르 비평의 문제이다"26) 라고 하여 『문학사와 장르』 속에서 「서술시의 서사학」을 다루고 있는 이유이다" 라고 바로 앞에 언급하고 있다. 서술시가 시의 원형 혹은 시적인 것을 넘어선 개념이라는 말은 바로 이를 의미한다. 서술시에는 시적인 것이 없으며 시적인 것은 변화하지 않는다는 뜻이 아니다.

김준오의 시학에 대한 비평이나 연구는 아직 많이 이루어진 편이 아니다. 그리고 김준오의 시학을 어떤 관점으로 봐야 하는가, 변모된 것으로 봐야 하는가 일관된 것으로 봐야 하는가는 아직까지 하나의 문제의식이 되고 있다. 근래에 발표된 이광호의 「동일성의 시학과 균열의 시학」에서도 "김준오의 시학을 '본질시학'에서 '해체시학'으로 변화했다고 이해하는 구모룡의 입장(『시와 시학』 1997. 겨울)이나 '규범시학'에서 '기술시학'으로 선회했다고 파악하는 고현철의 시각(『현대시학』 1999. 5)은 이런 맥락에서 김준오의 이론적 변화를 요약해준다. 그런데 그 이론의 수정과 보완이 이렇게 한 권의 시론 속에서 소용돌이치고 있을 때, 이 책의 이론적 모순은 심화되었다고 볼 수도 있다."27) 라는 언급에서도 이를 확인할 수 있다.

---

26) 김준오, 「서술시의 서사학」, 『문학사와 장르』(문학과지성사, 2000), 57쪽.
27) 이광호, 「동일성의 시학과 균열의 시학」, 『포에지』 제1호(2000.여름), 187쪽.

필자의 「체계적 기술시학-김준오의 시론과 장르론」은 이러한 김준오의 시학에 대한 비평과 연구의 현재적 지평에서 나온 것이다. 필자는 이 글에서 김준오의 시학을 바라보고 있는 구모룡과 김경복의 관점과 앞에 쓴 글에서 보인 필자의 관점을 비판하고 있다. 이것은 다음과 같이 표현되어 있다. "이 글에서, 김준오의 시론에 대한 필자의 입장을 명백히 하기 위하여 다른 비평가의 입장과 견주고 경우에 따라서는 비판도 수행하지 않을 수 없음을 밝힌다. 그리고 이 글은 그전에 필자가 발표한 「이론과 실천이 직조하는 체계적 기술 시학」에서 보인 입장에 대한 수정과 비판도 포함하고 있다." 여기서 구모룡과 김경복을 들고 있는 것은 이들이 김준오 시학에 대한 평론을 발표한 현재까지의 대표적인 평론가이기 때문이다. 이 글에서 비판하고 있는 것은 '1. 체계적 기술 시학: 관점'이라는 제목 아래 오직 이들이 김준오 시학을 바라보고 있는 관점에 한정되어 있다. 구모룡이 쓴 「시학의 확장: 본질 시학에서 해체 시학으로」에서 김준오의 시학을 본질시학에서 해체시학으로 바라보고 있는 관점과 김경복이 쓴 「인간을 찾아, 근원을 찾아」[28]에서 김준오의 시학을 본질적으로 동일성의 시학으로 바라보고 있는 관점 그리고 필자가 앞에 쓴 「이론과 실천이 직조하는 체계적 기술시학」에서 김준오의 시학을 규범시학에서 기술시학으로의 선회로 바라보는 관점을 비판한 것이다. 그래서 "일정한 관점에서 김준오 시론을 그려보고 있는 것이기는 하지만 그 전체상을 온당하게 바라보고 있지 못한 것으로 생각된다"라고 쓴 것이다. 여기서 '전체상'이라는 용어는 구모룡과 김경복의 글 그리고 필자의 앞선 글의 전체상을 말하는 것이 아니다. 그리고 김준오 시학의 내부를 말하는 것이 아니다. 오직 김준오의 시학을 바라보는 관점에 한정되는 말이다.

필자가 구모룡이 쓴 「궁극적 화(和): 설초 김준오 선생의 시학 일별」에서 비판하고 있는 사항은 김준오의 「전이의 시론」에 대한 해석에 한정되어 있다. 「궁극적 화(和): 설초 김준오 선생의 시학 일별」은 그가 앞에 쓴 「시학의 확장: 본질

---

28) 『시와 사상』 제21호(1999. 여름)

시학에서 해체시학으로」의 내용에 앞 뒤에 새로운 내용을 추가한 것이다. 「전이의 시론」은 김준오의 시학을 바라보는 관점과 연관되어 있다. 구모룡은 「궁극적 화(和) : 설초 김준오 선생의 시학 일별」에서 다음과 같이 언급하고 있다.

> 선생의 시학은 '동일성의 시론'에서 '전이의 시론'까지 긴 궤적을 보인다. 이러한 궤적에서 보이는 뚜렷한 연속성은 선생이 항상 시적 인간과 시적 세계관을 갈망했다는 것이다. 선생이 중간에 보인 해체의 시론조차 해체 그 자체를 추구하였다기보다 해체 이후의 통일을 염두에 둔 것으로 보인다. 다시 말해서 현대에 와서 증대되는 환유를 수용하면서도 궁극적으로 은유를 옹호하고 있는 것이다. 가령 선생의 시론을 결산하고 있는 「전이의 시론」의 첫머리에 다음과 같이 지적되어 있다. ……(김준오, 「전이의 시론」 부분 생략 : 인용자)…… 이처럼 선생은 변함없이 '시정신'을 전제한다. 여기서 시정신은 "단적으로 말해서 자아와 세계의 동일성"(김준오, 『시론』, 문장사, 1982. p.22)이다. 물론 선생이 동일성 시론의 동일성을 고수하려 한 것은 아니다. 일찌감치 선생은 이러한 동일성으로부터 이론을 열어 놓았다. 선생의 시학은 동일성 시론을 접점으로 펼쳐진 부채살의 형국이다.

필자는 여기에서 구모룡이 김준오의 「전이의 시론」에서 내세운 '전이'를 은유에 강조점을 두고 있는 것으로 파악한 것이다. 위에 인용한 구모룡의 글 가운데에서 "선생의 시학은 '동일성의 시론'에서 '전이의 시론'까지 긴 궤적을 보인다. 이러한 궤적에서 보이는 뚜렷한 연속성은 선생이 항상 시적 인간과 시적 세계관을 갈망했다는 것이다."와 "물론 선생이 동일성 시론의 동일성을 고수하려 한 것은 아니다." 이후의 부분은 「전이의 시론」에 한정되는 것이 아니라 김준오의 시론의 궤적에 해당하는 부분인 것이다. 은유를 동일성과 연관시킨 것은 구모룡의 「궁극적 화(和) : 설초 김준오 선생의 시학 일별」에서 "가령 제유시학은 하나의 가능성으로 제시될 수 있을 것이다.[29] 은유 중심의 서구 시학에서 벗어나는 방법으로 제유는 하나의 실마리가 된다. 또한 은유와 환유라는 야콥슨의 이분법에서도 탈피할 수 있다."라는 구절에 주목하여 필자가 해석한 것이다. 여기서 구모룡

---

29) 구모룡, 「서정시학과 제유의 수사학」, 『시와 사상』 제20호(1999.봄).

이 들고 있는 자신의 글 「서정시학과 제유의 수사학」을 보면 "세계의 자아화라는 동일자의 욕망이 반영된 서정시학은 은유의 사유에 기초한다." "차이를 억압하고 동일성을 만들어내는 은유"30) 등의 구절이 이를 뒷받침하고 있다. 그리고 이는 구모룡이 「왜 쓰는가?-비평적 글쓰기의 윤리학과 심리학」에서 들고 있는 자신의 논문 「포위된 혁명 : 시적 근대성 비판」에서도 "자아 중심주의나 동일성과 은유는 밀접한 연관성을 지닌다. 은유는 다른 대상을 자기화하는 수사학이다."31)라고 언급하고 있는 것이다.

구모룡이 제시하고 있는 「서정시학과 제유의 수사학」과 「포위된 혁명 : 시적 근대성 비판」의 두 글에서 중요한 이론적 틀로 수용하고 있는 것은 헤이든 화이트의 『메타 역사』에서 제시되고 있는 네 가지 비유법 이론이다.32) 이 네 가지 비유법 이론은 케네스 버크의 『동기의 문법 A Grammar of Motives』에 실려 있는 「네 가지 비유법」을 헤이든 화이트가 활용하고 있는 것이다. 구모룡이 인용하고 있는 헤이든 화이트의 『메타 역사』에 따르면, '은유-동일성, 환유-외재성, 제유-내재성, 아이러니-변증법'으로 정리되어 있다.33) 그리고 은유에 보다 주목하면, "은유(축어적으로는 "전이 transfer")를 통해서 우리는 "내 사랑하는 장미"와 같은 표현에서처럼, 유추나 직유라는 방법을 통해서 현상이 어떻게 같고 다른가를 규정할 수가 있다." "내 사랑 장미"와 같은 은유적 표현은, 애인의 재현체로서 장미의 정당성을 증명하고 있다. 두 대상 사이에 존재하는 유사성을 강조한다. 그러나, 애인과 장미와의 '동일성'identification은 다만 문자상으로만 강조되고 있을 뿐이다. 어법은 '비유적'으로 사용되었으며, 애인의 아름다움・소중함・우아함 등을 가리키고 있다. "사랑"이라는 말은 특정한 개인에 대한 징표로서의 구실을 하지만, "장미"라는 말은 애인이 지니고 있는 속성에 대한 "비유"나 "상징"으로서 해석된다. 애인은 장미와 결합되지만 그녀(또는 그)가

---

30) 구모룡, 「서정시학과 제유의 수사학」, 『시와 사상』 제20호(1999. 봄), 69쪽.
31) 『인문사회과학논총』 제7호(한국해양대학교 국제대학, 1999), 18쪽.
32) Hayden White, 천형균 역, 『Metahistory : The Historical Imagination in 19th Century Europe(19세기 유럽의 역사적 상상력-메타 역사)』(문학과지성사, 1991), 47~55쪽.
33) Hayden White, 천형균 역, 앞의 책, 53쪽.

장미와 같은 특성을 지니고 있으며 애인으로서의 특징을 유지하고 있다는 의미에서만 그러하다."34) 여기에서 '전이-은유-동일성'의 연관성을 명백히 알 수가 있다. 그래서 필자는 헤이든 화이트의 이론을 수용하고 있는 구모룡이 전이를 은유와 동일성에 결합시켜 김준오의 「전이의 시론」을 파악하고 있는 것으로 본 것이다. 그러나, 이러한 사항들은 구모룡이 쓴 「궁극적 화(和) : 설초 김준오 선생의 시학 일별」라는 글의 범위를 벗어나기 때문에 필자의 글 「체계적 기술시학-김준오의 시론과 장르론」에서 구체적으로 언급하지 않은 것이다.

김준오의 시학의 있어서 '전이'는 보다 확대되고 있는 개념에 해당한다. 그래서 필자는 "다시 말하면 패러디는 문맥 바꾸기라는 전이의 한 대표적 변형이다. (……) 이런 전이를 새삼스럽게 강조한 것은 이 글의 모두에서 지적했듯이 현대시가 현저하게 은유 원리에서 환유 원리로, 곧 언어 선택의 강조로부터 언어배열의 강조로 시쓰기의 방법론이 변화하고 있는 데서 촉발된 것이다.35)"라고 언급하면서 전이를 은유-동일성에 강조점을 두고 있는 구모룡을 비판한 것이다. 그리고 "김준오가 「전이의 시론」에서 강조하고자 하는 바는 동양 시학과 서구 시학 혹은 고전 시학과 현대 시학의 연관성이다. "비동일성을 갈망하는 현대적 은유나 몽타주는 현대시의 전유물이 아니다. 고전 시학과 한시, 특히 선시에서 찾아볼 수 있다.36)라는 직접적인 언급도 그렇거니와, '전이 시론'을 동양(고전) 시학의 '육시론(六詩論)' 및 '시안론(詩眼論)'과 결부시키고 있는 것은 이 때문이다.37)"라고 언급한 것이다.

김준오의 시학은 우선 관점이 문제가 된다. 필자가 「체계적 기술시학-김준오의 시론과 장르론」에서 '1. 체계적 기술시학 : 관점'을 앞세운 이유가 여기에 있다. 관점이 다르면 수용된 이론과 적용된 방법에 대한 해석이 달라질 수 있기

---

34) Hayden White, 천형균 역, 앞의 책, 50~51쪽.
35) 김준오, 「전이의 시론」, 『시와 시학』 제28호(1997.겨울), 157~158쪽.
36) 김준오, 「전이의 시론」, 앞의 책, 155쪽.
37) 「전이의 시론」과 「六詩論 및 詩眼論과 서구의 轉移詩論」, 『한국문학논총』 제25집(한국문학회, 1999년 12월). 뒤의 논문은 「전이의 시론」을 발전시킨 것으로, 유고 논문 형식으로 발표된 것이다.

때문이다. 김준오의 시학은 관점과 이론 및 방법이 만나 구체적인 세부의 깊이와 넓이를 계속적으로 살펴야 하는 무한한 가능태이다. 이 일은 김준오와 인간적으로 관련된 시학자만이 아니라 김준오의 시학에 관심이 있는, 나아가 더 많은 시학자들이 열고 들어가야 할 사항이 될 것이다.

구모룡은 "김준오가 원용하고 있는 이론들에 대하여 고현철이 말하고 있는 것은 많지 않다. 현상학, 장르론, 담론 등에 관련한 몇 가지. 따지고 보면 이들도 구모룡의 <나>와 <다>가 이미 말한 것에 불과하다."고 언급하고 있는데, 사실은 그렇지 않다. 김준오가 원용하고 있는 이론은 친절하게도 김준오가 스스로 다 밝히고 있다. 현상학의 경우는 석사논문 「현대시의 현상학적 고찰」과 번역한 한스 마이어홉의 『문학과 시간현상학』 「역자 후기」를 통하여 마이어홉의 시간현상학과 자아현상학, 그리고 『시론』(제1판) 「동일성의 시론」 중 「체험의 이원성」에서 훗설의 현상학, 「책머리에」에서 라웰과 마그리올라의 의식비평을 밝히고 있다. 장르론의 경우는 번역한 폴 헤르나디의 『장르론』을 통하여 헤르나디의 기술시학적 장르론, 『한국 현대 장르 비평론』의 「책 머리에」를 통하여 헤르나디 뿐만 아니라 파울러의 기술시학적 장르론을 밝히고 있는데, 이 두 장르론은 『문학사와 장르』에서도 활용되고 있다. 담론이론의 경우에는 「시의 형식과 이데올로기」의 '1. 담론적 관점'을 통해서 이스트호프를 비롯한 바흐친의 담론이론, 그리고 『시론』(제4판)의 「사판 서」를 통하여 담론적 관점을 밝히고 있다. 그리고 해체주의의 경우는 『도시시와 해체시』와 『현대시의 환유성과 메타성』의 「머리말」을 통하여 밝혀 놓고 있다.

비평의 정당성을 위하여
— 김경복의 글에 대한 반론

1. 글을 쓰지 않을 수 없는 이유

 이 글은 김경복이 쓴 글에 대한 반론이다. 필자가 이 글을 쓰지 않을 수 없는 이유는 무엇보다도 비평의 정당성 문제 때문이다. 그것은 크게 두 가지인데, 하나는 제대로 내용을 파악하지 못했음에도 불구하고 더구나 정당하지 못한 익명 비평으로 필자의 글을 비판하고 있는 점과 필자의 글을 인용하면서 앞뒤 부분을 생략하고 그 생략한 부분에 있는 내용을 가지고 비판하고 있는 점이다. 이것은 둘 다 비평의 정당성 문제 자체를 제기하는 것에 해당하는 것으로, 필자가 이를 언급하여 살피지 않을 수는 없는 문제이다. 그리고 김경복의 글은 필자의 글을 제대로 이해하지 못한 가운데 상당히 왜곡하여 비판하고 있기 때문에 이를 또한 지적하지 않을 수 없다. 그래서 그의 말대로 "세상은 당사자가 소명하지 않으면 묻혀지는 진실은 너무 많기에" 필자는 이 글을 쓰지 않을 수 없다. 그의 글이 둥근 공같이 보이지만 사실은 엉킨 실타래와 같으므로, 이를 하나하나 풀어나가야 한다. 그래서 그의 말대로 "최대한 객관성과 엄정성을 지니"기 위해서 차례대로 하나하나 지적해 나가는 글쓰기 방식을 취할 수밖에 없게 되어 있다.

2. 엉킨 실타래 작은 것 풀기―정당성 없는 비평에 대한 비판

엉킨 실타래는 큰 것과 작은 것이 있는데 작은 것부터 푸는 것이 둘 다를 원만하게 푸는 순서일 것이다. 그래서 엉킨 실타래 작은 것부터 풀기로 한다. 김경복은 「부정과 생성의 대립을 넘어―90년대 시론의 한 반성」이라는 글에서[1] 정당성 없는 비평으로 필자의 글을 비판한 바가 있는데, 필자는 그때 굳이 곧바로 반론을 제기하여 쟁점을 만들 필요가 없다고 생각하여 다음으로 이 문제를 다룰 기회를 미루어 두었다. 이제 김경복이 또 다시 정당성 없는 비평으로 필자의 글을 비판하고 있으므로,[2] 이 자리에서 그동안 미룬 반론을 먼저 다루는 기회를 갖는 게 순서일 것 같다. 그리고 난 후에 이번에 발표한 문제의 글에 대하여 반론을 제기하고자 한다. 먼저, 「부정과 생성의 대립을 넘어―90년대 시론의 한 반성」에서 필자의 글에 대하여 정당성 없는 비평을 한 대목을 들기로 한다.

> 인터텍스트에 있어서는 순수한 재료미학의 입장을 나는 우선적으로 준수하고 있는가 하면 그것을 시적 대상과 합일시키려는 표현에 있어서는 모종의 의지를 제시한다. 상당수의 내 작품에서 그와 같은 공기점(共起點)을 수월히 잡아낼 수 있지 않을까 한다. 언어체의 몸놀림을 중시하면서도 나의 시가 점점 일상시화되어 간 과정을 눈여겨보아 온 독자가 혹 있다면 이에 대해 수긍이 가리라 믿는다. 기존의 속담, 잠언, 격언을 재료미학의 입장에서 재구성해 보려는 의지를 비친 연작시 <잠언집>도 이런 관점에서 파악해 주었으면 한다.
> 패스티쉬가 일구어내는 「자연스런 충동의 세계」가 어느 단편적 상황과 부딪힐 때, 그리하여 그것이 하나의 시적 대상을 마련해 나갈 때 나의 표절행위는 정녕 예술의 미학으로 한 발짝 상승될 것이 아닌가 한다.

---

1) 김경복, 「부정과 생성의 대립을 넘어―90년대 시론의 한 반성」, 『오늘의 문예비평』 제34호(1999. 가을).
2) 김경복, 「김준오 시론 읽기의 문제―고현철의 글을 중심으로」, 『시와 사상』 제27호 (2000. 겨울).

박상배의 글이다. 90년대 초반에 풍미했던 패러디/패스티쉬의 기법적 성격에 충실했던 자신의 작품에 대한 해명의 내용이다. 우선 이 글에서 박상배가 주장하고 있는 것을 눈여겨 보자면, 그것은 시의 인터텍스트화, 일상시화, 자연스런 충동의 세계로 요약된다. 그것은 모두 재료미학적 차원을 견지하면서 전체적으로 전통 서정시가 보였던 통일된 일관성의 관념을 부정한다. 그것은 '충동'이라는 말로 강조되듯이 시가 어떤 하나의 고귀한 대상으로 정립해 있는 것이 아니라 '일상적' 삶 속에서 무수히 부딪히는 '단편적 상황'이나 행위가 그대로 시임을 믿고 있는 태도다. 그러한 태도는 전통 서정시가 하나의 관념으로 수렴되는 권위주의적 세계관을 내비치고 있다는 하나의 반성적 인식으로서 미적 자유주의적 속성을 갖는 것으로, 시적 자유를 실천하기 위한 그 나름의 견고한 태도, 즉 '모종의 의지'를 표명한 셈이다.
　이러한 점에서 그의 시가 유희적인 특성과 총체성의 상실로 언어의 허무주의에 빠졌다는 일부 평자들의 시각은 단선적이라 할 수 있다. 그에게 유희는, 오히려 현실의 일방향성에 대한 지적인 반성이자 풍자의 무기이며, 총체성의 상실이라는 것도 지배담론의 일반적이고도 권위적 체계에 대한 저항의 목소리이자 포스트모더니즘 사회로 변화된 지형의 반영이다. 따라서 그러한 비판의 항목들은 그의 시가 갖는 미덕의 내용을 가릴 뿐이다. 그가 제시한 시론이 '문제적'이라면 그것은 바로 근대적 삶이 수행해온 일방성, 대립성, 관념성 등이 '문제가 있다'는 문제제기의 생소함일 따름이다. 따라서 그의 시론의 문제점을 따지는 것으로 유희나 총체성의 상실이라는 점의 지적은 온당치 못하다.3)

　내용이 좀 길긴 하지만, 인용한 김경복의 글 전체에 걸쳐 여러 가지 문제점이 내재되어 있으므로 생략하지 않고 그대로 인용한다. 그리고 일부의 내용을 생략하였을 때 혹시 가질 수 있는 괜한 오해를 미연에 방지하기 위해서도 그대로 다 인용한다. 우선, 이 글의 문제점으로 들 수 있는 것은, 이른바 정당하지 못한 익명비평의 태도를 지니고 있는 점이다. 여기서 익명비평은 비평하는 당사자가

---

3) 김경복, 「부정과 생성의 대립을 넘어—90년대 시론의 한 반성」, 『오늘의 문예비평』 제34호(1999. 가을), 55~56쪽.

익명화되어 있어서가 아니라 비평받는 당사자가 "일부 평자"로 익명화되어 있는 데에 있다. 굳이 예를 들지 않더라도, 어느 경우든 익명비평은 그 정당하지 못한 태도 자체 때문에 많은 비판과 비난을 받아온 게 사실이다. 이 글에서 "일부 평자"로 익명화되어 비판받는 대상자로 상정되어 있는 이는 바로 다름 아닌 이 글을 쓰고 있는 필자 자신이다. 왜냐하면, 필자는 1년여에 걸쳐 박상배 시인과 이른바 '메타시 논쟁'을 한 당사자인데, 이는 문단에서 알만한 사람은 다 아는 사실이다. 이를 확인할 수 있도록 그 논쟁에 관련된 글을 들면 다음과 같다.

고현철, 「패러디와 메타시의 향방」, 『열린시』(1996.11)
박상배, 「'시대의 문학'이란 유령과의 투쟁선언」, 『문학사상』(1996.12)
고현철, 「메타시의 지나친 유희성을 경계한다」, 『열린시』(1997.3)
박상배, 「메타시의 희극성·전인성」, 『현대시사상』(1997.봄)
고현철, 「메타시에 대한 몇 가지 문제」, 『시와 사상』(1997.가을)
박상배, 「시의 길 찾기, 메타시」, 『문학정신』(1997.겨울)

이상에서 위에 인용한 대목이, 김경복이 '메타시 논쟁'의 과정에서 박상배 시인의 메타시를 비판한 필자의 논지를 비판하고 있는 글임을 확인할 수 있다. 그런데, 이 글은 그 비판받는 당사자인 필자를 밝히지 않고 있는 익명비평인 것이다. 그러나, 그 당사자가 필자라는 사실은 조금만 관심을 기울이면 누구라도 알 수 있는 것이 된다. 김경복의 이 글이 익명비평이다 보니, 그가 행하는 비평의 방법에서도 심각한 문제점을 노정하고 있다. 그것은 비판을 하면서도 비판받는 당사자의 글을 들지 못하는 있는 점이다. 그래서 비판받는 당사자인 필자의 글을 들지 않고, 박상배 시인의 글, 그것도 시인의 입장에서 밝히고 있는 자작시 해설적인 성격의 글 일부를 들고 있는 것이다. 그런데, 익명비평이니까 필자의 글을 들 수 없었다고 이해하더라도, 더욱 이해할 수 없는 사실은 메타시에 대하여 논하면서 정작 메타시에 대한 글을 인용하고 있지 않고 있는 점이다. 위에 제시한 바와 같이, 박상배 시인이 메타시에 대하여 거론한 글은 박상배 시인의 다른 글들이다. 김경복이 인용한 박상배 시인의 글은 반미학과 미적 자유이론에 기반해 있는 (네오)아방가르드와 포스트모더니즘 경향의 해체시에 대한 것이다.[4] 메타시는 이 중에서도 포스트모더니즘의 해체시 가운데 한 경향에 속할 뿐이다. 그래서 보다 구체적으로 메타시에 대하여 언급한 글을 들어야 마땅한 것이다. 박상배 시인이 메타시에 대하여 구체적으로 쓴 글이 여러 편 있음에도 불구하고, 김경복은 이 중에서 한 대목도 들지 않고(혹은 못하고) 있다.

인용한 김경복의 글 가운데 더욱 문제가 되는 것은 필자의 글에 대한 비판의 내용이다. 그것은 필자의 글을 제대로 이해하지도 못하고, 더구나 왜곡까지 하면서 일방적으로 비판하는 모습을 드러내고 있는 것이다. 김경복이 필자의 글을 두고 비판하고 있는 내용의 핵심은, 위의 인용에서 보는 바와 같이, 필자가 "그(박상배 시인 : 인용자)의 시가 유희적인 특성과 총체성의 상실로 언어의 허무주의에 빠졌다"고 본 점이라고 밝히고 있는데, 이것이 전혀 필자의 글을 이해하지도 못하고 왜곡까지 한 데서 빚어진 결과라는 데에 문제의 심각성이 있다.

우선, 필자는 박상배 시인의 메타시를 "총체성의 상실"을 들어 비판한 적이 없다. 필자는 「메타시에 대한 몇 가지 문제」에서, '메타시와 해체주의' 항목을 따로 두어 4쪽에 걸쳐 그 관계를 밝히기까지 하였다.[5] 주지하다시피 해체주의는 총체성의 상실을 전제로 하고 있는 것이 아닌가. 필자는 여기에서 다음과 같이 이를 명백히 드러내기도 하였다.

> 메타시의 기반이 되고 있는 해체주의는, 이성 중심, 거대 담론에 대한 반동으로 불확실성과 불확정성을 인식소로 지닌 세계관을 바탕으로 한 것으로, 메타시 자체가 텍스트의 불확정성과 비완전성을 드러내는 것을 의미하게 된다.[6]

---

4) 고현철, 「방법론적 저항과 경계의 해체 - 1980~90년대 모더니즘시」, 『한국시문학』 제10집(한국시문학회, 2000.11) 참고 바람.
5) 고현철, 「메타시에 대한 몇 가지 문제」, 『현대시의 쟁점과 시각』(전망, 1998), 33~36쪽.

그럼에도 불구하고, 김경복은 몰라서 그랬는지 아니면 상대방을 일방적으로 비판하기 위한 목적으로 애써 눈감았는지, 필자가 총체성의 상실을 들어 박상배 시인의 메타시를 비판하고 있다고 잘못 말하고 있는 것이다. 그리고 필자가 박상배 시인의 메타시가 "언어의 허무주의에 빠져"서 비판하고 있는 것으로 말하고 있는데, 이것도 필자의 글에 대해 잘못 이해하고 있을 뿐만 아니라 왜곡한 데에서 빚어지고 있는 문제이다. 필자는 '언어의 허무주의'를 말한 적이 없다. '언어의 감옥'이란 말을 썼는데, 이는 메타시에서 제대로 드러내어야 하는 대화성이 사상되어 있는 것을 의미하는데, 이를 들어 필자는 박상배 시인의 일부 메타시를 비판한 것이다. 김경복은 이를 제대로 이해하지도 못하고 필자의 글을 왜곡하면서 비판하고 있는 것이다. 이를 확인할 수 있도록 필자가 언급한 부분을 들면 다음과 같다.

> 주지하는 바와 같이, 해체주의의 인식론적 근거를 제공한 철학자는 다름 아닌 데리다이다. 데리다의 해체주의 사상에 의하면, 주체는 선험적이거나 초월적인 것이 아니라 형성되는 것이다. 그런데, 이러한 미결정적이고 가변적인 탈중심화된 주체는 주체의 죽음이 아니라 해체를 통하여 새로운 주체의 구성을 목표로 한 것이다. 해체주의가 타자성과 대화성을 내포하고 있는 이유가 바로 이 때문이다.[7]

> 그런데, 해체주의가 새로운 주체를 구성하지 않고 타자성과 대화성이 없이 독백적인 주체의 해체만을 드러내는 것으로 나아가는 경우가 있어 왔다. [……] 다시 말해서 삶의 현실과 담을 쌓은 채 담론(언어)의 감옥에 갇힌 양상을 보이는 것이다. [……] 시는 언어의 감옥으로부터 결코 해방될 수 없으므로 언어의 감옥 속에서 절망하든가 아니면 즐거워 할 수밖에 없다는 것으로 나아간다.[8]

---

6) 위의 책, 33쪽.
7) 위의 책, 33~34쪽.
8) 위의 책, 34쪽.

1990년대의 해체시라 볼 수 있는 메타시는 해체주의에 의해 형식과 언어 속으로 침잠해야 될 것이 아니라, 이를 통해 글쓰기에 대한 시인의 치열한 자의식과 리얼리티와 삶의 현실에 대한 복합적인 인식을 드러내야 하는 것이다.9)

또한 김경복은, 필자가 박상배 시인의 메타시를 유희적 특성 때문에 비판하고 있는 것으로 보고 있는데, 이것도 필자의 글을 제대로 이해하지 못하고 왜곡한 데에서 빚어진 결과이다. 필자는 메타시에 아예 '유희적 메타시'를 한 유형으로 설정하여, 이를 5쪽에 걸쳐 규명하고 있다.10) 여기에서 필자는 "우리 시에서 유희적 메타시의 독보적인 존재는 박상배 시인이다. 그는 예술은 어차피 놀이라는 독특한 유희시관을 스스로 드러낼 뿐만 아니라, 그의 시에서 유희적 어조는 내적 형식일 뿐만 아니라 외적 형식의 특징도 되고 있는 것이다."라고 하여,11) 박상배 시인의 메타시가 내재하고 있는 유희적 특성을 구체적으로 드러내어 밝히고 있다. 김경복은 박상배 시인에게 있어, 유희는 "지적인 반성이자 풍자의 무기"라고 말하고 있는데, 필자는 "박상배 시인의 유희적 메타시는 대개 비판과, 풍자와 해학을 내포하고 있다. 그래서 경향 재담의 유희적 메타시라고 할 수가 있다."라고 언급하였다. 이와 같이 김경복은, 박상배 시인의 유희적 메타시에 대하여 보다 구체적으로 말하고 있는 필자의 글에 대하여, 애써 눈감고 있을 뿐이다. 필자는 이 말에 이어서 "이를 통해 기존의 문학관에 대립되는 자신의 문학관을 드러냄으로써 다른 시인, 비평가, 독자와 더불어 문학관에 대한 대화의 장을 열어 놓고 있다."라고까지 하였다.12) 여기에서 예를 들고 있는 박상배 시인의 메타시는 「풀잎頌 13」, 「잠언집 3」, 「잠언집 10」 등이다. 그리고 나서 필자는 박상배 시인의 「풀잎頌 12」에 한하여, 메타시가 지녀야 할 대화성이 부족해서 언어의 감옥에 갇히기 쉬운 점을 비판한 것이다. 이를 확인할 수

---

9) 위의 책, 35쪽.
10) 위의 책, 45~49쪽.
11) 위의 책, 45~46쪽.
12) 위의 책, 47쪽.

있도록 해당되는 대목을 들면 다음과 같다.

> 시쓰기의 과정에 독자와 함께 대화할 만한 구체적인 글쓰기의 현실이 제대로 제시되어 있지 않다. 오늘날, 시쓰기의 과정을 시로 쓰는 경우 그 과정을 통해서 시쓰기의 사회문화적인 현실에 대하여 생각할 내용이 있어야 한다. 그래야 왜 시를 쓰는 과정을 시로 쓰는지, 그 의미가 살아나기 때문이다. 그리고 시쓰기의 어려움 때문에 이에 대한 시쓰기를 하는 것이 메타시의 한 측면인데, 이 시에 제시되어 있는 시쓰기의 어려움은 오직 사적이고 추상적인 "게으름"에 머물고 있다. 물론, 개인적으로는 이것이 아주 심각한 글쓰기의 어려움이 되기도 한다.
> 그러나, 시쓰기를 어렵게 하는 요건이 지금의 사회문화적인 상황과 연관되어 있어야 이에 대해 독자와 대화의 장을 열 수 있는 게 아닌가. 메타시는 메타픽션과 마찬가지로 결국 글쓰기의 어려움을 깨달은 시인들의 자기 반성 내지는 자아 성찰과도 같은 것이기 때문에 그렇다.
> 추상 재담의 유희적 메타시뿐만 아니라, 경향 재담의 유희적 메타시라 할지라도 유희성이 사적인 영역에만 머물면 곤란한 것이다. 웃음과 유희성은 사회적인 성격을 드러낼 때에 의미있는 것이 되기 때문이다. 메타시가 사적인 영역에만 머문다면, 그래서 시인과 독자와의 대화의 장이 제대로 이루어지지 않는다면, 이는 또 하나의 언어의 감옥에 갇히기 쉬운 것이 된다.13)

필자는 박상배 시인의 메타시가 지니고 있는 유희적 특성을 보다 세부적으로 접근하여 분석함으로써, 풍자와 해학 그리고 대화성을 살리고 있는 메타시와 대화성이 사상되어 언어의 감옥에 갇힌 모습을 보여주고 있는 메타시를 구분하여, 그 중에서 후자를 비판한 것이다. 말하자면, 필자는 박상배 시인의 메타시가 지닌 유희적 특성에 대하여 전칭판단을 하지 않았다. 그런 데에도 불구하고, 김경복은 자기 자신이 전칭판단을 하여 마치 필자가 전칭판단을 하고 있는 것으로 왜곡하고 있는 것이다.

이상에서 살펴본 바와 같이, 김경복은 필자의 글에 대하여 첫째, 정당하지 못한 익명비평의 태도 둘째, 비판하면서도 비판받는 당사자의 글이 아닌 분석대상

---

13) 위의 책, 48~49쪽.

시인의 글, 그 중에서도 메타시에 대한 것이 아닌 자작시 해설적인 성격의 글을 인용한 잘못된 비평의 방법 셋째, 분석대상시인의 메타시가 지니고 있는 유희적 특성에 대한 필자의 부분판단을 전칭판단으로 왜곡하여 언급하고 있는 잘못된 비평의 내용 등, 어느 면에서나 모두 정당하지 못한 비평적 잘못을 태연하게 일방적으로 하고 있다. 잘 모르면 쓰지 말아야 하는데, 정당하지 못한 비평으로 비판까지 하고 있으니, 어찌 이를 밝히지 않을 수 있겠는가.

3. 엉킨 실타래 큰 것 풀기

1) '기술시학'에 대한 몰이해와 왜곡 풀기

(1) '시학'의 개념과 범주에 대한 혼동 풀기

주지하다시피, '시학'(詩學)이라는 용어는 가장 넓게는 미학에 상응하는 포괄적인 개념을, 일반적으로 널리 쓰이는 중간쯤으로는 문예학 내지 문학이론에 상응하는 개념을, 가장 좁은 개념으로는 시론에 상응하는 좁은 개념을 지니고 있는 것이다. 이것은 하나의 상식에 속한다. 필자가 「체계적 기술시학-김준오의 시론과 장르론」에서[14] 사용하고 있는 '시학'은 문예학 내지 문예이론에 상응하는 개념이다. 우선 필자의 이 글의 제목 자체에서 '시학'이 '시론'과 '장르론'을 함께 지칭하고 있는 것임을 알 수 있다. 그리고 필자의 이 글은 김준오(그가 개인적으로는 필자의 스승이지만, 앞으로는 특별한 자리가 아니면, 이 글에서는 '김준오'라는 실명만 드러내기로 한다.)의 '시론'과 '장르론' 그리고 '시유형론' 전체에 걸쳐 '시학'이라는 용어를 쓰고 있다. 이러한 사항은 글의 내용 중 소제목으로도 드러나 있다. 필자가 「일관된 시학으로 보려는 관점」에서 들고 김경복이 다시 언급하고 있는, 문학일반론을 다루고 있는 최유찬·오성호의 『문학과 사회』의[15] 제7장 「문학의 장르」에서 사용하고 있는 '시학'이라는 개념

---

14) 고현철, 「체계적 기술 시학-김준오의 시론과 장르론」, 『문학과 사회』 제50호(2000. 여름).

도 문예학 내지 문학이론에 상응하는 개념이다. 그래서 '장르론'을 다루고 있으면서도 '시학'이라는 명칭을 쓰고 있는 것이다.

그런데, 김경복은 이러한 사항을 제대로 이해하지 못하여 「김준오 시론 읽기의 문제-고현철의 글을 중심으로」에서, "비록 역사적 조건에 의한 현대시의 변모 양상을 살피는 것으로 의미를 확대해서 기술시학을 정의해도" "헤르나디의 장르론 전부를 읽어봐도 역사적 조건에 의해 변화하는 현대문학의 양상을 살피는 내용이 없다."라는 부주의한 언급을 너무도 쉽게 하고 있다. 여기서 김경복은 우선, '시학'(詩學)이라는 용어가 가장 좁은 개념으로는 시론을 의미하고, 보다 확대된 개념으로 '장르론'을 포함하는 문예학 내지 문학이론을 가리키는 사실을 간과하고 있다. '시학'이라는 용어는, '장르론'에서 사용되는 개념이 확대된 개념이고, '시론'에만 사용되는 개념은 가장 좁은 의미의 개념이 된다. 사정이 이런 데에도 불구하고, 김경복은 장르론에 관하여 '시학'이라는 보다 확대된 개념을 쓰고 있는 필자의 글 내용을 들면서 현대시에 관한 것을 그 의미를 확대해서 '시학'이라고 정의하고 있는 것은 논리의 앞뒤가 뒤바뀐 사항이 된다. (물론, 여기서 김경복은 단순히 '시학'을 언급하고 있는 것이 아니라 '기술시학'을 언급하고 있다. 그러나, 위에서 지적한 사항이 내재되어 있는 것은 어쩔 수 없는 사실이다. '기술시학'에 대해서는 다음 항목에서 차츰 살필 것이다.)

나아가 김경복은 문예학 내지 문학이론이라는 개념으로 사용하고 있는 필자의 「체계적 기술시학-김준오의 시론과 장르론」에서 다루고 있는 김준오의 '시학'의 세부 범주 문제를 혼동하고 있다. 여기서 다시 한번 더 말할 수 없거니와, 필자의 이 글은 김준오의 '시론'과 '장르론' 그리고 '시유형론' 전체에 걸쳐 '시학'이라는 용어를 쓰고 있는 글이다. 이러한 사항은 글의 내용 중 소제목으로도 드러나 있는 사실이다. 그런데도 불구하고, 필자가 김준오의 '시론'에서 다루고 있는 내용을 김경복은 '장르론'에 가져와 설명하고 있는 우(愚)를 범하고 있다. 그래서 김경복은 장르론을 한참 설명하다가 난데없이 "역사적 조건에 의한 현

---

15) 최유찬·오성호, 『문학과 사회』(실천문학사, 1994).

대시의 변모 양상"이라고 언급하고 있는 것이다. 또한 "헤르나디의 장르론 전부를 읽어봐도 역사적 조건에 의해 변화하는 현대문학의 양상을 살피는 내용이 없다."라는, 문맥을 벗어난 전혀 엉뚱한 말을 하고 있다. 여기서 "역사적 조건에 의해 변화하는 현대문학의 양상"은 바로 앞에 인용한 김경복의 글 내용으로 볼 때 "역사적 조건에 의해 변화하는 현대시의 양상"을 가리킨다. 이는 필자가 김준오의 시론을 다루면서 쓴 내용을 김경복이 장르론에서 언급하고 있는 것이다. 그런데, 헤르나디의 『장르론(Beyond Genre)』은 책 제목 자체에서 알 수 있듯이 '장르론'에 관한 내용을 담고 있지, '시론'에 대한 내용을 담고 있는 것이 아니다. 그래서 당연히 이 책에서는, "역사적 조건에 의해 변화하는 현대시의 양상"에 대한 언급은 없을 수밖에 없다. 필자는 김준오의 '시론'이 아니라 '장르론'을 다루면서 헤르나디의 『장르론』을 언급한 것이다. 사실이 이런 데에도 불구하고, 김경복은 필자가 김준오의 '시론'에서 다루면서 언급한 내용을 가져와 '장르론'을 말하는 자리에 가져오고 있는 참으로 부주의한 일을 너무도 쉽게 하고 있는 것이다.

(2) '기술'의 개념에 대한 몰이해 풀기

다음으로는, 김경복이 혼동하고 있는 '기술(記述)시학'할 때의 '기술'의 의미에 대하여 언급할 차례이다. 우선, "원래 사전적 의미에서 기술(記述)이란 뜻은 사물의 특징을 있는 그대로 나타내는 것으로 규정돼 있다."라는 김경복의 언급은 맞는 말이다. 그러나, 사전적 의미가 대개 그렇듯이 이것은 '기술'의 가장 기본적인 의미에 해당한다. '기술'의 기본적인 의미는, 김경복도 언급하고 있듯이 일체의 선입견이나 편견을 배제하는 현상학적 환원에 잘 드러난다. 그러나, '규범(規範)시학'과 대립되는 의미의 '기술시학'은 이러한 기본적인 의미에서 보다 확대된 개념을 지니고 있는 것이다. 그런 의미에서, 김경복이 현상학적 환원에 대하여 장황하게 설명하고 있는 것은 이치에 맞지 않는다. 다만, 김준오 시론의 초기 부분을 현상학과 관련하여 해명하고 있는 것은 일정한 의미가 있다. 그러나, 이것은 김준오가 스스로 『시론』 제1판을 통하여 다 밝히고 있는 내용이다.

여기에 대하여 필자는 「일관된 시학으로 보려는 관점」에서 언급한 바도 있다.16)

이 부분에서 우선 김경복이 노정하고 있는 문제점은, "그런 연구 방법의 적용 결과 선생은 '동일성의 시학'이라는 시의 본질적 측면을 터득했으며 이를 통해 시론을 전개해 간 것이다."라는 그의 언급에서 알 수 있듯이, 김준오 시론의 초기 부분을 확대하여 그 시론의 전체에 적용하고 있는 오류를 범하고 있는 점이다. 이 점은 뒤에 보다 자세히 지적될 것이지만, 여기서는 우선, '규범시학'과 대립되는 의미의 '기술시학'에서의 '기술'은 현상학적 환원과 관련되는 '기술'의 기본적인 의미를 내포하고 있기 때문에, 김준오의 시론을 '기술시학'이라고 하면 이 내용은 자연히 포함된다는 점만 언급하고자 한다.

한편, 김경복은 '기술'의 의미를 가장 기본적인 의미로 한정하면서 '기술시학'의 의미를 수긍하고 있는데, 이는 논리에도 맞지 않을 뿐만 아니라 자신의 글 자체 내에서 모순을 노정하고 있는 것이 된다.

> 그런데 원래 사전적 의미에서 기술(記述)이란 뜻은 사물의 특징을 있는 그대로 나타내는 것으로 규정돼 있다. 그런 점에서 기술문법이란 말이 어느 지방의 한 시대의 문법현상을 있는 그대로 적은 문법이라고 정의하거나, 기술적(記述的) 과학을 자연 현상을 관찰하여 그 특징을 적고 이에 의하여 대상을 분류하는 과학이라 정의하는 것을 볼 때 기술시학(記述詩學)도 이와 같은 선상에서 정의하자면 한 시대의 문학작품에 드러나는 특징을 있는 그대로 나타내는 것으로 볼 수 있을 것이다. 그런 점에서 사회역사적 조건에 따라 현대시의 변모를 살피는 것을 기술시학이라 부르는 것은 크게 보아 틀렸다고 말할 수 없을지 모른다.17)

김경복은 위의 인용 뒤에 "이것은 엄밀한 의미에서 기술시학이란 개념이 아니다. 그가 붙이는 명칭은 페터 쏜디가 분류한 '역사시학'이란 개념에 가깝다."

---

16) 고현철, 「일관된 시학으로 보려는 관점」, 『시와 사상』 제26호(2000. 겨울), 216쪽.
17) 김경복, 「김준오 시론 읽기의 문제―고현철의 글을 중심으로」, 『시와 사상』 제27호 (2000. 겨울), 306~307쪽.

라고 하여, 기술시학의 의미를 완전히 수긍하고 있지는 않다. 그런데, 페터 쏜디의 이론은 현대 드라마에 대한 이론을 본격적으로 전개하기 전에 장르론에 관하여 언급한 「서문 : 역사 미학과 장르 시학」에서, 장르론을 체계적 시학과 역사화된 시학 그리고 장르부정론으로 분류한 간략한 내용이다.[18] 그래서 페터 쏜디의 이론에 따라도, 김경복이 언급하고 있는 바와 같이 "사회역사적 조건에 따라 현대시의 변모를 살피는 것"을 '역사시학'이라고 할 수는 없는 것이다. 이것도 일차적으로는 김경복이 '시학'의 개념과 그 내부를 이루는 '시론'과 '장르론'의 범주를 혼동한 데에서 빚어진 결과이다. 필자가 김준오의 '시론'에서 언급한 내용을 김경복이 '장르론'에서 쓰고 있는 데에서 빚어진 것이다.

페터 쏜디가 언급하고 있는 '체계적 시학'과 '역사화된 시학'은 새삼스러운 것은 아니다. 토도로프는 『환상문학론』에서 '이론적 장르'와 '역사적 장르'를 구분하였는데, 이는 장르류와 장르종에 상응하는 개념이다. 필자는 「체계적 기술시학-김준오의 시론과 장르론」에서 이를 언급한 바 있다.[19] 페터 쏜디가 말하는 '체계적 시학'과 '역사화된 시학'은, 각각 이론적 장르 혹은 장르류에 대한 이론과 역사적 장르 혹은 장르종에 대한 이론을 의미한다. 이에 대하여 김준오는 다음과 같이 언급하고 있다.

> 일반적으로 장르는 두 가지 개념을 지닌다. 상위 개념과 하위 개념이 그것이다. 본고에서는 전자를 장르류라 하고 후자를 장르종이라 하겠다. 체계시학과 역사화된 시학은 여기서 갈라진다. 전자는 영구 불변적인 장르들 곧 장르류에 대한 추상적이고 공시적인 고찰이며 고정성에 초점을 둔다. 그러나 후자는 장르를 시대적 사회적 산물로 본 구체적이고 통시적인 고찰이며 변화성에 초점을 둔다.[20]

---

18) Peter Szondi, 송동준 역, 『Theorie es modernen Dramas(현대 드라마의 이론)』(탐구당, 1994), 7~12쪽.
19) 고현철, 「체계적 기술시학-김준오의 시론과 장르론」, 『문학과 사회』 제50호(2000. 여름), 845쪽.
20) 김준오, 『한국 현대 장르 비평론』(문학과지성사, 1990), 12쪽.

그런데, 더욱 문제는 김경복이 '기술시학'의 '기술'의 의미을, "원래 사전적 의미에서 기술(記述)이란 뜻은 사물의 특징을 있는 그대로 나타내는 것으로 규정돼 있다."라고 가장 기본적인 것으로 한정하고 있음에도 불구하고 "그런 점에서 사회역사적 조건에 따라 현대시의 변모를 살피는 것을 기술시학이라 부르는 것은 크게 보아 틀렸다고 말할 수 없을지 모른다."라고 언급하고 있는 데에 있다. 뒤에 밝혀지겠지만, 김경복은 기술시학의 개념과 범위에 대하여 혼동을 하고 있는 것이다.

그래서, 여기서 필자는 규범언어학(문법) / 기술언어학(문법), 규범미학 / 기술미학, 규범시학 / 기술시학 등으로 일반적으로 쓰이는(이에 대하여 필자는 「일관된 시학으로 보려는 관점」에서 다음과 같이 언급한 바 있다. "규범시학과 기술시학은 일반화된 개념이라고 할 수 있다. 『미학사전』에 '규범적 미학'이 "모든 작품의 예술적이거나 미적인 요청에 대해서 본질적인 것을 요구하는 규범이나 예술 법칙을 설정한다"고 언급되어 있다. 『우리말 큰사전』에 '규범미학'과 '기술미학'이 올림말(사전에 싣는 말)로 제시되어 있다. '규범시학'과 이와 대립되는 의미의 '기술시학'에 대해서는 다음과 같은 문학일반론을 다루고 있는 책에서도 언급되고 있다." 시론에 한정하여 '규범(적) 시학'이라는 용어를 사용하고 있는 책으로는, 람핑의 『서정시 : 이론과 역사』가 있다.[21] 그리고 위에 인용한 다음 대목은, 필자가 지금 쓰고 있는 이 글에서 다시 언급하지 않으면 안되게 되었으므로 나중에 보다 자세히 언급할 생각이다.) '규범'에 대하여 대립 개념으로 쓰이는 '기술'의 의미를 굳이 새삼스럽게 밝히지 않을 수 없게 된 것이다.

'규범'에 대립되는 의미의 '기술'은, '메타(meta)'가 그런 것처럼, 언어학에서 개념 규정되어 시학과 미학에까지 널리 쓰이고 있는 개념이다. 그래서 언어학에서의 개념 규정부터 제대로 알 필요가 있다. '규범'은 "지시의 체계"로 "규칙을 정하여, 그것에 따르는 것을 제일의(第一義)로 함"는 것이다.[22] 그래서 규범문법

---

21) Dieter Lamping, 장영태 역, 『Das lyrische Gedicht : Definitionen zu Theorie und Geschichte der Gattung(서정시 : 이론과 역사)』(문학과지성사, 1994), 428쪽.
22) 이은정 편, 『국어학·언어학 용어 사전』(국어문화사, 1994), 105쪽.

은 "어법의 규칙을 강압적으로 적용하는 문법"이 되고,[23] 규범적 언어관은 "언어의 불가피한 변화에 의해 생겨난 새로운 형태들을 배척하고 고정된 이상적인 언어규범을 제창하는 언어관"이 된다.[24] 이에 대하여 기술문법은 "주어진 언어 자료를 처음부터 끝까지 일관성 있고(consistent) 가능한 한 완전하고(exhaustive) 가능한 한 간결하게(compact) 기술하는 것이다. 기술문법은 여러 가지 다른 문법의 기반이 되고 있으며, 그 다른 문법은 기술문법에서 파생해서 생긴 파생문법(derived grammar, derivative grammar)이라고 해도 좋다. 파생문법 가운데, 예를 들면, 역사문법(historical grammar)이나 비교문법(compa-rative grammar), 대조문법(contrastive grammar) 등은 적어도 두 가지 기술문법을 전제로 하고, 그들을 비교하는 데서 출발"하는 것이다.[25] 그리고 '기술언어학'에 대해서는, "특정한 한 시기에 있어서도, 오래되어 소멸할 것으로 생각되는 언어층(言語層)과, 새로우며 그래서 오래된 언어층과 대체될 것으로 생각되는 언어층이 병존(竝存)하고 있는 것이 통상이며, 이 관점에서 보면, 기술 언어학이 대상으로 삼는 것은 결코 정적(靜的)이며 고정된 것은 아니고, 오히려 변화를 내포하고 있는, 동적(動的)인 요소를 지니고 있는 것이다."[26] "기술언어학이 대상으로 하는 것은 결코 정적으로 고정된 언어가 될 수 없고, 오히려 변화를 내포하고 있는 동적인 요소도 포함해야 한다."라고 언급되어 있다.[27]

이로 보면, 기술언어학(문법)은 규범에 대립되는, 규범을 벗어난 "새로운 형태들"을 배제하지 않고 탈규범까지 해명하는 것이다. 나아가 이에 머무르지 않고, 언어의 변화를 해명하는 동적인 것임을 알 수 있다. 또한 역사문법, 비교문법, 대조문법도 기술문법을 전제로 하고 있음을 알 수 있다. 이에서 '기술'의 의미가, 김경복의 언급처럼 "사물의 특징을 있는 그대로 나타내는 것으로 규정돼 있다."라는 가장 기본적인 것으로 한정되지 않고, 사회역사적 조건에 따른 변화

---

[23] 이정민·배영남, 『언어학사전』(개정증보판, 박영사, 1987), 708쪽.
[24] 위의 책, 612~613쪽.
[25] 위의 책, 268쪽.
[26] 이은정 편, 앞의 책, 119~120쪽.
[27] 이정민·배영남, 앞의 책, 268쪽.

에 대한 해명까지 확대된 것임을 확인할 수 있다. 그래서 "사회역사적 조건에 따라 현대시의 변모를 살피는 것"을 '기술시학'이라고 할 수 있는 것이다. 이 경우의 시학은 넓은 의미의 시학이라고 해도 상관이 없지만, '시론'에 초점이 맞추어져 있는 시학인 것이다.

그런데, 김경복은 이러한 사항을 잘 알지 못하고, 기술의 의미를 가장 기본적인 것으로 한정하고 있는 우(愚)를 범하고 있다. 그럼에도 불구하고 기술의 확대된 의미를 전제해야 가능한 "사회역사적 조건에 따라 현대시의 변모를 살피는 것을 기술시학이라 부르는 것은 크게 보아 틀렸다고 말할 수 없을 지 모른다."라고 언급하여 자신의 논리 자체에 모순을 드러내고 있다. 나아가 페터 쏜디가 분류한 장르론에서 개념 규정한 '역사시학'이란 개념을 현대시의 변모를 살피는 것에 끌어다 들임으로써 시론과 장르론의 범주를 혼동하고 있는 것이다.

(3) '기술시학'과 '체계적 기술시학'에 대한 몰이해 풀기

앞에서 필자는 "인용의 뒷 부분은 필자가 지금 쓰고 있는 이 글에서 다시 언급하지 않으면 안되게 되었으므로 나중에 보다 자세히 언급할 생각이다."라고 썼는데, 이제 이를 본격적으로 다루어야 할 자리가 되었다. "'규범시학'과 이와 대립되는 의미의 '기술시학'에 대해서는 다음과 같은 문학일반론을 다루고 있는 책에서도 언급되고 있다."는 인용의 뒷부분을 들면 다음과 같다.28)

> 크로체와 같이 극단적으로 장르부정론을 주장한 경우도 규범시학에 정면대립하는 내용이 되겠지만 그보다 더 우세한 경향은 장르류보다 장르종에 관심을 기울이고 그 특징을 기술하려는 시도이다. 이 경향은 근래『문학의 종류들』이라는 이름의 책에서 역사적 장르를 집중적으로 고찰한 A. 파울러에게서 그 사례를 찾을 수 있다. 파울러는 책의 서론에서 장르를 항구적인 부류들(classes)로서가 아니라 변화를 겪는 계통들(families)로 다루는 통시적인 관점을 견지하려 했다는 장르연구의 기본적인 입장을 밝히고 있는데 그러한 방법론적 입장은 종래의

---

28) 고현철, 「일관된 시학으로 보려는 관점」, 『시와 사상』(2000. 가을), 208~209쪽.

체계적 장르이론에 대한 비판적 인식에서 비롯되고 있다.29)

여기서 '규범시학'이라는 용어와 이와 대립되는 의미로 '기술'이라는 용어가 사용되고 있음을 확인할 수 있다. 그리고 "역사적 장르"에 집중적인 관심을 갖고 "통시적인 관점"에서 "변화를 겪는 계통들"을 다루는 파울러의 기술시학적 태도를 알 수 있다. 파울러의 『문학의 종류들 Kinds of Literature』은 헤르나디의 『장르론』과 함께 김준오의 장르비평에 있어 가장 많이 원용된 책이다.30)

이에 대하여 김경복은 다음과 같이 언급하고 있다. "고현철이 들고 있는 인용문은 최유찬과 오성호가 현대의 장르이론 중 체계시학에 이어 '역사시학'을 설명하는 대목이다. 그런데 고현철이 체계시학을 규범시학으로 보고 역사시학을 바로 기술시학과 대치한 것은 참으로 무신경한 적용으로 이해할 수 없는 일이다. 왜냐하면 기술시학이라는 말과 역사시학이라는 말은 일치하지 않기 때문이다. 최유찬과 오성호의 내용을 그대로 따라가면 역사시학은 헤겔, 루카치, 발터 벤야민, 아도르노와 까간으로 이어지는 리얼리즘 계통의 장르비평이다."

김경복은 여기에서 전후문맥을 잘 파악하지도 못하면서도 이러한 자신의 몰이해를 깨닫지 못하고 제멋대로 필자의 글을 재단하여 전혀 엉뚱한 말을 하고 있어, 이를 지적하지 않을 수 없게 되었다. 우선, "고현철이 들고 있는 인용문은 최유찬과 오성호가 현대의 장르이론 중 체계시학에 이어 '역사시학'을 설명하는 대목이다."라는 첫 문장부터 살펴보자. 최유찬·오성호의 『문학과 사회』를 인용하면서 쪽수까지 정확하게 각주를 단 필자가, 인용한 같은 쪽 여섯째 줄 위에, 그것도 고딕체의 제목으로 '현대의 장르이론-역사시학'으로 나와 있는 것을 보지 못한다는 말인가. 장님이나 문맹이 아닌 다음에야 그럴 수 없는 일

---

29) 최유찬·오성호, 『문학과 사회』(실천문학사, 1994), 238~239쪽.
30) 김준오, 『한국 현대 장르 비평론』(문학과지성사, 1990) 「책 머리에」 3쪽에서 김준오는 이를 밝히고 있다. 그리고 이 책의 제1부 「현대 장르 비평 연구」와 김준오, 『문학사와 장르』(문학과지성사, 2000)의 제1부 「장르 비평의 이론적 접근」, 제2부 「문학사와 장르 비평」에서 이 두 책은 빈번하게 인용되고 있다.

아닌가. 최유찬·오성호는 이 책에서, 현대의 장르이론을 '체계시학'과 '역사시학'으로 구분하여 다루고 있다. 이를 고딕체의 제목으로 빼놓고 있어 장님이나 문맹이 아닌 다음에야 누구라도 한눈에 알 수 있다. 그러면서도, 그 내용 중에 '규범시학'과 '기술시학'에 대한 설명을 하고 있는 부분이 있는데, 필자가 인용한 부분은 바로 이 부분인 것이다. 위의 인용에 명백히 '규범시학'과 이와 대립되는 의미의 '기술'(시학)이 드러나 있지 않은가. 그리고 필자는 인용의 앞뒤에서 "'규범시학'과 이와 대립되는 의미의 '기술시학'에 대해서는 다음과 같은 문학일반론을 다루고 있는 책에서도 언급되고 있다." "여기서 '규범시학'이라는 용어와 이와 대립되는 의미로 '기술'이라는 용어가 사용되고 있음을 확인할 수 있다."라고 분명히 쓰고 있는 것이다. 그럼에도 불구하고 김경복은 이러한 사실을 이해하지 못하고 애써 눈감으면서 제멋대로 말하고 있는 것이다.

　이제 김경복의 다음 두 문장을 살펴보자. "그런데 고현철이 체계시학을 규범시학으로 보고 역사시학을 바로 기술시학과 대치한 것은 참으로 무신경한 적용으로 이해할 수 없는 일이다. 왜냐하면 기술시학이라는 말과 역사시학이라는 말은 일치하지 않기 때문이다." 필자는 「체계적 기술시학—김준오의 시론과 장르론」과 「일관된 시학으로 보려는 관점」의 어떠한 대목에서도, 체계시학을 규범시학으로 보고 역사시학을 바로 기술시학과 대치한 적이 없다. 그럼에도 불구하고 이와 같이 제멋대로 말하는 김경복의 태도에 대해서 필자야말로 '참으로' '이해할 수 없는 일이다'고 말하지 않을 수 없다. 이는 최유찬·오성호의 『문학과 사회』에서 필자가 인용한 부분을, 김경복의 첫 번째 문장의 부당성과 연관지어, 김경복이 제대로 이해하지 못한 데에서 발생하고 있다. 인용한 이 대목은, 최유찬·오성호가『문학과 사회』의「문학의 장르」를 통하여 현대의 장르이론을 체계시학과 역사시학으로 구분하여 설명하면서도, 쏜디가 구분한 세 가지 장르이론 즉, 체계(적)시학과 역사(화된)시학 그리고 장르무용(부정)론을 일반적인 개념인 '규범시학'과 '기술시학'과 연관시키고 있는 대목이다. 이에 따르면, 체계시학은 규범시학이 된다. 인용한 대목의 바로 앞에 "현대의 장르이론이 고루한 삼분법, 사분법의 쟁론을 재개하거나 장르류에 주로 관심을 기울이는 체계시학으로 시종한 것은 아니다."라는 문장이 있어, "크로체와 같이 극단적으로 장르무용론을 주장한 경우도 규범시학에 정면대립하는 내용이 되겠지만"과 바로 연결되어, 체계시학을 규범시학으로 보고 있기 때문이다. 이는 "페터 쏜디는 종래의 체계적 장르이론, 규범시학을 포기해야 한다고 보는데 그 이유는 '형식과 내용에 대한 역사적, 변증법적 파악이 체계적 시학 자체의 존재근거를 없애기 때문'이다."에서 다시 확인이 된다. 그리고 인용한 그 대목을 살펴보면, '역사시학'이 바로 '기술시학'으로 대치되어 있는 것이 아니라, '장르부정론'과 '역사시학'을 아울러 '기술시학'으로 보고 있는 점이 확인이 된다. '장르부정론'은 극단적인 기술시학이고, 더 우세한 경향은 '역사시학'이라고 언급하고 있어, 인용된 대목만 봐도 '역사시학'과 '기술시학'이 그대로 상응하는 것은 아님을 알 수 있다.

앞에서 언급한 것처럼, 본래 '체계시학'과 '역사시학', '규범시학'과 '기술시학'은 그 내포하는 개념이 다르다. 왜냐하면, 설명하는 틀 자체가 다르기 때문이다. 그런데, 이러한 질문을 던지고 있는 김경복이 그의 말대로 그 차이점을 생각해 봤는지 의심스럽다.(이에 대해서는 지금 살펴보고 있는 내용 바로 뒤에 설명하겠다.) 그러나, 앞에 인용한 그 대목과 같은 문맥에서는 서로 연관이 될 수 있다. 그래서, '체계시학'은 '규범시학'으로, '역사시학'과 '장르부정론'은 '기술시학'으로 설명되고 있는 것이다.

다음, 김경복의 "최유찬과 오성호의 내용을 그대로 따라가면 역사시학은 헤겔, 루카치, 발터 벤야민, 아도르노와 까간으로 이어지는 리얼리즘 계통의 장르비평이다."라는 마지막 문장을 살펴보자. 이 문장은, 김경복이 최유찬·오성호가 쓴 내용을 제대로 파악하지 못한 문장이 된다. 우선, 이 문장과 관련되는, 최유찬·오성호가 말하고 있는 부분을 들면 다음과 같다. "더욱이 헤겔의 역사시학을 계승한 루카치나 발터 벤야민, 아도르노 등이 소설이나 비극과 같은 역사적 장르만을 탐구의 대상으로 삼은 사실은 현대 장르이론의 지향을 단적으로 시사해 준다."[31] "현대의 리얼리즘 미학을 통해 더욱 발전된 내용을 갖게 된다. 루카치와 까간 등의 장르이론은 그 대표적인 사례이다."[32] 김경복은 역사시학을 리얼리즘 계통의 장르 비평이라고 언급하고 있는데, 사실은 그렇지 않다. 최유찬·오성호가 명백히 밝히고 있고 앞에서도 언급했듯이, 역사시학은 역사적 장르 즉, 장르종을 탐구의 대상으로 삼는 장르비평이다. 다만, 최유찬·오성호는 역사시학이 리얼리즘 미학을 통해 더욱 발전된 내용을 갖게 된다고 말하면서, 루카치와 까간의 장르 이론을 예로 들고 있을 뿐이다. 다시 말하면, 역사시학은 루카치와 까간의 리얼리즘 미학에 입각한 장르이론을 통해서 발전되고 있다고 말하고 있어, 역사적 장르에 대한 장르이론인 역사시학이 모더니즘 미학과 연관되는 사항을 배제하지 않고 있다. 특히 역사적 장르에 대한 장르론자로 최유찬·오성호가 들고 있는 아도르노는, 주지하다시피 리얼리즘 이론가인 루카치의 리얼리즘의 핵심개념이 되는 '총체성'을 비판한 모더니즘 이론가인데도 불구하고(아도르노는 루카치의 '총체성'을 '강요된 화해'라고 하여 신랄하게 비판하였다. 이 '강요된 화해'는 다름 아닌 아도르노의 비평문 제목이기도 하다.)33) 리얼리즘 계통의 장르비평가로 언급되어 있다. 이것은 김경복이, 최유찬·오성호의 책의 문맥을 잘못 이해하여, 역사적 장르에 대한 장르이론인 역사시학을 "리얼리즘 계통의 장르비평"으로 못박고 있는 데에서 발생한 오류가 된다.

이제, 위에서 지적한 내용 바로 뒤에 살펴보겠다고 한 것을 언급할 차례가 되었다. 김경복은 헤르나디의 복잡한 도표를 각주로 인용하면서, 다음과 같이 말하고 있다. "실제 헤르나디는 기존 체계시학 중 3분법이 가지는 한계를 비판하면서 다원적 관점으로 제시한 담화의 양식, 언어 세계의 범위와 정조를 기준삼아 4분법 체계를 세웠다. 즉 시점으로 볼 때는 주석적이면서 전통 3분법의 한계를 보완하는 차원에서 주제적 양식을 설정하고 있는 것이다.34) 그리고 헤르

---

31) 최유찬·오성호, 앞의 책, 239쪽.
32) 위의 책, 241쪽.
33) Adorno, 홍승용 역, 『Ästhetische Theorie(미학이론)』(문학과지성사, 1984)
나병철, 「아도르노의 모더니즘 미학」, 『모더니즘과 포스트모더니즘을 넘어서』(소명출판, 1999)
Adorno, 홍승용 역, 「강요된 화해」, 『문제는 리얼리즘이다』(실천문학사, 1985) 참고 바람.
34) Paul Hernadi, 김준오 역, 『Beyond Genre(장르론)』(문장사, 1983), 198쪽.

나디의 장르론 전부를 읽어봐도 역사적 조건에 의해 변화하는 현대문학의 양상을 살피는 내용이 없다 그런 점에서 헤르나디는 '기술시학적 태도'를 지녔다고 할 수 없다." 이 중에서, "헤르나디의 장르론 전부를 읽어봐도 역사적 조건에 의해 변화하는 현대문학(시)의 양상을 살피는 내용이 없다."에 대해서는, 앞에서 필자가 「시론」에서 다룬 내용과 「장르론」에서 다룬 내용에 대해서 김경복이 혼동한 사항을 지적한 바 있다. 여기서는 이 부분 앞뒤가 다른 차원에서 심각한 문제를 내재하고 있는 대목임을 지적하고자 한다. 김경복은 여기에서 헤르나디는 4분법 체계를 세웠으므로 기술시학자가 아니라 규범시학자라고 언급하고 있다(각주를 통하여 '규범시학자'라는 말을 드러내고 있다). 우선, 김경복은 이렇게 파악하고 있는 내용의 근거가 되는 헤르나디의 『장르론』의 복잡한 도표를 각주를 통해 밝히고 있으므로, 이를 먼저 살펴보는 것이 그 순서일 것이다.

이 복잡한 도표에 대해서 헤르나디 자신이 다음과 같이 밝혀 드러내고 있다. "말할 필요없이 내가 상호관련을 맺고자 하는 16가지 가량의 양식들은 시적 담화의 모든 가능태들을 전반적으로 검토하지 않는 연구경향들을 지적하고 있다. 좀더 정확성을 기하기 위하여 우리는 여기 세워진 개념적 건물의 '주춧돌들' 사이에 중간 범주를 도입함으로써 도표를 확대시킬 수 있다."[35] 이와 같이 헤르나디가 직접 언급하고 있듯이, 그는 4분법 체계를 세운 것이 아니라 다원적 관점에 의해 장르와 양식의 여러 가능성을 열어 놓고 있는 것이다. 문제의 도표에서는 4분법 체계가 아니라 다원적 관점에 의해 16가지의 양식이 제시되어 있다. 그리고 헤르나디는 이 도표를 확대시킬 수 있다고 분명히 밝히고 있는 것이다. 헤르나디의 장르론은, 단순히 3분법 체계냐 4분법 체계냐의 문제가 아니다. 책 제목인 'Beyond Genre' 자체가 이를 웅변적으로 말해주고 있다. 이는 바로 장르의 탈규범성인 것이다. 탈규범성은 기술시학의 가장 기본적인 사항이 아닌가. 필자는 「일관된 시학으로 보려는 관점」에서 헤르나디가 『장르론Beyond Genre』의 제1장에서 언급하고 역자인 김준오가 「역자 서문」에서 언급한 "규범적이 아

---

35) 위의 책, 199쪽.

니라 기술적이며"라는 대목을 명백히 든 바가 있는데, 이를 김경복이 애써 모른 척 하는 이유를 알 수가 없다. 그래서, 여기서 헤르나디의 『장르론』이 기술시학적 성격을 가지고 있음을 밝히고 있는 대목을 더 제시해 주려고 한다. 이 대목은 다름 아닌 『장르론』의 역자이면서, 앞에서 말한 바와 같이, 자신의 「장르론」에 헤르나디의 이론을 많이 원용한 김준오의 글이다.

> 김병국도 「쟝르론적 관심과 가사의 문학성」에서 장르적 구분은 분류를 위한 도식이 아니라 문학적 텍스트 속에 작용하고 있는 어떤 다원적 구조의 원리를 깨닫고자 하는 것이라는 헤르나디의 말을 전제로 가사를 교술로 처리한 조동일의 4분법 체계의 도식성을 비판한다.36)

> 최근 조동일도 문학사를 기술하는 자리에서 장르 이론은 엄격한 분류 체계의 완성을 목표로 삼기보다 장르가 상대적이고 유동적일 수도 있다고 하면서 심지어 슈타이거적 어조로 서정, 서사, 극, 교술의 장르류는 '장르 자체'가 아니라 장르가 택할 수 있는 네 가지 '기본 성향'에 지나지 않는다고 했다. 그의 장르 이론이 규범적이고 도식적이며 또 그만큼 배타적이었던 점을 감안하고, 장르의 상위 개념을 장르류라는 명칭을 우려하면서 이 장르류는 네 가지 '밖에' 없으며 이런 4분법 체계의 정립으로 천고의 의문이 풀렸다고 자신한 것을 감안해본다면, 이것은 놀랄 만한 태도의 변화가 아닐 수 없다.37)

> 헤르나디는 이 네 가지 시점의 각각이 어느 한 장르류의 전유물이 아니라 모든 문학에서 부분적으로 이 네 가지 시점을 분별할 수 있다는 미시적 관점과 개방적 태도를 보이고 있다. 본고는 그의 이론에 힘입은 바가 크다.38)

첫번째 인용에서 김준오는, 김병국이 헤르나디의 다원적 구조의 원리를 통하여 조동일의 4분법 체계의 도식성을 비판하고 있음을 지적하고 있다. 이에서 4분법 체계에 대한 비판의 원리를 내재하고 있는 헤르나디의 기술시학적 태도

---

36) 김준오, 『한국 현대 장르 비평론』(문학과지성사, 1990), 79쪽.
37) 위의 책, 85쪽.
38) 위의 책, 87쪽.

를 읽을 수 있다.

두 번째 인용에서 김준오는, 조동일의 장르관이 엄격한 분류 체계의 완성에서 상대적이고 유동적인 태도로 변하고 있음을 지적하고 있다. 여기서 김준오는, 조동일이 헤르나디의 장르이론을 수용하고 있다고 본 것은 아니다. 문제는 김준오가 조동일의 장르관이 규범적이고 도식적인 태도에서 기술적이며 개방적인 태도로 바뀌고 있음을 지적하고 있다. 이와 같이 김준오는 여기서도, 헤르나디의 『장르론』「역사 서문」에서도 그랬듯이, '규범'과 이와 대립되는 의미의 '기술'을 의식하고 있는 것이다.

세 번째 인용은, 김준오가 스스로 헤르나디의 장르론을 미시적 관점과 개방적 태도를 지니고 있는 '기술시학'적 성격으로 파악하고, 이를 자신의 장르론에 수용하고 있음을 밝히고 있는 대목이다. 이 인용에 나오는 '네 가지 시점'은 장르의 4체계가 아니라 기술시학이 내재하고 있는 다원적 관점과 구조원리의 하나를 예로 든 것이다.

2) 정당하지 못한 비평에 대한 비판

그런데, 김경복은 「김준오 시론 읽기의 문제-고현철의 글을 중심으로」에서 필자가 쓴 글의 내용을 가지고 필자를 비판하는, 정당하지 못한 비평적 태도를 또 다시 보여주고 있어 필자는 여기서 이를 지적하지 않을 수 없게 되었다.

> 장르론에 대한 그의 기술 시학적 태도는 이론적 갈래인 장르류보다 역사적 갈래인 장르종에 더욱 관심을 집중시키고 있는 데에서 잘 드러나고 있다. 『한국 현대 장르 비평론』에서 "역사적 산물인 이상 장르종은 지역과 시대의 특수한 의의를 반영할 뿐만 아니라 장르종의 역사는 바로 문학사의 흐름과 상응함으로써 장르종은 또한 문학사적 의의를 지닌다"라고[39] 명백히 밝히고 있다. 그가 역사적 갈래인 장르종을 문학사와 연관시키는 태도도 그의 시학이 근본적으로 기술 시학적 관점에 입각해 있기 때문이다.

---

39) 위의 책, 90쪽.

이 인용문을 보면 김준오 선생이 『한국 현대장르비평론』에서 역사적 갈래인 장르종에만 관심을 가진 것으로 표현돼 있다. 그러나 이것은 참으로 인용의 부분적 선택에 의한 왜곡이다. 김준오 선생은 이 책에서 역사적 갈래인 장르종 못지 않게 한국 장르이론가들의 장르체계이론을 「장르론의 이론적 체계」로 다루고 있다. 이 이론적 검토 후 「장르론의 시대적 양상」이란 제목으로 역사적 갈래인 장르종을 고찰하고 있다. 따라서 선생은 체계시학과 역사시학의 두 분야에 대해 종합적인 접근이 가장 장르연구에 합당한 연구태도로 생각했던 것이다. 그런데 이것을 고현철은 자기 논리의 일관성을 기하려는 의도하에 체계적 장르론 분야의 글을 누락시킴으로써 자의적 해석이라는 혐의를 벗지 못한다.[40]

위를 보면 김경복은 필자의 글을 인용하면서, 필자가 "김준오 선생이 『한국현대장르비평론』에서 **역사적 갈래인 장르종에만** 관심을 가진 것으로 표현"한 것으로 말하고 있다. 그러나, 사실은 그렇지 않다. 우선, 위에 김경복이 인용한 필자의 글의 내용만 보아도 필자는 "이론적 갈래인 장르류보다 **역사적 갈래인 장르종에 더욱** 관심을 집중시키고 있"다고 했지 결코 '역사적 갈래인 장르종에만' 관심을 가진 것이라고 하지 않았다. 이는 김경복이 필자가 쓴 글의 내용을 왜곡하고 있는 것이다.

그런데, 더 심각한 문제점은 그 다음 대목이다. 이 대목이 바로 필자가 쓴 내용을 가지고 김경복이 필자를 비판하는 정당하지 못한 비평적 태도를 보이고 있는, 어처구니없는 대목이기 때문이다. 이를 쉽게 확인할 수 있도록 이 대목과 필자의 먼저 쓴 글의 내용을 나란히 놓고 살펴보기로 한다.

> 김준오 선생은 이 책(『한국 현대 장르 비평론』: 인용자)에서 역사적 갈래인 장르종 못지 않게 한국 장르이론가들의 장르체계이론을 「장르론의 이론적 체계」로 다루고 있다. 이 이론적 검토 후 「장르론의 시대적 양상」이란

---

40) 김경복, 「김준오 시론 읽기의 문제-고현철의 글을 중심으로」, 『시와 사상』 제27호 (2000. 겨울), 312쪽.

제목으로 역사적 갈래인 장르종을 고찰하고 있다. 따라서 선생은 체계시학과 역사시학의 두 분야에 대해 종합적인 접근이 가장 장르연구에 합당한 연구태도로 생각했던 것이다. 그런데 이것을 고현철은 자기 논리의 일관성을 기하려는 의도하에 체계적 장르론 분야의 글을 누락시킴으로써 자의적 해석이라는 혐의를 벗지 못한다.[41]

『한국 현대 장르 비평론』(문학과지성사, 1990)은 일종의 비평사인데, 장르 비평을 '이론적 체계'와 '시대적 양상'의 두 축으로 살펴보고 있다. 이는 물론 장르류 혹은 이론적 장르와 장르종 혹은 역사적 장르라는 장르 체계의 두 축과 관련되는 것이긴 하지만,[42] 김준오의 체계적 기술시학의 태도와 상응하는 것이다. 이 비평서는 다른 비평가(예컨대, 최재서, 김춘수, 김윤식, 조동일)의 장르 비평에 대한 비평에 상당한 비중을 두고 있는 만큼 메타 비평을 근본적으로 함축하고 있다. 이와 같이 김준오의 기술시학에 상당히 내재되어 있는 '메타성'은 진작부터 지속적으로 견지되어 온 것으로 파악된다.

장르론에 대한 그의 기술시학적 태도는 이론적 갈래인 장르류보다 역사적 갈래인 장르종에 더욱 관심을 집중시키고 있는 데에서 잘 드러나고 있다. 『한국 현대 장르 비평론』에서 "역사적 산물인 이상 장르종은 지역과 시대의 특수한 의의를 반영할 뿐만 아니라 장르종의 역사는 바로 문학사의 흐름과 상응함으로써 장르종은 또한 문학사적 의의를 지닌다"라고[43] 명백히 밝히고 있다. 그가 역사적 갈래인 장르종을 문학사와 연관시키는 태도도 그의 시학이 근본적으로 기술시학적 관점에 입각해 있기 때문이다. 이러한 기술시학적 장르관은 『문학사와 장르』에서 더욱 심화되고 있다.

> 역사의 각 시기에 나타난 작은 갈래들은 따라서 역사적으로 '의미심장'하고 또 역사적으로 '진실한' 것이다. 장르 개념을 자연스럽게 작은 갈래에 한정시키는 경향은 여기에 기인한다. 특히 문학사와 결부될 때 필연적으로 작은 갈래에 초점을 두게 마련이다. (……) 장르 변화의 과정은 다름아닌 문학의 변화를 야기시키는 과정이며 이 과정 자체가 문학사의 등가물이다. 사실 문학사는 대부분 작은 갈래들의 변화 과정의 기술로 이루어지고 있다.[44]

---

41) 위와 같음.
42) '이론적 장르' '역사적 장르'의 용어는 Todorov의 용어이다.
43) 김준오, 『한국 현대 장르 비평론』(문학과지성사, 1990), 90쪽.

위의 인용에서 보듯이 김준오의 장르론은 작은 갈래 즉, 역사적인 갈래에 초점을 두고 있다. 역사적인 갈래들의 변화 과정을 기술 시학적으로 접근함으로써 문학사와 연관짓고 있는 것이다.[45]

이 비평서(『한국 현대 장르 비평론』)는 일종의 비평사인데, 장르비평의 비평을 이론적 체계(김준오, 『한국 현대 장르 비평론』 제목 "장르론의 이론적 체계")와 시대적 양상(김준오, 『한국 현대 장르 비평론』 제목 "장르종의 시대적 양상")의 두 축으로 살펴보고 있다. 이는 장르류와 장르종이라는 장르 체계의 두 축과 관련되는 것이긴 하지만, 궁극적으로는 이론적 체계를 세운 바탕 위에 문학사적 맥락을 추적하는 선생의 비평 태도와 연관되는 것으로 이해된다.[46]

위의 인용에서 한 눈에 알 수 있는 바와 같이, 필자는 「체계적 기술 시학」에서 김준오의 『한국 현대 장르 비평론』은 장르 비평을 '이론적 체계'와 '시대적 양상'의 두 축으로 살펴보고 있는 것으로, 이는 장르류 혹은 이론적 장르와 장르종 혹은 역사적 장르라는 장르 체계의 두 축과 관련되는 것이며, 김준오의 체계적 기술시학의 태도와 상응하는 것이라고 명백히 밝히고 있다. 그리고 필자는 「일관된 시학으로 보려는 관점」에서는, 『한국 현대 장르 비평론』에서 인용한 쪽수를 들면서까지 이러한 사항을 밝혀놓으면서, "궁극적으로는 이론적 체계를 세운 바탕 위에 문학사적 맥락을 추적하는 선생의 비평 태도와 연관되는 것으로 이해된다."고 언급하고 있다. 김준오의 장르론을 '체계적 기술시학'으로 파악하여, 그렇게 명명한 이유가 여기에 있다.(이는, 물론 김준오의 장르론의 강조점이 이론적 갈래인 장르류에 대한 탐구보다 역사적 갈래인 장르종에 대란 탐구에 있는 점을 내포하고 있는 개념에 해당한다. 이에 대해서는 바로 뒤에 살펴볼 것이다.) 사실이 이런 데에도 불구하고, 김경복은 위에 인용한 필자의 앞의 글에서는 앞

---

44) 김준오, 「문학사와 장르 변화」, 『문학사와 장르』(문학과지성사, 2000), 11~12쪽.
45) 김준오, 「체계적 기술 시학—김준오의 시론과 장르론」, 『문학과 사회』 제50호(2000. 여름), 845~846쪽.
46) 고현철, 「일관된 시학으로 보려는 관점」, 『시와 사상』 제26호(2000. 가을), 223쪽.

부분을 생략하고 뒤의 글은 아예 모른 체하며,(그러면서도 김경복은, 필자가 "체계적 장르론 분야의 글을 누락시킴으로써"라고 어처구니없이 말하고 있다) 나아가 필자가 밝히고 있는 내용을 가지고 필자를 비판하면서 "참으로 인용의 부분적 선택에 의한 왜곡"이라고 말하는 적반하장격인 태도를 보이고 있다. 이는 너무도 정당하지 못한 비평의 태도를 드러내고 있는 것이다.

필자는 김준오의 장르론이 이론적 갈래인 장르류와 역사적 갈래인 장르종을 아우르고 있지만, 『한국 현대 장르 비평론』이후에 나온 『문학사와 장르』와 연관지어, 역사적 갈래인 장르종에 보다 관심을 갖고 있는 것으로 파악하였다. 그래서 필자는 「체계적 기술시학-김준오의 시론과 장르론」에서, 위에서 명백히 확인할 수 있는 바와 같이 김준오의 『문학사와 장르』를 열어가는 글인 「문학사와 장르 변화」를 인용하면서, "김준오의 장르론은 작은 갈래 즉, 역사적인 갈래에 초점을 두고 있다. 역사적인 갈래들의 변화 과정을 기술시학적으로 접근함으로써 문학사와 연관짓고 있는 것이다."라고 언급한 것이다. 그리고 이는 필자가 인용한 김준오의 『문학사와 장르』에서도 김준오가 "장르 개념을 자연스럽게 작은 갈래에 한정시키는 경향은 여기에 기인한다. 특히 문학사와 결부될 때 필연적으로 작은 갈래에 초점을 두게 마련이다." "문학사는 대부분 작은 갈래들의 변화과정의 기술로 이루어지고 있다."고 분명히 밝히고 있는 사항이다.

이상에서 보는 바와 같이, 김경복은 필자가 쓴 글을 인용하면서 그 앞뒤의 내용을 누락시키며, 나아가 누락시킨 그 내용을 가지고 필자를 비판하는 참으로 정당하지 못한 일을 벌이고 있다. 그리고 김준오의 『문학사와 장르』와 연관하여 필자가 쓴 글을 고의적으로 생략함으로써 어처구니없게도 사실을 왜곡하고 있는 것이다.

김준오의 장르론을 체계적 기술시학으로 본 이유를, 김경복의 정당하지 못한 비평의 태도 때문에 바로 앞에서 다시 말하였거니와 이 자리에서 필자는 김준오의 시론을 체계적 기술시학이라고 명명한 사실을 다시 인용하지 않을 수 없음을 느끼고 있다. 왜냐하면, 앞에서도 지적했지만 필자가 사용한 '시학'이라는 개념은 '장르론'뿐만 아니라 '시론' 및 '시유형론'을 포괄하는 개념인데, 김경복이 이를 혼동하여 글을 썼기 때문에 이를 풀어주기 위해서이다. 여기서 '체계적'이라 할 때의 '체계'라는 말의 의미를 굳이 정리하자면, '이론적 토대 위에 구성된 체계'가 될 것이다.

　　이와 같이 김준오의 시론은 근본적으로 '기술시학'이다. 김준오의 시론이 기술시학일 뿐만 아니라 '체계적'인 것은 시의 원형을 상정한 후에 현대시의 역사적 국면을 살펴보고 있는 입장을 견지함으로써 현대시의 변모를 체계적으로 설명해나가기 때문이다. 그리고 무엇보다도 그의 기술시학이 체계적인 것은 언제나 '이론적 토대' 위에 현대시의 현상들을 해명하고 있기 때문이다. 다시 말하면 그의 기술시학은 역사적 국면에 따른 현대시의 변모 양상을 이론을 구성하면서 해명해 나가고 있는 것이다.[47]

　　최근에 나온 김준오의 유고집 『문학사와 장르』에서도 "서정적 세계관에서는 자아와 세계의 이원론은 자동 폐기된다. 이것을 가능하게 하는 것이 서정시가 가장 본질적 특성으로 기술되는 정조다" "자아와 세계 사이의 이런 서정적 결핍 현상은 다름아닌 '동일성'의 감각이다. 자아와 세계 사이, 서로 다른 사물들 사이의 동일성을 발견하는 것이 서정적 세계관이다" 그리고 "시적 담론이 사회역사적 조건에 한정된다는 것, 역사적 시기에 따라 특정의 형식이 형성된다는 것은 단순히 형식적인 문제가 아니라 언제나 이데올로기적인 문제이다"라고 지적하고 있는 것을 볼 때, 시의 원형을 '동일성'으로 상정한 점과 사회역사적 조건에 따라 현대시의 변모 양상을 고찰하는 태도가 일관됨을 알 수 있다.[48]

3) 「일관된 시학으로 보려는 관점」에 대한 왜곡 비판

　　이상에서 밝힌 사항 외에, 김경복의 「김준오 시론 읽기의 문제」는 다른 몇 가지 점에서 혼동과 왜곡을 행하고 있어, 필자는 이러한 사항을 이 자리에서 밝히지 않으면 안되게 되었다. 우선, 김경복은 '일관된 시학으로 보려는 관점'

---

47) 고현철, 「체계적 기술시학 – 김준오의 시론과 장르론」, 『문학과 사회』 제50호(2000. 여름), 844쪽.
48) 위의 책, 841쪽.

과 '일관된 관점'을 혼동하고 있다. '**일관된 시학으로 보려는 관점**'은 필자가 쓴 글의 제목이기도 하다. 필자는 여기서 "김준오의 시학을 어떤 관점으로 봐야 하는가, 변모된 것으로 봐야 하는가 일관된 것으로 봐야 하는가는 아직까지 하나의 문제의식이 되고 있다"고 언급하면서,[49] 김준오의 시학을 '일관된 시학'으로 보고 있다. 물론 이것은 앞에서 거듭 밝힌 대로 '체계적 기술시학'이다. '일관된 시학으로 보려는 관점'에서, 수식어 '일관된'은 피수식어 '시학'을 꾸민다. 이것은 우리의 언어학과 문법에서 상식에 속하는 사항이다. 그런 데에도 불구하고 김경복은 '일관된'이 '관점'을 수식하는 것으로 보아, '**일관된 관점**'의 용어 문제를 따지고 있다. 그리고 나서 다음과 같이 말하고 있다. "알다시피 일관된 관점이란 연구자가 대상에 대한 한 방법이나 태도로써 한결같이 꿰뚫는 것이지 그것이 연구대상에 대한 종합적이고 총체적인 접근을 의미하는 것은 아니다. **일관된 관점**은 그런 점에서 일정한 관점과 그 의미상 다를 바가 없다. 일정한 관점도 한 방법이나 태도로 한결같이 그 대상을 보고자 하는 태도와 다름없기 때문이다. 그렇다면 이 얼마나 부적절한 표현인가."[50] 이와 같이, 김경복은 '**일관된 시학으로 보려는 관점**'이라는 말 자체를 잘못 이해하여 '**일관된 관점**'에 대하여 상식적인 말을 늘어놓고 있다. 정말로 김경복이야말로 몰이해 속에 '이 얼마나 부적절한 일'을 행하고 있는가.

  김경복이, 김준오의 시론을('시론 및 시유형론'과 '장르론'을 포괄하는 '시학'이 아니라 '시론'이다) 동일성의 시학으로 파악하고 있는 점은 일면 타당하다. 왜냐하면, 김준오의 초기 시론은 동일성의 시학이기 때문이다. 하지만, 동일성의 시학으로는 김준오 시론의 전체를 포괄하지 못하게 된다. 김경복이 쓴 글에서 김준오가 수용한 이론으로 현상학만을 언급할 수밖에 없는 이유가 바로 여기에 있다. 김준오의 시론을 동일성의 시학으로 한정할 때에는, 그의 시론을 김준오가 수용하고 있는 담론적 관점과 해체주의 등과 연관지어 해명할 수가 없

---

49) 고현철, 「일관된 시학으로 보려는 관점」, 『시와 사상』 제26호(2000. 가을), 210쪽.
50) 김경복, 「김준오 시론 읽기의 문제-고현철의 글을 중심으로」, 『시와 사상』 제27호 (2000. 겨울), 301쪽.

게 된다. 나아가 동일성의 논리로 김준오의 장르론은 해명해 나갈 수가 없게
된다. 그래서 김준오의 시학('시론'이 아니라 '시론 및 시유형론'과 '장르론'을
포괄하는 '시학'이다)을 동일성의 시학으로 파악하는 것은 명백한 한계를 가진
다. 여기서 김경복의 말투를 빌리면, "김경복은 자기 논리의 일관성을 기하려는
의도 하에" 김준오의 시학의 극히 일부분('동일성의 시론」)만 바라보고 고집을
부리고 있는데, 이는 자칫 잘못하면 김준오의 시학을 축소시킬 우려가 있음을
김경복은 알아야 한다.

그래서 필자는, 김경복이 먼저 쓴 글에 대하여 그 관점을 비판한 것이다. 물
론, '동일성의 시학' 할 때의 '동일성'은 '비동일성'까지 포괄하는 개념이 된다.
왜냐하면(김경복이 이를 말하고 있지만 사실 김준오의 「동일성의 시론」에 이러
한 사항이 밝혀져 있는 사항인데) '동일성의 시학'에서 비동일성은 동일성에 대
한 갈망을 내재하고 있기 때문이다. 그래서 필자는 김경복이 내세우고 있는 동
일성의 시학이라는 관점을 비판할 때에 "'**본질적으로**' 동일성의 시학으로 파악
하고" 있다고 언급한 것이다.51)

4. 실타래를 푸는 마음으로

이상에서, 필자는 어쩔 수 없이 김경복의 글이 필자의 글을 제대로 이해하지
못하면서 왜곡하여 비판하고 있는 점과, 나아가 여러 가지 면에서 비평의 정당
성을 상실한 점을 일일이 밝혔다. 사정이 이러함에도 불구하고 그가 터무니없
이 경솔하게 말하고 있는 "사고의 불철저성과 접근의 미숙함"은 마땅히 그에게
로 돌려져야 한다. 앞에서도 언급했지만, 이러한 사항은 김경복의 말대로, 당사
자가 밝히지 않을 수 없는 문제이며 비평을 하는 한 사람으로서 객관성과 엄정
성이 지키지 않을 수 없기 때문이다. 논리는 어쩔 수 없으나, 비판받는 당사자

---

51) 고현철, 「체계적 기술시학-김준오의 시론과 장르론」, 『문학과 사회』 제50호(2000. 여
름), 838쪽.

는 그의 말대로, 이론 부분이 아닌 다른 부분에서 감정이 상하지 않기를 바란다.

　김경복 역시 나와 마찬가지로, 김준오 선생에 대한 깊은 사랑으로 선생에 관한 글을 발표한 것을 잘 알고 있다. 관점의 차이를 드러내면서 선생의 시학에 대한 글을 발표한 시학자들은 누구나 선생의 시학을 제대로 보고자 하는 깊은 애정이 그 밑바탕에 깔려 있는 것이다. 그만큼 선생의 시학은 그 넓이와 깊이가 무한한 것이다. 선생의 시학은 많은 시학자들이 관점, 이론, 방법의 여러 측면에서 계속적으로 살펴가야 하는 가능태인 것이다. 필자도 그런 시학자 중에 미약한 한 사람에 불과할 뿐이다. 개인적으로 계속 정진해야 할 사항이 많이 있을 것이다.

제3부 시인들의 내면세계

본질에 이르는 길
— 허만하론

 허만하 시인이 등단 40여 년만에 그리고 첫 시집을 낸 지 30 년만에 두 번째 시집을 상재하였다. 무엇인가를 빨리 그리고 계속 양산하지 않으면 불안한 조급증의 시대, 이를 부추기는 현대문명의 속도주의 그리고 자본주의의 양적 팽창과 축적의 원리에서 시인들마저도 자유롭지 못한 이 시대에, 허만하 시인의 시집 출간은 발효와 농축의 의미를 새삼스럽게 일깨워주는 하나의 충분한 계기가 되고 있다고 해도 지나친 말은 아닐 것이다. 시에 대한 엄격성은 본질을 추구하는 시인에게서 발견되는 중요한 태도의 하나이다. 허만하 시인 스스로 시집의 「자서」에서 "시의 순결이 사라지고 있는 이 무잡한 시대에 시집 없는 시인으로 남는 것이 아름다운 선택이라고 생각도 해보았습니다"라 밝히고 있기도 하다.
 본질을 추구하는 행위는 언제나 엄격한 자의 몫이다. 그런데, 이미 우리 세상은 너무나 복잡하고 여러 요소가 혼재해 있어 본질만으로는 다 파악할 수도 없을 뿐만 아니라 세상에 대하여 적절하게 대응할 수 있는 것도 아닌 것이 되어 있다. 본질을 추구하는 자는 세상을 살아가면서 손해 보기 일쑤이며, 어울리지 못하는 경우가 많다. 그래서 흔히 본질보다는 현상, 실질보다는 장식이 무성하게 피어오르는 것이 세상의 형국이다. 그러나, 세상은 고독 속에서 본질을 추구하는 자가 있기 때문에 진정 아름다운 법이다. 시를 비롯한 예술의 세계에서는 더욱 그렇다.

언어의 그리움은
　　　섬처럼 외롭다.
　　　언어는 침묵을 그리워한다.

　　　[……]

　　　새가 나는 것은
　　　두 날개가 있어서가 아니다.
　　　난다 - 는
　　　말이 있기 때문에
　　　새는
　　　날고 만다.
　　　　　　　　　　　　―「오베르의 들녘―고호의 눈 1」

　이 작품은 언어의 본질을 파헤치고 있는 시에 해당한다. 이 시에서 본질에 닿으려는 언어의 욕망을 '그리움'으로 표현하고 있다. 그러나 언어를 통하여 본질에 닿기는 힘들기 때문에 언어와 사물의 본질은 연결이 되지를 않고 섬처럼 떠 있을 뿐이다. 진정한 관계가 형성되지 않아 외롭기만 하다. 본질은 언어를 통하여 닿을 수가 없다. 그래서 언어를 넘어선 침묵을 지향한다. 도(道)를 도라고 하면 이미 도가 아니듯이, 언어를 통해서는 본질에 온전히 도달할 수가 없다. 언어가 아니라 오히려 침묵 속에 본질이 있다. 그러나, 시는 언어를 통하여 본질을 추구할 수밖에 없는 운명을 가진 예술이기 때문에 근본적으로 역설의 언어가 될 수밖에 없는 것이다.

　이 시에 따르면, 도구적 역할을 하는 두 날개가 있어서 새가 나는 것이 아니라 '난다'라는 언어가 있어서 새가 난다고 한다. 언어가 실재보다 앞서 있다. 그리고 언어가 있어서 실재가 이루어진다. 이는 주술적인 언어관과 존재로서의 언어관을 의미한다. 주술적인 언어관은 시적 언어의 근본에 해당한다. 시에서는 언어를 통하여 사물도 인격체처럼 대하고 명명한다. 또한 시어는 단순한 의미 전달의 수단이 아니다. 시에서 언어는 무엇을 위한 도구가 아니라 그 자체가 하나의 존재처럼 다루어진다.

그런데 이 시는, 언어가 행위보다 선행하는 만큼, 예술을 실재와 현실에 대하여 우위에 두는 태도를 내포하고 있다. 이러한 태도는 심미주의적 태도에 상응한다. 이 시의 제목이 고호의 그림인 '오베르의 들녘'인 것은 이 시가 시와 회화를 포함한 예술에 대한 어떤 관점을 표출하고 있는 작품이기 때문이다. 부제인 고호의 '눈'은 일종의 심미안이다. 허만하 시인의 시에는 고호를 시적 오브제로 삼은 작품이 상당히 있는데, 고호야말로 불우한 일생을 보내면서도 예술을 포기하지 않았던 예술가의 표상이다. 아니, 예술에 헌신한 예술가, 예술혼을 불사르기 위하여 실재현실을 접어두었던 예술가라 해야 할 것이다. 고호는 냉혹한 삶의 조건 아래에서 예술에 대한 벌거벗은 정열과 의지를 거침없이 드러낸 예술가이다. 처절한 정열이라고나 할까.

허만하 시인은 고호를 비롯한 여러 예술가를 시적 오브제로 삼음으로써 자신의 예술관을 드러내고 있다. 이는 한 마디로 말해서 심미주의적인 예술관이며 현실과 분리된 예술의 자율성을 강조하는 예술관이다. 다음의 시구절은 이를 극명하게 보여준다. "나는 그리기 위하여 그린다. 화필은 내 손의 일부다. 나의 눈은 폭약이다.(「미완의 자화상-고호의 눈 8」) 여기서 허만하 시인은 고호와 자신을 동일시함으로써, 예술행위는 그 자체가 목적인 자율적인 것임을 표출하고 있다. 이 때 그리기 위하여 그리는 자율적인 예술은 보상 없는 행위가 되고, 이러한 예술에서 예술가의 몸과 예술행위는 분리되지 않는 일체감을 이루고 있게 된다.

나의 풍경에 이데올로기는 없다
모래 언덕처럼 무너지는 나의 감수성
화약처럼 터지는 나의 언어
나는 불타는 언어로 내 두 눈을 태웠다
절망의 끝이 이렇게도 평화로운 것인지
감은 눈시울로 슬픔을 보기 위하여
나는 은하처럼 사막의 밤하늘에 눕는다
―「사하라에서 띄우는 최후의 엽서」

이 시는 근본적으로 허만하 시인이 시인 랭보와 자신을 동일시하는 발상에서 이루어진 작품에 해당한다. 제목 '사하라에서 띄우는 최후의 엽서'는 사막을 방황하는 예술가인 랭보를 환기시키고 있으며, 그래서 이 시는 기본적으로 랭보가 띄우는 편지 형식의 시적 발화를 취하고 있다. 랭보가 상징주의의 순수한 이미지를 추구하였듯이, 허만하 시인의 시의 '풍경에 이데올로기는 없다'. 허만하 시인의 이러한 시적 지향은 다음과 같이 변주되기도 한다. "사상이 없는 풍경은 슬픔처럼 아름답다"(「지리산을 위한 습작」). 내용이 없는 형식의 아름다움. 이는 예술의 본질에 대한 추구이기도 하다. 여기서 시인은 오직 '감수성'을 통하여 '언어'를 '화약처럼' 터뜨릴 뿐이다. 시의 본질에 가까이 가기 위해 불타는 언어를 사용할 뿐이다. 랭보가 두 눈이 멀게 된 것은, 어쩌면 억누를 수 없는 예술혼에서 솟구친 이 불타는 언어 때문인지도 모른다.

　여기서 이 시가 예술가의 존재론을 내포하고 있음이 극명하게 드러난다. 예술가라는 존재는 고통을 통하고 이를 넘어서 예술정신을 표출하는 존재인 것이다. 이를 고통의 시학이라고 명명할 수도 있으리라. 이러한 사항은 다음의 시구절에서 극명하게 드러난다. "창조와 상처가 / 한 글자 안에 동거하고 있다. / 창조하는 정신은 언제나 상처입는다."(「創자에 대하여」) 이 시 구절은 한자 創자의 유래를 통하여 창조행위인 예술에는 상처와 고통이 필연적으로 따를 수밖에 없다는 점을 잘 보여주고 있다. 슬픔을 보고 이를 넘어서는, 절망 속에서 이를 넘어서는 정신은 예술이 내포하고 있는 역설적 정신이리라. 허만하 시인이 시적 오브제인 카프카와 동일시되고 있는 작품 「프라하 일기」라는 시에서 이 역설적 예술정신은 다음과 같이 표현되고 있다.

　　나의 쓸쓸함은 카를교 난간에 기대고 만다. 아득한 수면을 본다. 저무는
　　흐름 위에 몸을 던지는 비, 비는 수직으로 서서 죽는다.
　　　　　　　　　　　　　　　　　　　　　　　　　　—「프라하 일기」

카프카가 느끼고 있는 쓸쓸함은 다리 난간에 기대지 않을 수 없게 한다. 난간에 기대어 선 외로운 수직의 형상이 '아득한 수면'인 수평을 쳐다본다. 그런데, 수직은 외로움의 표상이기만 하지는 않다. 이는 또한 치열한 정신의 표상이기도 한 것이다. 시집 제목이기도 한 '비는 수직으로 서서 죽는다'는 바로 죽음을 각오한 치열한 예술혼에 대한 선언적 표현에 해당하는 것이다. 수직은 정신의 높이를 상정하고 있는 말이다.

시인이 지닌 높고 치열한 정신에 대해서는 허만하 시인의 다른 작품에서 변주되어 나온다. 김수영의 시정신에 대하여 "폭포처럼 수직으로 선 알몸의 시"(「신현의 쑥」)라 하고 있는 구절이 바로 그것인데, 김수영의 「폭포」라는 시와 '온몸'의 시학을 염두에 두어 높은 시정신을 기리고 있는 것이다. 그리고 허만하 시인은 "그의 언어는 수직으로 선다 / 중천에 얼어 있는 눈부신 햇살처럼"(「장미의 가시·언어의 가시」)에서는 거대한 수직의 얼음 덩어리로 변한 폭포에서 반짝이는 '햇살'과 같은 높고 맑고 밝은 언어를 통하여 시인의 형이상학적 초월의 정신을 드러내고 있다. 수직의 높은 정신은 절벽에서 외롭게 반짝인다. 수직의 정신은 외롭게 마련이다. 장미의 아름다움을 취하기 위해서는 가시를 감당해야 하듯이 높고 치열한 정신이 발현되기 위해서는 고독을 감당해야 한다. 그런데, 시인이 지닌 수직의 정신은 언어를 통하여 표출될 수밖에 없다. 앞에서 언급했듯이, 언어는 본질에 닿을 수 없는 한계를 가진 것이다. 한계를 지닌 언어를 통해서 정신의 높이를 드러내야 한다는 사실은 스스로 언어의 가시를 감당할 수밖에 없는 일이리라. 허만하 시인의 시에서 이러한 사실은 다음과 같이 변주되기도 한다. "밤새 모국어의 가시에 상처입은 나는 흰 눈 위에 핏자국을 남긴 사슴의 최후의 점프를 생각하며 걸었다. 바다처럼 번득이는 언어의 슬픈 물빛을 찾아 지팡이를 짚고 걸었다."(「상처」) 시작(詩作)은 초월(점프)을 위하여 '모국어의 가시'에 상처입는 행위이다. 그리고 본질을 찾기 위하여 슬픈 운명의 언어의 길을 지팡이로 더듬는 행위이다. 그래서 끝나지 않는 길을 다시 시작(始作)하는 행위가 된다. 이런 측면에서도 시의 언어는 근본적으로 역설의 언어가 되지 않을 수 없는 것이다.

죽음을 각오한 치열한 예술혼은 바로 역설적 예술정신이다. 이 정신은 죽음과 부재를 통하여 삶과 존재를 드러내는 방식이기도 하다.

> 단 한 번의 순수를 위하여
> 진흙의 일부로 썩어가는 눈
> 자욱한 눈송이처럼 흩날리는
> 순정한 목숨
>
> ―「백목련」

순수한 삶을 위하여 죽어가는 눈, 그 '순정한 목숨'을 가진 눈은 죽음을 각오한 예술정신의 표상이다. 예술은 근본적으로 자멸을 통하여 회생할 수밖에 없는 것이다. 죽음을 통하여 삶을 드러내는 예술가의 존재로 환치된 눈은, 허만하 시인의 다른 시에서 다음과 같이 변주되기도 한다. "캄캄한 하늘의 깊이에서 눈의 눈부신 몸부림은 태어난다. 덧없는 생애를 예감한 눈송이의 흰 몸짓은 내리자말자 부드럽게 죽는다. 스스로의 최후를 덮기 위하여 다시 내리는 슬픈 적설량 위에서 아편처럼 잠드는 미시령 밤의 눈."(「슬픈 적설량」) 눈의 눈부신 몸부림은 죽음을 각오한 몸짓이다. 그리고 눈은 스스로의 죽음을 덮기 위하여 다시 내린다.

굳이 하이데거를 인용하지 않더라도 인간은 죽음의 운명을 벗어날 수 없는 존재이다. 따라서 살아간다는 말은 달리 표현하면 죽어간다는 말이 된다. 인간의 실존적 모순이 이에서 극대화된다. 죽음을 생각할 때 인간은 철저한 허무의식을 느끼지 않을 수 없다. 그런데 또한 인간은 죽음을 생각할 때 삶의 의지를 불태우지 않을 수 없는 것이다. 인간은 허무와 의지의 모순의 변증법을 추구할 수밖에 없는 존재가 아닌가.

바위는 조용히 기억하고 있었다. 쓰러지는 양치식물의 숲. 아우성치는 맘모스의 마지막 울음 소리. 쌓인 시간의 무게 밑에서 목숨은 진한 원유로 일렁이고 있었다. 갑자기 나는 바위의 적의를 느꼈다. 바위는 기다리고 있다, 인류의 멸망을. 찢어진 바위틈에서 갈맷빛 물이 솟구쳐 바다가 되고 부스러

진 스스로의 피부에서 다시 풀밭이 일어서서 눈부신 고함소리를 지르며 연
둣빛 바람을 흔드는 부활의 순간을.
―「바위의 적의」

이 시는 개별 인간이 아니라 인간의 역사라는 거시적인 관점에서 생명의 문제를 다루고 있는 작품이다. 기나긴 세월의 무게로 인하여 원시시대엔 생명체였던 '양치식물'과 '맘모스'가 이제는 썩어서 '원유'로 바뀌어 있다. 생명체의 광물화라고 할 수 있을 것이다. 지질학적 상상력이 바탕이 되고 있는 이 시는 여기에서 끝나지 않는다. 바위가 인격체로 환치되어, 지질학적인 시간의 흐름에 따라 소멸해 간 생명의 역사를 기억하고 있다는 데에서 시적 상황은 달라진다. 바위는 생명 파괴를 일삼아 온 인류에게 '적의'를 가지고 있다고 이 시는 말한다. 그래서 바위는 인류의 멸망을 기다리고 있다고 이 시에 또한 종말론적 상상력이 깔려 있다고 생각되는 것은 바로 이 지점이다. 그리고 종말은 끝이 아니라 새로운 시작이 된다. '바다'와 '풀밭'은 소멸을 넘어선 부활의 이미지이다. 허만하 시인의 시에서 생명과 부활의 이미지를 대표하는 것은 '연두빛' 이미지이다. 이 시에서도 부활을 일깨우는 바람으로 '연두빛 바람'이 나온다. 거시적인 관점에서 생성과 소멸의 순환은 필연적인 것으로 여겨진다. 허만하 시인은 생성과 소멸을 끊임없이 반복하는 자연의 무한함을 통하여 우주의 근원으로의 회귀를 꿈꾸고 있는지도 모른다.

틈을 주무른다. 애절한 눈빛으로 서로를 더듬는 알몸의 포옹이 만드는 캄캄한 틈.

[……] 뼈와 살의 틈. 영혼과 육신의 틈. 빵과 꿈 사이의 아득한 틈. [……]

존재는 틈이다.
―「틈」

이 작품은 부재를 통하여 존재를 느끼게 하는 시이다. 여기에서 부재라고 생

각되는 틈이 바로 존재가 되는 역설을 보여주고 있다. 틈이 없으면 서로의 존재도 확인할 수 없다. 그래서 틈이 존재가 된다. 그럴 뿐만 아니라 틈은 관계의 다른 이름이 된다. 영혼과 육신의 '틈'이 바로 이 둘 사이의 관계를 형성시키는 것이 되기 때문이다. 이 작품은 관계의 현상학과 그 진실을 간결하게 보여주는 시에 해당한다. 그래서 텅 빈 틈이 중요하게 되는데, 이는 일종의 역설이 된다. 역설은 진실를 발견하는 하나의 방식이다. 본질은 언어 너머에 있고, 진정한 아름다움은 내용이 없듯이 존재와 관계의 중요성은 바로 틈에 있는 것이다.

이와 같이, 허만하 시인은 구도자와 같은 자세로 본질을 추구하고 있는 시인이다. 이는 철저한 시적 탐구를 통한 일종의 형이상학적 모험이라고 할 수 있을 것이다. 그런 만큼 언제나 젊고 도전적인 감수성을 잃지 않고 있다. 그래서 허만하 시인이 스스로 시집의 「자서」에서 밝히고 있는 것처럼, 그가 '언제나 성성한 에스프리를 지닌 신인'으로 남아 있기를 기대하지 않을 수 없게 하고 있다.

신생의 의지
— 최영철론

최영철의 시는 신생의 의지를 발현하고 있는 시로 읽을 수 있다. "그 해 늦가을 한나절의 뇌 수술을 받고 깨어났을 때 그 죽음의 고비가 참 다행이라는 생각을 했다. 내 안에 쌓인 찌꺼기들을 다 걸러낸 느낌이었다."(「시인의 말」) 최영철은 삶에 대한 반성적인 태도를 늘 견지하고 있는 시인이다. 그래서 다른 사람의 경우 '뇌 수술'을 한 경험은 오로지 잊고 싶은 경험으로만 여겨질 뿐인데, 최영철에게 이 경험은 무엇인가를 잃은 경험이 아니라 그동안 '쌓인 찌꺼기'를 '다 걸러낸' 경험으로 기억되고 있다. 그래서 그는 이 경험에서, 신생의 의지로 변환시키는 단초를 마련한다.

> 길 없는 길
> 가락 없는 청맹과니의 고개 넘어오며
> 나 비로소 득음했으니
> 너에게 상을 준다 20세기여
> 이렇게 만신창이로 허덕거린 사이
> 나는 다 망가져 처음으로 돌아왔다.
> ─ 「20세기 공로패」

삶에 대한 반성과 성찰의 태도를 늘 견지하고 있는 성실한 시인 최영철에게 길은 언제나 '길 없는 길'이다. 이미 주어진 길은 별다른 생각 없이 그대로 걸어가는 길이므로, 그에게 있어 주어진 길은 없다. 길은, 최영철에게는, 지나온 길에 대한 반성과 가야 될 길에 대한 성찰을 통하여 새롭게 탐색해야 할 대상이 되고 있다. 20세기의 끝자락에 겪은 커다란 시련을 통하여 그는 육신적으로 '만신창이'로 망가진 경험 속에서 '득음'이라고 표현할 정도로 큰 깨달음에 얻게 된 사정을 위와 같이 시로 형상화하고 있다. '처음으로' 돌아와 새출발을 다지고자 하는 그의 자세는 기점에 대한 의식으로 확대되어, 지나간 '20세기'와 다가온 '21세기'를 단순한 세기 구분이 아니라 자신의 절실한 신생의 내적 필연성을 마련해주는 것으로 받아들이고 있다. 「20세기 공로패」와 함께 「21세기 임명장」이란 시를 나란히 마련하고 있는 이유가 여기에 있다.

> 한 번도 세상에 대가리 쳐든 적 없는 나를
> 두고 보자 두고 보자고
> 식도를 구불구불 심장을 쿵쿵
> 위장을 부글부글 들쑤시고 간다
> 이 독성 아귀다툼 나를 새롭게 할 것이야
> ―「이 독성 아귀다툼」

　최영철이 내보이고 있는 신생의 의지는 우선 생활 가운데 다부진 면을 드러내면서 살겠다는 자세로 나타나고 있다. 그는 그동안의 자신의 태도를 "마음 약해 / 아무 소리 못하는 내 꼴"(「바보 민물고기」)이나 "한 번도 세상에 대가리를 쳐든 적 없는 나"로 인식하면서 삶의 자세를 '새롭게' 다지고 있다. 그런데, 내가 알고 느끼고 있는 최영철은 외유내강형인데 이제 자신의 강직한 면을 겉으로도 드러내겠다고 시를 통해 공표하고 있는 것이다. 어쩌면 사람의 외면만을 바라보고 사람을 대하는 것이 흔히 접하게 되는 이 세상의 형국이라면, 그가 보이는 이러한 태도의 변화는 세상에 대한 적극적인 대응일 수가 있다. 그의 신생의 자세가 '구불구불' '쿵쿵' '부글부글' '파닥거'(「바보 민물고기」)리는 생동감 있는 표현을 통하여 동적으로 형상화되어 있는 이유는 이 때문이다.
　여기서 최영철이 내보이고 있는 신생의 의지가 야성의 회복을 내포하고 있음을 알게 된다. 사실 '야성'은 그의 바로 앞 시집 『야성은 빛나다』에서부터 일정하게 비치던 사항이 된다. 하지만, 이번 시집 『일광욕하는 가구』에 오면 이 야성은 앞선 시집보다 훨씬 동적인 표현으로 드러나고 있다. "씩씩한 사내들이 욕지거리로 와서 / 하룻밤 아랫도리를 담그고"(「포구」)나 "내 아랫도리에 슬쩍 손을 넣는다"(「컴퓨터 그녀」)와 같은 성적인 표현이 자주 나오는 것도 이와 관련된다.

> 나는 내가 옳다고 얼마나 시퍼런 채로 매달려
> 까불댔던가 썩어가고 있었던가
> 붉게 물든 세상 혼자 견디지 못하고
> 바람 한 번에 그만 툭 떨어져 우쭐거리는
> 저 잎들을 보아라
> 구멍 숭숭 뚫린 마음으로 길떠나며
> 나를 자꾸만 돌아보는
> 저 충혈된 눈동자를 보아라
> ―「활엽수림에서」

최영철이 지닌 신생의 자세는 그동안 그가 지속적으로 내보이고 있던 반성적 태도를 보다 심화시키는 양상으로도 나타나고 있다. 이 작품에서 반성의 매개체로 등장하고 있는 것은 활엽수림의 나뭇잎들이다. 이 시에서 시적 화자는 우쭐거리다가도 '바람 한 번에' '툭' 떨어지는 나뭇잎을 보면서 삶의 유한성을 깨닫고 있다. 뇌 수술을 겪게 된 최영철에게 이 깨달음은 보다 절실하게 다가온 것인지도 모른다. 하지만 그는 역설적이게도 여기에서 신생의 의지를 다지고 삶의 깊은 의미를 느끼게 된다. 나뭇가지에 매달려 팔랑거리는 나뭇잎에서 '옳다고' '매달려' '까불댔던' 자신의 모습을 읽고 있는 그는 삶에 대한 겸허한 자세를 시를 통하여 보여주고 있다.

이런 겸허한 자세는 삶에 대한 시야가 넓은 자만이 보일 수 있는 것이 된다. 이런 측면에서 "나를 자꾸만 돌아보는 / 저 충혈된 눈동자를 보아라"라는 구절은 예사롭지가 않다. 물론 여기서 '충혈된 눈동자'는 이 시에서 반성의 매개체가 되고 있는 떨어지는 붉은 나뭇잎이다. 그런데, 위에 인용한 구절의 앞 부분에서는 시적 화자가 나뭇잎을 보고 있다면 이 부분에서는 나뭇잎이 시적 화자를 보고 있는 것으로 형상화되어 있다. 이 시의 독특함은 이와 같이 사물(자연물)의 시각이라는 시선의 새로움에 입각해 있는 것이다. 물론 여기서는 나뭇잎의 시선을 느끼고 있는 시적 화자의 자기 반성을 형상화한 것으로 여겨진다. 하지만 상대적인 시각을 상정한 것 자체가 시야의 넓음을 내포하고 있는 것이다.

> 사람들 사이를 두리번거리는 아이 보다가
> 내 몸이 점점 더워지네
> [……]
> 혼자 점점 뜨거워지고 있는 아이의 열기를
> 아무도 모르고 나만 받아 먹네
> ─「주황색 스웨터」

최영철의 시집 『일광욕하는 가구』에서는 시선의 의미가 새롭게 와 닿는다. 인용한 시에서 사람들을 보려는 아이의 시선, 이 아이의 시선을 아무도 모르는 사람들의 시선 그리고 아이의 시선을 알고 이 아이를 보고 있는 시적 화자의 시선이 등장한다. 물론 이 시에서 시선은 관심과 열정의 의미로 다가오고 있다. 여기서 아이는 세상에 대한 새로운 관심과 열정으로 충만한 존재로 표상되고 있다. 아이에게 세상은 얼마나 새로운 것이랴. 또한 신생의 의지를 다지고 있는 시인에게 있어 아이는 얼마나 적절한 시적 대상이 되는가. 그리고 주황색은 관심과 열정을 표상하는 데 얼마나 어울리는 색채인가. 이 시에서 최영철은 아이를 통하여 세상에 대한 관심과 열정을 새삼스럽게 또한 새롭게 발견하고 있다. 그리고 이 관심과 열정을 자기화하고 있는 것이다.

> 긁히고 눅눅해진 피부
> 등이 굽은 문짝 사이로 구멍 뚫린 퇴행성 관절이
> 삐걱거리며 엎드린다
> 그 사이 당신도 많이 상했군
> 진한 햇살 쪽으로 서로 몸을 디밀다가

몰라보게 야윈 어깨를 알아보고 알은체한다
―「일광욕하는 가구」

　시집의 표제작인 이 작품에서는 사물을 인격화하고 나아가 주체화하고 있다. 사물의 인격화는 의인관적 세계관에 입각한 서정시의 전통적인 요소라고 할 수 있어 새삼스러운 것이 아니라고 할 수 있을지 모른다. 하지만, 이 경우의 사물의 의인화는 결국 시적 자아의 정서를 표출하기 위하여 사물을 인격화한 것으로, 인간(자아)중심주의에 기반해 있는 것이다. 이에 반해 이 시에 내포되어 있는 사물의 인격화와 주체화는 인간(자아)중심주의에서 벗어나서, 시적 자아의 정서를 대변하는 것이 아니라 사물 자체에 격을 부여함으로써 사물 스스로의 시각에서 그 육체성을 드러내고 있다. 그래서 '가구'들이 일광욕을 하고 있는 것이다. 그러면서 서로 '당신도 많이 상했군' 하면서 '알은체'를 하게 되는 것이다.

잎 하나 피우는 내 등뒤로
한 번은 당신 샛별로 오고
한 번은 당신 소나기로 오고
그때마다 가시는 길 바라보느라
이렇게 많은 가지를 뻗었답니다
―「잎―푸조나무 아래」

　인용한 작품에서는 아예 '푸조나무'가 시적 화자가 되어 그 주체성은 더욱 부각되고 있다. 이제 사물은 더 이상 사물이 아니다. 사실 '사물'이라는 말 자체가 얼마나 인간중심적인 용어인가. 최영철이 시집 『일광욕하는 가구』에서 내보이고 있는 시선의 새로움과 시야의 넓이는 존재의 연관성으로 확대되고 있다. 존재의 연관성은, 이 작품의 경우 연시풍(戀詩風)을 취함으로써 더욱 절실하게 다가오고 있다. 잎을 피우는 푸조나무에게 샛별과 소나기는 연관성이 있는 존재들이다. 그래서 이들은 '당신'으로 불릴 수 있게 된다. 푸조나무에게 있어, 잎을 피우는 것이 당신인 샛별과 소나기가 오는 것과 관련된다면 가지를 뻗는 것은 당신인 이들이 가는 것과 연관된다. 존재의 연관성을 표출하는 이 시에서는 동양적인 인연관이 느껴지기도 한다.

「푸조나무 아래」는 시집 『일광욕하는 가구』에서 연작시 형태로 차례로 실려 있어 존재의 연관성을 시집의 형태학으로도 드러내고 있는 것으로 여겨진다. 또 하나의 연작시는 「시네마천국」으로 이 시들은 일종의 영화비평시들인데, 상호텍스트성 나아가 패러디를 통하여 시와 영화 등 문화예술의 연관성을 통하여 삶을 새롭게 성찰하고 있는 것이다.

> 저 나무는 나를 비추려고
> 저 바위는 나를 가리려고
> 얼마나 힘든 시간을 서 있었는지
> [……]
> 서로 와서 눕겠다고 재잘거리는
> 새, 아이들 소리.
>
> ―「순장자처럼」

그의 시에서는 이제 사물들은 저마다의 주체적인 입장에서 서로 연관될 뿐만 아니라 시적 자아와 연관된다. 그래서 시적 자아가 나무와 바위에다 어떤 행위를 하거나 이들을 통하여 인간적인 무엇을 드러내는 것이 아니라, 나무나 바위와 같은 사물들이 시적 자아를 비추거나 가리고 있는 것이다. 그럴 뿐만 아니라 대자연 가운데 생명성은 서로 연관되고 교통한다. 대자연의 근원으로 어머니와 같은 대지에 '새'와 '아이'들은 재잘거리면서 '서로 와서 눕겠다'고 한다. 신생의 존재들인 재잘거리는 새와 아이들이 대지에 눕겠다는 표현은 예사롭지가 않다. 신생의 표현을 이 시의 제목에 나타나 있는 것처럼 '순장자처럼' 눕는 것으로 표출하는 것은 일종의 역설이다.

최영철은 신생이 내포한 역설적인 의미를 알고 있다. 대자연에 편안히 안길 수 있는 자만이 제대로 사는 것이 된다. 옛 것의 죽음을 통해야만이 새 것의 삶을 이룰 수 있는 것이리라. 이와 같이 신생의 의지는 늘 출발점에 서 있는 것이다.

지킴의 시학

— 임동확론

1.

　임동확은 상처의 시인이다. 그는 첫 번째 시집 『매장시편』과 두 번째 시집 『살아 있는 날들의 비망록』에서부터 광주항쟁에서 비롯된 깊은 상처를 말해 왔다. 그는 여기서 죽음의 처절한 체험에 대하여 말해 왔을 뿐만 아니라 죽음의 현장을 지켜보고 이를 감내할 수 밖에 없었던 사람들의 내면에 깊이 각인된 상처와 고통에 대하여 말해 왔다. 아니, '살아 남은 자'의 한 사람인 시인으로서 임동확은 이들의 통한과 비애 그리고 죄의식을 시를 통해 대변하여 왔다고 볼 수 있다. 그 이후의 시집 『운주사 가는 길』과 『벽을 문으로』에서도 상처는 임동확 시인의 가장 중요한 시적 테마가 되고 있다. "낙엽처럼 뒹구는 기억들이여 / 우린 제각기 아름다운 상처로 꽃피어"(「희미한 시간 너머로 우거진」, 『운주사 가는 길』)라는 구절에서 보는 바와 같이, 그는 되돌아보는 '기억의 형식'을 통하여 줄기차게 상처에 대해 깊이 천착해 오고 있는 것이다.

　"누군들 저마다 아픈 상처 하나쯤 왜 없으랴"(「뿌리에 대하여 – 心經 10」, 『벽을 문으로』). "상처받지 않은 영혼이 어디 있으랴"라는 랭보의 유명한 시구절을 연상시키는 이 구절은 임동확이 얼마나 인간의 깊은 내면의 상처에 대하여 관심을 집중하고 있는가 하는 점을 단적으로 잘 보여주고 있다. 그런데, 상처는 인간 존재의 내면의 어떠함을 드러내는 것이긴 하지만, 임동확의 시에서는 내면의 상처를 입게 된 배경이 끊임없이 제시되고 있는 것에 주목해야 한다. 그 배경은 한 마디로 사회적인(초기에는 정치적이기도 한) 배경이라고 말할 수 있다. 상처를 말하는 그의 시가 근본적으로 사회학적 상상력에 바탕을 두고 있다고 봐야 하는 이유가 바로 여기에 있다.

최근 시집 『처음 사랑을 느꼈다』에서도 그렇지만, 신작시에서도 임동확은 여전히 상처에 대하여 말하고 있다.

> 눈부셔 차마 정면으로 마주 볼 수 없는
> 희고 흰 추억의 젖가슴과 사타구니를 드러냈지
> 그러니 뼛속까지 박힌 사랑의 상처는
> 단연 너의 보배. 다만 네가 그걸 밤나무 술통에 담긴 포도주처럼
> 컴컴한 헛간 한 구석에 오래 방치해 두었던 것
> 마냥 부인하고픈 기억의 탄층 깊숙이
> 너 하나만을 위한 말의 향유(香油)가 매장되어 있었던 것
> ―「너의 보배」 부분

이 시는 과거의 추억과 상처를 근본비교에 의하여 인간의 몸으로 치환하여 표현하고 있는 작품에 해당한다. 그래서 과거의 추억과 상처가 젖가슴과 사타구니에 비유되어 있다. 감추어 두었던 과거의 추억과 상처를 드러내는 것은 마치 가려 두었던 젖가슴과 사타구니를 드러내는 것과 같으리라. 임동확이 상처의 시인이라는 점은 단순히 상처를 말하는 데에 있는 것이 아니라, 상처를 당당히 말한다는 데에 있다. 그래서 "컴컴한 헛간 한 구석에 오래 방치해 두었던 것" 같이 마음 깊은 곳에 오래 감추어 두었던 과거의 상처를, 그 "뼛속까지 박힌 사랑의 상처"를 '보배'처럼 드러내려는 것이다. 임동확에게 있어 상처는 숨겨야 할 무엇이 아니라, 보배처럼 드러내 제값을 다하게 해야 할 무엇이다. 상처는 "기억의 탄층 깊숙이" 묻어 '부인'해야 할 것이 아니라, 시 인용 다음의 구절에서 보이는 것 같이 '토해내'고 '알몸'을 드러내야 하는 것이다. 이 때, 알몸은 본질을 지니고 있는 몸을 말하는데, 여기서 시적 화자는 알몸을 바라보듯이 과거의 상처를 통하여 삶의 본질을 되돌아보고 반성하는 태도를 말하고자 하는 것이다. 그렇다. 임동확에게 있어 과거의 상처는 현재의 삶을 돌아보는 기제로

작용하고 있다.

> 때로 그것 때문에 더욱 오래 아파하기도 했지만
> 바로 그 때문에 지상의 시간들이 아직 의미롭기 때문입니다
> 생전의 슬픈 기억들조차 일단 시작되면 무한히 폭발하는
> 사랑의 불꽃으로 아직 그녀의 마음속에 살아있는 탓이었습니다
> ―「살구꽃 피면」 부분

위에 인용한 시는 지아비를 잃은 한 여인이 남편과의 얽힌 추억을 더듬고 있는 작품에 해당한다. 그렇다고 해서 남편에 대한 기억이 좋았던 것만은 아니다. 시적 인물인 남편, 시 인용의 앞 부분에 보이는 대로, "술꾼이었고 때로 폭군으로 돌변하기도" 한 인물이었다. 다시 말하면, 남편은 살아가면서 자신에게 상처와 아픔도 상당히 주었던 인물로 설정되어 있다. 이 시는 아무 것도 나을 것이 없는 평범한 남편, 때로는 상처를 주기도 한 남편에 대한 '추억'을 통해서 현재의 삶에 일정한 '의미'를 부여하고자 하는 한 여인의 모습을 형상화하고 있다. 그래서 임동확은 과거의 상처가 때로는 현재의 삶의 한 지침도 될 수 있다는 점을 보여주고 있다. 과거는 현재의 '시간들'을 의미있게 하는 원천이 되는 것이다. "슬픈 기억들조차" "사랑의 불꽃"으로 화할 수 있는 것은 바로 이 때문이다.

2.

임동확이, 비록 상처뿐인 것이라 할지라도, 과거를 소중하게 여기고 과거가 여전히 현재 삶에 영향을 주는 연속성을 지닌 것으로 여기는 태도는 어쩌면 자연스럽게 보인다. 그런데, 앞에서 임동확의 상처에 대한 상상력은 본질적으로 사회학적이라 했는데, 이 지점에서도 이 말은 여전히 유효하다.

한때나마 우정과 이해타산을 나누었던
자들의 주소와 전화번호가 적힌 수첩도 잃어버리고

[……]

그러기에 여전히 쏟아지는 비난 따위,
조소 따위가 뒷덜미를 향해 쏟아진다고 해도
더 이상 어쩐지 내키지 않는 길,
남의 뒷꽁무니나 따라다니며 소리지르지 않겠다
— 「주인과 노예」 부분

1990년대에 들어와 1980년대에 대하여 분명하게 시대를 구획하고 1980년대에 대한 청산주의가 상당한 흐름을 형성하였고, 또 1990년대 후반도 1990년대 전반과 상당히 다르다는 인식이 널리 확산되어 너도 나도 시대의 변화와 시세의 흐름만을 좇아갈 때, 임동확은 과연 이런 태도만이 능사인가, 현재 상황에서 과거는 과연 의미없는 것인가 라고 끊임없이 질문하고 반성하는 것으로 보인다. 이러한 임동확의 태도는 "왜 새로운 것들에 저항감을 느끼는가. 왜 어쩔 수 없이 낡아가는 세월에 쉽사리 동의하지 못하고 멈칫거리며 뒤를 돌아봐야 하는가."(「첨단 기지에 내리는 눈발―心經 10」, 『벽을 문으로』)라는 시 구절에서 단적으로 확인할 수 있다. 이는 이 시의 다른 구절에 "저마다 굳어져 무표정한 현세(現世)가 좋아질까. 그처럼 소박하고 소중했던 기억들조차 / 이처럼 첨단이라는 이름 아래 묻혀가도 좋은가"라고 변주되기도 한다.

새것과 이에 편승한 속도를 통하여 자신의 욕망을 이루려고 하는 것이, 널리 퍼져 있는, 후기산업사회를 살아가는 현대인의 모습인데, 임동확은 이에 저항하고 있다. 그래서 "아직도 지켜야 할 명분과 의리가 분명하다는 듯" "의문 많은 세기말의 황혼 속에서 홀로 더욱 당당하다"(「정이품송」, 『처음 사랑을 느꼈다』)고 하여 시세를 좇지 않고 "명분과 의리"를 생각하여 자신의 자세를 지켜온 정이품송을 통하여 스스로의 태도를 가다듬고 있는 것이다.

혼돈의 시대, 세기말을 살아가면서 임동확은, 위에 인용한 시에서 알 수 있듯이 자기 자신의 자세를 굳건히 지키고자 한다. '한때' 자신과 '우정'을 나누었던 자들, 시세를 좇아간 그들과 태도를 달리 하므로 이젠 연락하지도 않고 있다고 시적 화자는 언명하고 있다. 그래서 시대의 변화를 타지 못한다는, 다른 사람의 '비난'과 '조소'를 받는다 할지라도 자기 자신의 태도들 견지하여 "남의 뒷꽁무니"를 따라다니지 않겠다고 다짐하기까지 한다.

과거를 지키고자 하는 임동확이 자기 자신의 태도를 굳건히 지키고자 하는 것은 너무나 자연스럽다. 신작시 가운데 한 편인 「과보(果補)」에서는, 자신의 욕망을 좇아 시세만을 추종하는 현 시대 상황을 "또다른 똥통을 밥줄로 삼고 있는 너희들 세상"으로 요약하고 있기도 하다. 그만큼, 임동확에게 있어 '지킴'의 태도는 시정신의 근본으로 자리하고 있는 것으로 여겨진다.

3.

  …… 우린 늘 엇갈려 왔다, 결정적인 순간일수록.
  그래서 침묵할 수밖에 없었던가, 결코 한 마디 말도
  하지 않았던 그 밤의 얘기는 무한히 깊고 넓다

  [……]

  우릴 더 외로운 꿈 속으로 질주하게 한다. 아무리 부정해도, 죽는 날까지
  우린 그 밤의 기억에서 완전히 벗어날 순 없으리라.

  [……]

  희망도 없이 치닫는 시절의 막다른 골목. 그럴 때마다 꺼져버린 불꽃이
  꿈과 현실 사이로 교대하여 지나간다
  제가 드리운, 몹시 낯선 외톨이 그림자 속에 타다만 그 밤의 불꽃이 조심
  스레 입을 열고 있다.
           —「불꽃에게 바치는 송가」 부분

이번 신작시 가운데 임동확의 시적 성향을 가장 집약적으로 보여주는 작품이 바로 이 시일 것이다. 시인 스스로 이 시를 신작시의 맨 첫 머리에 두고 있음에서도 이러한 사항을 단적으로 알 수 있으리라. 이 시에서 시적 화자는 지난 날을 되돌아보면서, 역사의 엇갈림에 대하여 말하고 있다. 인간의 일 가운데 '결정적인' 시간이 다름 아닌 역사를 이루게 되는 것이다. 여기서 엇갈리는 역사는 영광의 역사가 아니라 오욕의 역사를 말한다. 이 오욕의 역사는, 다른 시 구절에서 "여지껏 알게 모르게 강요되어 온 새로움이라든가 발전이라는 구호가, 이데올로기가 / 부단히 생을 간섭하고 통제하는 칼날로 뒤바뀌면서 전혀 원치 않은 결과로 이어져왔다"(「첨단 기지에 내리는 눈발—心經 48」) 라는 구체적인 표현을 통해 드러나고 있다. 그래서 '침묵'하였던 "그 밤의 얘기는 무한히 깊고 넓"을 수 밖에 없는 것이다. 침묵은, 사실, 할 말이 없어서가 아니라 너무나 할 말이 많아서 침묵하였던 것이다. 침묵해 온 자의 진실은, 이 글의 맨 앞에 인용한 시 작품「너의 보배」에 나오는 구절 그대로, "말의 향유(香油)가 매장되어 있었던 것"이다.

과거의 진실을 말하는 자의 열정과 바로 그 지난날의 열정이 이 시에서는 '불꽃'으로 형상화되어 있다. 임동확은 시적 화자를 통하여 이 작품에서 과거의 상처와 그에 대한 기억은 '죽는 날까지' '완전히' 벗어날 수 없다고 단언하고 있다. 그만큼 그는 과거의 상처에 깊이 천착하고 있는 것이다. 이제 "치닫는 시절의 막다른 골목"인 세기말은, '희망'도 없지만 '불꽃'이 꺼져버려 지난날의 열정도 없다고 시적 화자는 말한다. 그러나, 그 불꽃은 "조심스레 입을 열고" 있어, 희망을 완전히 접지는 않고 있다.

그런데 세기말인 지금, 임동확은 시를 통해 또 다른 고통과 상처에 대하여 말하고 있다. "폐기 처분할 열망도 없는 이 세기의 미아들이 / 골판지와 몇 장의 신문지들을 이불 삼아 / 서울역 지하도에 얼굴을 가린 채 누워 있다"(「Home-less」,『처음 사랑을 느꼈다』). 지난날의 열망이 필요없다고 하여 사라진 지 이미 오래된 이 시대에, 예기치 않게도 많은 사람들이 이제 집도 없고 희망도 없이

'미아'처럼 떠돌고 있는 것이다. 이는 분명 현재 뼈저리게 겪고 있는 IMF 시대라는, 미증유의 경제난에 기인하는 것이며, 임동확은 이러한 현 시대 상황에 비추어 여전히 사회학적 상상력에 바탕을 둔 상처에 대하여 말하고 있는 것이다.

4.

집 없이 떠도는 일은, 삶의 최저층인 생존의 문제이다. 절박한 생존의 문제는 인간으로서의 마지막 자존의 문제이기도 하다. 인간의 생존과 자존을 걸고 있는 '이보다 더 나쁠 수 없는' 상황으로 치닫게 된 데에는 오늘날 자본의 논리가 극단적인 양육강식의 생존논리로 표출되어 진행되는 데에 있는 것으로 여겨진다.

> 백양사 진입로 한켠에서 썩어가는 아름드리 굴참나무 고목
> 한풀 벗겨보면, 어느새 온갖 갑충류의 알들이 슬어 있다
> 오직 꺼질 줄 모르는 생명의 용광로,
> 지칠 줄 모르고 순환하는 식도가 되어
> 기꺼이 애벌레에 제 몸을 파먹힌다, 불개미들을 줄지어 불러들인다
> [……]
> 굴참나무 속살을 마구니처럼 파먹고 자란 애벌레를 먹고
> 굴뚝새가 또다른 굴참나무 위에 둥지를 틀어 알을 낳아
> 뜻밖에도 굴참나무가 새 새끼를 키운 셈이리니
>   ―「용광로」 부분

자본의 논리는, 근본적으로 도구적 이성에 따른 논리이다. 도구적 이성은 근대주의 세계관의 바탕으로서, 자연을 도구화하여 이를 오로지 인간의 기술적 조작의 대상으로 취급한다. 그런데, 이 도구적 이성은 이제 인간마저도 도구화하기에 이른 것이다. 세기말의 이른바 세계화의 자본주의와 이에 따른 지나친 경쟁의 논리는 인간의 능력을 오로지 자본의 논리에 흡수하여, 결국 인간 스스

로를 도구적 존재로 여기게 하는 함정이 있는 것이다.

이러한 근대주의 세계관에 따른 자본의 논리에 저항하는 사상의 한 전위가 생태주의 세계관이다. 이는 생명적인 세계관으로서 모든 생명을 하나의 유기체로 본다. 그리고 자연을 도구와 수단으로 취급하지 않고 하나의 격을 가진 존재로 본다. 그래서 도구적 이성에서 벗어나고자 하는 게 바로 생태주의 세계관인 것이다. 이는 또한 인간과 자연의 조화와 공생을 추구하는 것이다. 결국 생태주의 세계관은 자연의 회복을 통해 인간의 회복을 지향하게 된다.

위에 인용한 시는 바로 생태주의 세계관을 보여주고 있는 작품에 해당한다. 제목으로 쓰인 '용광로'는 인용한 시구절에 그대로 나와 있는 바와 같이 "생명의 용광로"인 것이다. 자연은 생명의 순환성을 지니고 있는데, 이 시는 바로 이를 잘 보여주고 있다. 이 시에서 "굴참나무 고목"은 일종의 "순환하는 식도" 역할을 하는 것이다.

인간의 손길이 닿지 않은 자연은 아직 도구화되지 않은 자연이다. 자본의 논리가 도구화시키는 것이라면, 자연 본연의 모습은 도구화되지 않아 자본의 논리에 저항하는 산물이 된다. "길가에 나뒹구는 돌, / 마른 풀잎마다 맺혀 있는 이슬방울, / 제 갈길을 저조차 모르는 심란한 흰 구름들"은 "주인이 없기에", 다시 말하면, 인간에 의해 자본의 도구로써 사용되지 않았기에 자연 본연의 모습을 지니고 있는 것이다. 이들은 "따로 교환하거나 셈할 게 없기에"(「주인이 없기에」) 자본주의의 냉정한 교환가치로 치환되지 않는 존재가 된다.

그런데, 앞에서도 언급했듯이 생명 현상은 순환이 하나의 공식이다. 따라서 일정한 시간의 경과를 반드시 내포하게 마련이다. 생명 현상을 드러내는 것이 궁극적으로 근대문명이 지닌 속도주의에 대항하는 의미를 띠게 되는 이유가 바로 여기에 있다.

    부동산 투기꾼의 자가용이 몰려오고
    여기저기 욕망의 굴뚝만 높아가는데
    나만 여기 덩그러니 남아 있느냐

> [······]
> 아들아, 다만 이 제동장치 없이 달려가는 고속버스
> 이 속도 빠른 문명의 열차에서 날 내려다오
> 그리하여 여전히 내외들이 애써 씨 뿌리고
> 곡식을 추수하는 예전의 들판길,
> 다시 그리운 샘터로 인도해다오
> ―「歸省」 부분(『운주사 가는 길』)

아마도 임동확의 시 가운데 가장 빼어난 시로 보이는 이 작품은 그의 반근대적 지향을 그 어떤 작품보다도 선명하게 보여주고 있다. 이 시에서, 시적 화자의 말을 통해서 근대문명의 속도가 제동장치 없이 달려가는 차량으로 비유되고 있는데, 이는 너무 적절하여 낯익기까지 한 것이다. 그런데 브레이크 없이 과속 질주하는 근대문명에 대한 비유는 근대문명의 속도와 양상이 이대로 진행되다가는 그 폐해로 인류가 얼마 안 가서 종말을 맞을지도 모른다는 위기의식, 이른바 종말의식을 내포하고 있다. 근대문명이 지닌 속도주의의 부정성은 자본주의의 욕망체계에서 더욱 가속도를 붙이게 된다.

오늘날 생태계의 위기는 바로 자본주의의 욕망체계와 생산양식에서 비롯된 것이다. 따라서 근대 자본 문명의 속도주의를 비판하는 것과 자연의 생명성을 추구하고 자연과의 합일을 모색하는 것은 마치 동전의 양면과 같은 것이 된다. 앞에서도 언급했듯이, 자연을 도구적 대상이 아니라 격을 가진 존재로 여기는 태도는 궁극적으로 도구화되어 가는 인간관계를 본연의 진정한 인간관계로 되돌리려는 태도와 연관된다.

임동확은 도구화되지 않은 자연 본래의 모습과 인간과 자연의 유기적인 합일을 통해 진정한 인간관계와 인간 본연의 모습을 지키려 한다. 이는 '귀성'을, 몸은 "과학의 신화" 근대문명을 좇아도 마음으로는 "관대한 모성의 탯자리"을 좇는 행위로 여기고 있는 데에서, 그리고 이 행위를 "가속도가 붙은" 근대문명의 "고의적 파멸에 대한" "무의식적 저항"(「그들이 온다」, 『운주사 가는 길』)이라고 시적 해석을 가하고 있는 데에서 확연하게 알 수 있다.

근대를 반성하고 넘어서려는 탈근대적 상황인 오늘날, 과거의 의미를 지키고 인간 본연의 자세를 지키려는 임동확의 '지킴의 시학'이 미래를 내다보는 전환기적 사유의 한 모습으로 다가올 수 있는 것은 바로 이 지점이다. 앞으로 임동확의 시에 계속적인 관심을 가져야 하는 가장 큰 이유도 다름 아닌 여기에 있다.

생명의 그물
─ 유병근론

　유병근 시인은 자신을 드러내지 않고 조용히 그리고 꾸준히 시작에 힘쓰고 있는 시인이다. 요즈음 같이 자기과시가 일반화되어 있는 상황에서 참으로 보기 힘든 일이 아닌가 생각한다. 유병근 시인은 1954년『신작품(新作品)』제8집에 시를 발표함으로써 등단하여 1978년 첫시집『연안집(沿岸集)』을 상재한 이래 1998년 여덟 번째 시집『돌 속에 꽃이 핀다』를 출간하기까지 일정한 시차를 두고 끊임없이 시집을 묶어낼 정도로 정열적으로 작품활동을 하고 있는 시인이다. 칠순을 바라보는 나이에도 식지 않는 시에 대한 뜨거운 사랑과 열정, 그 치열한 시혼은 아직 한창때인 나이에도 부지런하지 못한 나 같은 사람을 더욱 부끄럽게 할 따름이다.

　유병근 시인은 1993년에 발간한 여섯 번째 시집『설사당꽃이 떠나고 있다』에 붙어 있는 산문「시를 위한 심우행(尋牛行)」을 통하여, 자신의 시관의 일단을 밝히고 있다. 이에 따르면, 유병근 시인은 "마음을 비우기 위하여 시를 쓴다". 왜냐하면 "마음을 비워야만 참신함을 간직할 수 있"기 때문이다. 그에게 시작은 언어를 통하여 늘 새로운 세계를 추구하는 것인데, 그러기 위해서는 새로운 세계가 자리할 수 있도록 마음을 비우지 않으면 안 되는 것이다. 그래서 그에게 시작(詩作)은 늘 시작(始作)이 되고 있는 셈이다.

　유병근 시인이, 산문「시를 위한 심우행(尋牛行)」에서 시인을 "볼품없는 어휘와 구절을 깎아내고 새 어휘와 구절을 찾는 사냥꾼"으로 표현하고 있는 이유가 바로 여기에 있다. 유병근 시인은 언어의 숲을 활보하는 사냥꾼이 되어, 언제나 새로운 언어로 반짝거리는 생명체를 사로잡으려고 하고 있다. 유병근 시인이 지닌, 시에 대한 이와 같은 자유로운 생각이 오히려 그로 하여금 산문시를 더욱 추구하도록 하는 동인(動因)이 되고 있는지도 모른다. 그래서 유병근 시인은 「시를 위한 심우행(尋牛行)」에서 다음과 같이 언급하고 있는 것이다. "나는 시를 답답한 우리에서 일제히 풀어 주고자 했다. 시의 방목이라고 할까. 산문시는 내가 목가를 흥얼거리면서 산천을 두루 누비는 심우행(尋牛行)이라고 하면 좀 어떨까 싶다". 그렇다, 그는 산문시를 자유롭게 쓰는 시인에 해당한다.

이번 신작시에서도, 유병근 시인은 일곱 편 가운데 여섯 편의 산문시를 선보이고 있다. 유병근 시인에게 있어 산문시는, 시와 산문의 경계를 허물어뜨리는 자유로운 형식일 뿐만 아니라 그의 특장이 되고 있다.

나 옛날엔 악다구니였네 칡넝쿨처럼 얼크러진 손발이었네 칡꽃 하나 입에 문 불가사리였네 눈에는 눈, 이에는 이라는 천둥번개였네 아무것도 두렵지 않고 아무것도 탈나지 않고 아무것도 쓰라리지 않는 나, 옛날엔 벼락 맞아 허덕이던 대추나무였네 대추가 열다가 후두둑 떨어지고 빈 가지만으로 우두커니 서 있던 허깨비였네 망가진 빗자루 몽뎅이였네 머리칼 다 풀어헤친 실성한 실성한 구름이었네

― 「나 옛날엔」 부분

유병근 시인은 산문시라는 오히려 자유로운 형식에 힘입어 자유로운 상상력을 마음껏 펼쳐 보이고 있다. 그의 산문시는 각 문장이 마침표에 의하여 끊어지지가 않는다. 문장과 문장은 계속 연속되고 있다. 아니, 문장과 문장의 구분이 없다고 해야 정확한 표현일지도 모르겠다. 그도 그럴 것이 유병근 시인의 발랄한 상상력은 끊임없는 연쇄의 형식으로 이루어져 있기 때문이다.

위에 인용한 시에서도, '나―악다구니'라는 은유형식은 연상작용과 연쇄의 고리를 통하여 끊임없이 펼쳐지고 있다. 악다구니의 질러서 퍼지는 소리는 시각적으로 칡넝쿨을 연상시키고 이는 다각적으로 뻗어있는 손발로 형상화된다.

손발은 그 형상을 닮은 불가사리를 연상시키는데, 이 불가사리는 칡넝쿨과 관련이 있는 칡꽃을 입에 물고 있다. 손발 나아가 입은 신체의 다른 부위인 눈과 이와 연결되어, 나는 급기야 '눈에는 눈, 이에는 이라는' 무서운 보복성으로 표현되어 있는 '천둥번개'가 된다.

그런데, '나'에 대한 은유형식의 연쇄적인 고리는 이에서 그치지 않는다. 그럴 뿐만 아니라 '나'에 대한 지금까지의 은유가 가해자의 시각에서 형성된 것이라면, 그 다음부터의 은유는 피해자의 시각에서 형성되고 있다. 그래서 천둥번개인 나는 돌연 '벼락 맞아 허덕이던 대추나무'가 되는 것이다. 여기서, 천둥번개와 벼락의 연결은 앞과는 달리 그 위치가 서로 뒤바뀌고 있음은 물론이다. 그리고 대추나무는 대추의 빈가지만 남은 허깨비로 이어지고, 이 허깨비는 설화적인 상상력을 통하여 빗자루 몽뎅이를 연상시키게 된다. 빗자루 몽뎅이는 흩어진 그 모양을 통하여 미친 사람의 풀어헤쳐진 머리칼을 연상시키는데, 이는 하늘에 흩어져 떠 있는 구름으로 형상화되어 있다. 이를 한 눈에 알 수 있도록 도표화하면 다음과 같이 된다.

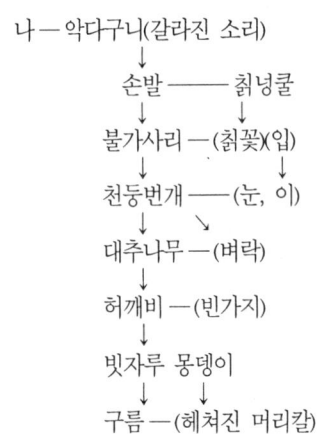

위의 도표에서, 오른쪽 편으로 연결된 사항 가운데에서 '칡넝쿨'만이 괄호 밖으로 드러나 있는 것은, 이것이 '손발'과 연결되어 "칡넝쿨처럼 얼크러진 손발"

과 같이 또 다른 비유의 형식을 취하고 있기 때문이다. 그리고 천둥번개에서 벼락으로, ↓쪽이 아니라 ↘쪽으로 연결되어 있는 것은 여기에서부터 가해자의 시각에서 피해자의 시각으로 바뀌어 정반대의 입장에서 은유가 이루어져 있음을 말한다.

중요한 점은 이 작품이 동양적인 인연관과 윤회사상을 바탕으로 이루어져 있다는 점이다. 그래서 연쇄적인 은유의 형식으로 이어져 있는 존재들은 서로 깊은 연관성 속에 놓이게 되는 것이다. 근대 서구의 합리주의 정신으로 보면 우연인 것도 동양사상으로 조명해 보면 내재적으로는 필연적인 연관이 있는 것으로 볼 수 있게 된다. 이 작품에서 서로 연관이 있는 존재들이 전통적인 것으로 등장하는 이유가 바로 이와 관련되는 사항이 된다.

유병근 시인이 동양적인 인연관에 따라 전통적인 소재의 존재들을 넘나드는 것은, 그가 점차 잊혀져가는 순우리말의 광맥을 찾아가 숨겨져 있는 우리말의 보석들을 하나 둘씩 채굴하여 이를 자유자재로 부려써 보이는 것과 결부되어 있다. 그는 이를 시를 통하여 "도둑처럼 / 국어사전에서 나온 말을 훔친다", "국어사전이 텃밭이다"(여덟 번째 시집 『돌 속에 꽃이 핀다』 중 「국어사전을 뒤지며」) 라고 표현하고 있다. 그리고 이 작품에서 우리말을 '굼벵이'와 '좁쌀'과 같은 생명체에 비유함으로써 그 생명성을 부각시키고 있다.

유병근 시인이 지니고 있는 언어에 대한 의식은 각별한 데가 있는 것으로 보인다. 그는 1995년에 발간한 일곱 번째 시집 『금정산』의 맨앞에서 「시인의 말」을 통하여 이를 다음과 같이 분명하게 드러내고 있다. "소리를 빚기 위해 산은 더 깊어진다. 여러 백년 아니 천년쯤 곰삭아 가장 은은한 산울림으로 되살아나기 위해 깊어진다. 언어라는 나무를 쪼아 시의 산울림을 빚는 시인은 어쩔 수 없이 딱따구리다. 산이다."

무엇보다도, 유병근 시인은 앞에서 살펴본 바와 같이 시작을 심우행(尋牛行)으로 표현한 바 있는 것처럼, 그리고 다른 시들(특히, 시집 『금정산』에 실려 있는 시들)을 볼 때 불교사상에 깊은 조예가 있는 것으로 생각된다. 그에 있어 동양사상은 시의 중요한 밑바탕이 되고 있다고 해도 과언이 아닌 것이다.

유병근 시인이 시를 통하여 보여주고 있는 동양적인 인연관은 유랑의 이미지와 결부되기도 한다. 이는 다음과 같은 시에서 아주 잘 드러나고 있다. "어둠을 적시고 비는 어둠이 된다 집을 적시고 비는 집이 된다 길바닥을 적시고 비는 길바닥이 된다 […] 내 몸이 아득히 비에 깔린다 비에 깔린 몸으로 휘청거린다 휘청거리는 어둠이 된다"(여섯 번째 시집 『설사당꽃이 떠나고 있다』 중 「타향살이」) 비는 어둠이 되고 집이 되고 길바닥이 된다. 이와 같은 존재의 전환은, 이 시에서, 적시는 행위의 매개에 의해서 이루어지고 있다. 여기서 적시는 행위는 인연의 매개가 되고 있는 것이다. 그럴 뿐만 아니라, 이 시에서 시적 자아인 '나'는 깔리는 행위와 휘청거리는 행위라는 인연의 매개를 통하여 비와 길바닥과 어둠과 연관되고 있다.

그런데, 여기서 깔리는 행위와 휘청거리는 행위는 다름 아닌 유랑의 고달픔과 삶의 역정을 환기시키고 있는 이미지에 해당되는 것이다. 신작시 가운데에서, 이러한 유랑의 이미지는 다음과 같이 표현되고 있다.

> 회오리도 아닌 것이 돌아다녔다 육이오와 사일구의 끈에 매달린 고무신 한 짝 부황 든 허공에 떠 있었다 산비탈 돌곽에 이마 문지른 귀때기 새파랗던 날 걸려 있었다
>
> ―「황사 지나며」 부분

제목 가운데의 '황사'부터 유랑의 상황을 환기시키고 있는 위에 인용한 신작시의 부분은 육이오와 사일구 등의 역사적 격변기를 거쳐온 기나긴 시련의 삶의 역정을 암시하고 있다. '부황'이라는 낱말이 이를 대변하고 있다. 그래서 함축적인 서사적 내용이 내재되어 있는 것으로 이해할 수 있는 것이다. 신작시 가운데 「어디서 깃발이 솟아올랐다」도 어떤 상황이 암시되어 있으며 서사적 내용이 내재되어 있는 작품으로 이해된다. 유병근 시인은 신작시와 함께 내보이고 있는 '시를 위한 산문'인 「길에서 시를 배우다」에서 자신이 살아온 삶의 흔적을 헐떡고개길에 비유하면서, "시는 시인을 헐떡고개길에서와 같은 어려움을 참고 견뎌야 한다고 은근히 말한다" "내 경우 시가 위안이 된다고 말하고 싶다"

고 언급하여 자신의 시와 삶의 관계에 대하여 밝히고 있다.

위에 인용한 시에서 고무신은 일종의 환유로서 유랑의 이미지를 표상하고 있는 것에 해당한다. 그런데, 그 고무신은 '끈'에 매달린 고무신이다. 물론, 이는 유랑생활 때문에 끈으로 매단 고무신이긴 하지만, 그 의미가 확대되고 있는 것으로 이해된다. 왜냐하면, 유병근 시인에게 있어 '끈'은 무엇보다도 인연과 연관성의 의미를 지니고 있는 것이기 때문이다. 여기에서도 동양적 인연관이 유랑과 결부되어 있는 것을 확연하게 알 수 있는 것이다.

> 저녁마다 웅덩이 속으로 아테놀올 한 알 가라앉았다 일렁이듯 가라앉는 느린 안개를 타고 물살, 몇 겹씩 주름을 짓다가 사라진다 거덜난 물살, 저문 길목 엿보는 더께 짙은 물살, 웅덩이를 헤집는 두레박 끈이라고 식은 이마 짚어보는 바람이 있다
>
> ―「끈」부분

인용한 신작시의 제목 '끈'은 인연과 연관의 의미를 환기시킨다. '끈'은 또한 '두레박 끈'이라는 표현에서 알 수 있듯이, 건져올리는 구제의 의미를 지니고 있다. 이와 같은 의미의 '두레박 끈'은 신작시 「아버지의 겨울」에도 등장하여 "두꺼운 볕살이 고인 우물 속으로 두레박 끈을 길게 매단 아버지, 겨울 내내 볕살을 퍼올려 큰 방 작은 방 꽃모종에 쏟아주곤 했다"로 표현되고 있다. 위에 인용한 작품 「끈」을 보면, 저녁마다 아테놀올 한 알이 웅덩이 속으로 가라앉는 상황이 제시되어 있다. 주지하는 바와 같이, 아테놀올은 협심증과 고혈압 치료제이다. 따라서, 이 작품에서 '웅덩이'는 몸에 대한 비유로 등장하고 있는 것으로 이해된다. 생각해 보면, 웅덩이는 자연의 몸, 그 중에서도 아픈 몸이지 않는가. 시적 화자는 자신의 아픈 몸을 자연의 아픈 몸과 연관짓고 있다. 인간과 자연이 상호연관 속에 있다는 생각은 일반화되어 있는 동양사상의 중의 하나이다.

> 진눈깨비 온다 저만치 서 있는 개살구나무 빈 몸으로 젖는다 아무짝에도 못쓰게 된 우산을 접어들고 그는 개살구나무 아래로 간다 오랜만이라고 개살구나무 줄기에 우산을 기댄다 진눈깨비는 그의 어깨를 타고 땅바닥으로

또르르 굴러 떨어진다 진눈깨비를 손바닥으로 받아본다 하늘을 쳐다본다 고개를 드는 듯 그만 떨군다 개살구 한 알 먹고 싶다던 투병중인 그가, 시한부 목숨이라는 그가 개살구나무 등걸을 만지고 있다 진눈깨비를 만지고 있다 진눈깨비를 지나 개살구나무는 어느새 열매를 달고 햇빛 좋은 개살구나무가 후드득 열매를 떨구고 있다

—「개살구나무 아래」 전문

위에 전문 인용한 신작시에서도 자연과 인간이 '생명성'을 바탕으로 상호연관되어 표현되고 있음을 확인할 수 있다. 이 작품에서 시적 화자는 일정한 거리를 두고 어떤 상황을 제시해 주고 있다. 그 상황은 몸이 아픈 '그'가 진눈깨비 오는 날 개살구나무 아래로 가서 개살구나무 등걸을 만지니 개살구나무 열매가 떨어지는 것으로 정리할 수 있다. 이와 같이 이 시는 함축적인 이야기가 내재되어서 서사성이 가미되어 있는 작품으로 이해되는데, 객관화된 시적 인물인 '그'의 행위의 표현이 이를 뚜렷이 드러내고 있다. 이 작품에서 산문시의 형식은 서사적인 요소와 결부되고 있는 것이다.

그런데, 이 시에서 자연과 인간의 상호연관성은 몇 단계를 걸쳐서 이루어지고 있다. 진눈깨비는 비생명적인 것이다. 이에 반해 개살구나무는 생명적인 것이다. 그러나, 진눈깨비 내리는 때에 개살구나무는 생명성을 드러내지 못하는 빈 가지일 뿐이다. 이 시에서는 이를 '빈 몸'으로 표현하고 있다. 그런데, 이 빈 몸은 시적 인물인 그의 아픈 몸을 환기시킨다. 열매가 없는 개살구나무는 투병중인 그에게 아무짝에도 쓸모가 없다. 개살구나무 빈 가지와 아무짝에도 못쓰게 된 우산은 그래서 자연스럽게 연결된다. 그는 진눈깨비 내리는 개살구나무 아래에서 개살구나무 열매를 받을 수 없다. 오직 진눈깨비만을 손바닥으로 받아볼 뿐이다. 그러나, 시적인 상황은 여기에서 그치지 않는다. 진눈깨비를 만진 그의 손이 개살구나무 등걸을 만지면서 개살구나무는 열매를 그에게 떨구는 것이다. 여기서 진눈깨비가 개살구나무로 환치되고 있음을 알 수 있다. "개살구나무 등걸을 만지고 있다 진눈깨비를 만지고 있다"로 개살구나무와 진눈깨비가 나란히 표현되어 있는 이유가 여기에 있다. 반짝이는 진눈깨비는 개살구나무에

게 햇빛이 되고 있는 것이다. 생명에 대한 강렬한 열망은 생명을 불러온다. 이럴 때, 시적 진실은 진눈깨비도 생명체가 되어 반짝이는 것이다.

유병근 시인에게 있어서는 '돌 속에 꽃이 피는 것이다'('돌 속에 꽃이 핀다'는 시의 제목이면서 나아가 이 시를 수록하고 있는 여덟 번째 시집의 제목이기도 하다). 그럴 뿐만 아니라 "돌 속에 제일 깊은 늪이 잠겨 있다는 세상"인 것이다('돌 속에 꽃이 핀다'). 돌은 생명성을 내재하고 있을 뿐 아니라 소우주를 지니고 있는 것이다.

> 저 큰 산이 어떻게 내 작은 눈속으로 들어오는지 저 높은 굴뚝이 어떻게 내 작은 눈속으로 들어오는지 저 빠른 자동차가 어떻게 내 작은 눈속으로 들어오는지 [……] 산의 눈 굴뚝의 눈 자동차의 눈과 내 눈이 서로 마주치며 껴안는 느낌이 들었어요 산 굴뚝 자동차가 내 작은 눈속으로 비집고 들어와서 산은 산의 몸짓으로 굴뚝은 굴뚝의 몸짓으로 자동차는 자동차의 몸짓으로 속삭여 주는 듯했어요
>
> ―「저 큰 산이 어떻게」 부분

여섯 번째 시집 『설사당꽃이 떠나고 있다』에 수록되어 있는 이 시는 어린 아이가 시적 화자가 되어 세상을 바라보고 이에 교감한 바를 감동적인 어조로 형상화하고 있는 작품이다. 여기서 어린 아이는 세상의 비밀에 놀라고 이를 깨닫는 자의 목소리와 같이 들린다. '큰 산'과 '높은 굴뚝' 그리고 '빠른 자동차'는 아이의 '작은 눈' 속으로 들어온다. 이 때 아이의 눈은 세상을 인식하는 눈이다. 그런데, 여기서 눈은 인식할 뿐만 아니라 거기에 거대한 것들을 담을 수 있는 소우주가 된다. 나아가 산과 굴뚝 그리고 자동차의 눈을 발견하고 그 눈들과 서로 '마주치며 껴안는'다. 눈을 통하여 산과 굴뚝 그리고 자동차는 관계를 이루고 나아가 서로 교감하고 있다. 다시 말하면, 존재의 연관성이 드러나 있는 것이다. 그러면서도 "산은 산의 몸짓으로 굴뚝은 굴뚝의 몸짓으로 자동차는 자동차의 몸짓으로 속삭여" 개별 존재는 또한 그 자립성을 지니고 있다. 그리고 이들은 각각 생명성을 지니고 있는 것으로 표현되고 있다. 이와 같이 이 작품은

존재들의 연관성과 개별 존재의 자립성을 경이로운 어린 아이의 시각으로 형상화하고 있는 것이다.

유병근 시인이 보여주고 있는 생명의 연관성은 "거미 한 마리 내 손바닥의 / 생명선과 운명선에 그물을 친다 / [······] / 끌려 나오지 않으려고 스크럼을 짠 / 납짝하게 엎드린 풀밭을 보았다"(여덟 번째 시집 『돌 속에 꽃이 핀다』 중 「풀밭」) 같은 작품에서도 뚜렷하게 확인할 수 있다. 시적 화자의 '생명성과 운명성'인 손금과 겹치는 거미줄. 이것을 유병근 시인은 '그물'로 표현하고 있다. 그렇다면 생명의 관점에서 존재의 연관성을 이어주는 이 그물은 '생명의 그물'이 되리라. 그 그물은 '스크럼'으로 대치되기도 하는데, 이는 다른 작품에서 "서로 팔짱 끼고 몸채로 칭칭 휘감은 보라빛 스크럼"(일곱 번째 시집 『금정산』 중 「금정산─등꽃」)으로 변주되기도 한다. 그리고 시 「풀밭」에서 거미는 거미에 그치는 것이 아니라 풀밭으로 확장되고 있는 것에 주목할 필요가 있다.

확장된 전체의 관점과 그물로 표현되는 관계의 관점은 근대의 기계론적 세계관에 대응하는 탈근대의 생태학적 세계관의 중요한 하나의 입장이 된다. 이 생태학적 세계관에 따르면, 개별 존재도 존재의 연관성과 생명의 그물에서 비로소 그 참모습이 드러나게 되는 것이다. 유병근 시인의 시를 읽으면서, 생태학적 세계관에 입각한, 프리초프 카프라의 『생명의 그물』이 연상되는 것은 그래서 자연스럽다. 유병근 시인 스스로 '생명'과 '그물'을 표면적으로 드러내고 있기도 하다.

유병근 시인은 "시를 쓰고 있으면 지금껏 안 보이던 끈이 보인다"(여섯 번째 시집 『설사당꽃이 떠나고 있다』 중 「새벽엔 시를 쓴다」)라고 하여 일종의 시 창작에 대한 고백을 시를 통해서 하고 있다. 그는 시쓰기를 통하여 끈을 발견한다. 이 '끈'은 존재의 연관성과 생명의 그물에 대한 표현으로 이해할 수가 있다. 앞에서 인용한 신작시 「끈」에서도 이 '끈'이 인연과 연관의 의미를 지는 것으로 파악되고 있는 것 또한 이와 관련되고 있음은 물론이다. 유병근 시인이 아직도 청년과 같이 늘 새롭게 던지는 시라는 생명의 그물에서 그 생명체들이 더욱 광채를 발하기를 기대해 본다.

존재의 미세학

— 정복여론

"일찍 배운 걸음으로 늘 물가에 앉아 있었는데, 그 물방울들의 몸짓들이란! [……] 그것은 그후 내게 세상 사물들을 읽는 발음기호가 되었다. 모든 사물들에게는 그러한 떨림이 있다. 그러한 움직임과 그러한 부끄러움과 그러한 두려움과 그러한 경이로움, 그것들을 들여다보는 것은 여기 아득한 세계에서 유일하게 나를 읽어나가는 방법이다. 그러니까 한편 내 시는 나를 읽은 그때 냇물이었던 그 물방울들의 떨리는 파장이라고 할 수 있으리라."(「시인의 말」)

정복여의 시는 '존재의 미세학'과 연관하여 존재론적 깊이를 드러내고 있는 시이다. 위에 인용한 「시인의 말」에서 보는 바와 같이, 정복여에게 시는 '물방울들의 몸짓들'을 읽는 것과 같다. 이것은 '존재의 미세학'이다. 모든 존재는 그 나름대로의 미세한 '떨림'이 있다. 이 떨림은 그 존재에 개별성과 고유성을 부여하여 그 존재를 오직 그것답게 한다. 이러한 떨림을 발견하는 것은 일종의 '경이로움'이다. 정복여는 이에 그치지 않고 '존재의 미세학'을 통하여 자기 자신을 읽어나가는 방법을 익힌다. 그래서 그의 시는 존재의 미세학에 대한 시이기도 하면서 존재의 미세학으로 자신을 읽은 시이기도 하고 다른 존재의 시각에서 읽힌 자신에 대한 시이기도 하다. 시각의 다양성을 통하여 정복여의 시는 존재론의 깊이를 더해간다고 할 수 있다.

긴 사선을 끌고 오던 구름이

> 한방울 둥근 몸으로 떨어진다
> 수면이 파인다
> 순간 짧게 튀어오르는 몸
> 오랜 허공이 실타래처럼 감긴 저 몸
> [……]
>
> 마을로 가는 저 수천의 몸
>
> ―「비-四季 3」

　관찰자의 섬세한 촉수를 가지고 있는 정복여는 먹구름에서도 끌려오는 '긴 사선'을 보고 있다. 그럴 뿐만 아니라 여기에서 떨어지는 빗방울도 섬세하게 살펴보고 이를 '한방울 둥근 몸'으로 형상화하고 있다. 또한 하나의 빗방울을 '몸'으로 표현하고 있는 데에서 이것에 육체성을 부여함으로써 존재의 개별성을 뚜렷이 부각시키고 있다. 「그리움」이라는 시에서는 하나의 빗방울을 '둥글고 빛나던 몸'으로, 빗방울이 떨어진 자리를 '음각으로 파놓은 반원'으로 형상화하고, 이를 '사랑이 새겨넣은 불도장 같은 것'으로 환치시키고 있다. 존재의 미세학이 섬세한 관찰과 탁월한 비유를 통하여 존재론적 깊이를 더하고 있는 것이다.
　위에 인용한 「비-四季 3」에서는 하나의 빗방울에 수면이 파이고 이로 인해 물방울이 튀어오르고 허공 가운데 실타래처럼 얽힌 빗줄기를 섬세하게 형상화하고 있다. 그래서 정복여의 시는 마치 '마이크로코스모스'의 세계를 언어로 그대로 옮겨 놓은 것 같다. 여기에서 '허공이 실타래처럼 감긴 저 몸'은 틈과 부재 가운데 있는 존재를 형상화하고 있다. 이는 '텅 빈 둥근 원'(「모든 상징은 어둠이다」)과 같이 변주되기도 한다. 영화 「마이크로코스모스」는 부재하다고 느끼고 있는 세계 내에 얼마나 많은 존재들이 서로 얽혀 있는지를 보여주지 않았는가. 이것은 엄연한 실재의 세계인데, 이러한 세계는 인간적인 시각을 넘어서야 보이는 세계이다. 그리고 빗줄기를 하나의 존재로 파악하지 않고 '수 천의 몸'으로 형상화하는 데에서 정복여가 존재의 개별성을 얼마나 의식하여 부각시키고 있는지 잘 알 수 있다.

책상 위에 깃털 하나 떨어져 있다
몸에서 방금 뽑힌 듯
아직 따뜻한 온기가 느껴지는
반질반질한 단백질이 묻어 있다
[……]
이 생생한 실체

— 「즉흥적으로~토카타」

정복여의 시는 존재의 미세학이 기저를 이루고 있다. 위에 인용한 시에서도 책상 위에 떨어져 있는 깃털을 묘사하고 있다. 그런데, 이 시에서는 미세한 존재인 깃털에서 '따뜻한 온기'와 '단백질'을 보고 느끼고 있다. 빗방울을 몸으로 읽어 존재에 육체성을 부여한 그는 이제 여기에서 미세한 존재에 생명성을 부여하고 있다. 아니, 생명성을 생생하게 느끼고 있는 것이다. 그래서 정복여에게 있어서 이 깃털은 '생생한 실체'로 다가오게 된다. 생명성을 지닌 존재는 얼마나 생생한 실체 그 자체인가.

거울은 내 눈을 피해
내 뒤편의 하늘을 보고 있다
[……]
그런데 그늘 밑에 저 한 모래알
어디서 많이 본 듯해

— 「거울이었던 거울」

정복여의 시에서 내보이고 있는 존재의 미세학은 시각의 다양성을 통하여 존재론적 깊이를 더하게 된다. 이 시는 일차적으로 시적 화자가 거울을 들여다보고 있는 상황을 그리고 있다. 그런데, 시적 화자만이 거울을 들여다 보고 있는 것이 아니라 바로 거울이 시적 화자의 '눈을 피해' '뒤편의 하늘'을 보고 있는 것이다. 이제 시적 화자는 거울의 시선을 의식하지 않을 수 없게 된다. 이 시는 사물의 시각을 거울을 통하여 적절하게 형상화하고 있다. 사실 다른 무엇이 아닌 거울을 보고 있을 때 무수한 시선을 느끼게 되는 것이 아닌가.

 이 시에서도 어김없이 '한 모래알'의 미세한 존재가 등장하고 있다. 그만큼 정복여 시인에게 있어 존재의 개별성은 그의 시의 기저를 이루는 것이라고 볼 수 있다. 그런데, 여기서 모래알을 보는 시선은 시적 화자의 시선과 거울의 시선이 겹쳐져 나오고 있다. 그의 시에서 시선은 그만큼 단순하지가 않다.

> 내가 세들어 사는 이곳에 아주 오래된 연못 하나 있었다
> 계약서에는 없던 무수한 물방울들이 처음 발을 들여놓자
> 사각의 방 모서리를 허물며 둥글게 안으로 흘러들었다
> [……]
> 그 이후 나는 날마다 내 열쇠 하나로
> 어떻게 이 연못을 잠가두고 나갈 수 있을까 걱정하였다
> ―「깊은 방」

 정복여의 시에서 존재의 깊이는 '스스로 빠져서 깊어지는' '제 그늘만큼의 연못'(「나무연못」)과 같은 표현으로 형상화됨으로써 구체적으로 표출된다. 위에 인용한 시에서도 '아주 오래된 연못'이 등장하고 있다. 이 연못은 시적 자아 스스로의 존재의 심연인 것이다. 다시 보면 심연(深淵)이란 말 자체가 내면을 깊은 연못으로 비유한 말이 아닌가. 그만큼 그의 시에서 연못은 적절하다 못해 당연한 비유가 되고 있다. 정복여의 시가 지니고 있는 존재의 미세학은 이 작품에서 연못 속에 있는 '무수한 물방울들'이 '둥글게 안으로' 흘러들어오는 세밀한 형상화로 드러난다. 그런데, 그는 여기에서 이 형상화를 통하여 '사각의 방'이라는 자신만의 내면공간이 훼손당하지 않을까 우려하는 상황을 표출하고 있는 것이다.

 존재의 개별성을 존중하는 시인에게 존재의 내면세계, 더구나 자신의 내면세계는 더욱 지켜야만 하는 것이 된다. 자신을 지키는 고유의 내적 영역 없이는 더 이상 존재의 깊이도 없는 것이리라. 그래서 그는 '열쇠'로 자신의 내면세계인 '깊은 방'을 굳건히 지키고자 하는 태도를 보이고 있는 것이다.

>   등에 업힌 아이가 나를 보고 있다
>   올이 굵은 오렌지색 스웨터에 한쪽 볼을 짓이긴 채,
>   아이의 깊은 눈동자가 내 몸에 와 박힌다
>   [……]
>   나는 지금 저 아이에게 꼼짝할 수 없다
>
>   —「귀가」

　이 작품에서 시선은 존재를 꿰뚫어보는 힘, 나아가 감시와 권력이 되고 있다. 여기서는 보는 주체는 아이이고 보이는 대상은 시적 화자이다. 시적 상황에서 시적 화자는 자신을 보고 있는 아이 때문에 '꼼짝할 수 없다'고 고백하고 있다. 그래서 '눈동자가' '몸에 와 박힌다'고 표현하고 있는 것이다.
　그런데, 이 작품에서는 특이하게도 보고 있는 주체는 아이이고 보이는 대상이 시적 화자이다. 그리고 이 작품에서 시선의 의미는 감시와 권력의 의미로 다가오고 있다. 존재의 미세학을 형상화하고 있는 정복여에게 더구나 타자의 시선은 그 세밀한 의미인 감시와 권력으로 읽히지 않을 수 없으리라.

>   그러면 단번에 우리 풀밭을 기억해낼까 나란히 누웠던 자리에 클로버,
>   [……] 그 봄 여름 가을의 바람회오리 조금씩 그 둥글음이 깊어져 초록 못으
>   로 박힌 여기 이 짙은 당신 눈동자를,
>   —「갈참나무의자」

　정복여의 시에서 아이를 포함하여 인간의 시선이 타자의 시선으로 다가올 때에는 감시와 권력과 연관된다면, 인간(자아)중심주의를 벗어나 인간의 시선이 아니라 사물의 시선으로 시적 형상화가 이루어진 경우에는 사물에게 개별적인 격을 부여하여 생명의 교감이 이루어지고 있는 것으로 표출된다. 인용한 시에서 '갈참나무의자'의 시각에서 '풀밭'과 '클로버'를 말하며 이 시각에서 사물의 '짙은' '눈동자'를 보고 있다. 눈동자를 보고 있는 것은 존재들 사이에 이루어지는 일종의 교감이라 할 수 있다. 「잎, 이파리들」이라는 시에서도 '불거져나오는

빛의 눈들'이라는 표현을 통하여 빛에서 눈을 발견하고 나무와 빛 사이에 이루어지는 생명의 교감을 노래하고 있는 것이다.

나아가 정복여는 인간중심적인 시각을 벗어나 자신을 시에서 사물(자연물)의 시각에서 바라보기도 한다. 그럴 때 시적 화자는 바로 자연물의 일원이 되는 것이다. '나도 길게 누운 한 마리 자연으로'(「자연이 자연을 먹는다」)라는 구절이 바로 그것이다. 그 뿐만 아니라 어떤 경우는 어떤 사념에도 생명성을 부여하기도 한다. '누군가 없어도 되겠다는 싹이 튼다', '정말 괜찮겠다는 뿌리가 돌 밑으로 뻗는다'(「저녁, 풀밭에 누우면」) 라는 구절이 그것인데, 생각을 생명을 가진 실체로 간주할 뿐만 아니라 그 생각의 연속성을 싹과 뿌리라는 한 개체의 생명의 연관성으로 표현하고 있는 것이다.

이와 같이 정복여는 존재의 미세학과 시선의 교감을 통하여 생명성을 드러내고 있다. 생명성을 중요한 시적 화두로 삼고 있는 그가 「걸어 다니는 냉장고」라는 시를 통하여 기계적이고 사물화된 존재를 비판하거나 「아르바이트하는 여자」라는 시를 통하여 상품화된 존재와 이것을 뒷받침하는 기술 이데올로기를 비판하는 것은 당연한 일일 것이다. 이들은 다름 아니라 삶의 본질인 생명성을 잃어버린 껍데기에 불과하기 때문이다.

털실보푸라기, 모기찢어진날개, 바오밥나뭇잎, […] 이 균들의 홀씨들,

지구에 부딪쳐, 떨어져, 흩어진,
우리는 별의 식구
함께, 별이었던

떠나온 몸으로 돌아가려 한다
　　　　　　　　　―「먼지는 무슨 힘으로 뭉쳐지나」

시집의 표제시이기도 한 이 작품은 여러 측면에서 정복여의 시적 특성을 잘 드러내고 있다. 발랄한 상상력을 바탕으로 하여 미세한 존재들을 '털실보푸라

기', '모기찢어진날개', '바오밥나뭇잎' 그리고 그들 사이에 있는 '균들의 홀씨들'을 섬세하게 형상화하고 있다. 존재의 미세학은 존재의 개별성을 표현하는 중요한 바탕이 되고 있다. 그런데, 그 존재들은 생명성으로 서로 연관되어 있다. 이 시의 제목인 '먼지는 무슨 힘으로 뭉쳐지나' 자체가 이것을 환기시킨다. 이 작품에서는 그 연관이 우주 연관으로까지 확장되고 있다. 그래서 이들은 '함께' '별의 식구'가 되는 것이다. 또한 이들은 거대한 자연 가운데 일원이면서 이에게로 돌아가려는 회귀성을 지니고 있다. 그리고 이 회귀하는 존재는 '몸'이라는 형상을 입음으로써 그 실체성을 지속하고 있는 것이다. 이와 같이 정복여의 시가 드러내고 있는 존재의 미세학은 충만한 생명성을 내포하지 않을 수 없는 것으로 다가오고 있다.

일상적 삶의 깊이와 생명성

— 고창환론

    일상의 세계는 반복되어 이루어지는 기계적인 것이며 늘 친숙한 영역이라 대개 예술적 인식과 형상화에서 지나치기가 쉽다. 흔히 일상적인 것을 벗어났을 때에 예술적이라든지 미적이라든지 시적이라고 하는 것은 이것과 관련이 있는 현상일 것이다. 그러나 누구도 일상을 벗어날 수 없는 게 인간의 존재 양상이고 보면, 일상은 새롭게 조명되어야 할 영역 가운데 하나임에는 틀림이 없다. 사실, 문학에서 일상의 문제는 이미 거대이념의 대립이 무화되고 미시이념이 전면에 등장하게 된 90년대에, 그 이전의 거대서사에서 미시서사로 그 주제를 변환시키면서 그 중요성이 부각된 사항이다. 일상은 미시서사의 중요한 주제 가운데 하나였던 것이다. 그래서 90년대에 일상시에 속하는 작품들이 상당히 나오게 되었는데, 이러한 일상시들은 대개 역사의 무거움에서 해방되는 일상의 가벼움 그 자체로 다가오는 경우가 많았던 게 또한 사실이다.

    그런데, 일상의 세계는 다름 아닌 우리 삶의 구체적인 현장인 것이다. 사실 따지고 보면 우리의 삶이라는 게 일상의 연속이 그 대부분을 차지한다. 그래서 누구도 일상을 벗어날 수 없고 또 일상 가운데에서 삶을 영위해가면서 그 보람을 찾으려고 한다. 일상은 그렇게 가볍기만 하고 또 단순한 것만이 아니다. 자질구레하게 보이는 일상 가운데에 우리 삶의 여러 가지 복합적인 문제들이 녹아 있기 때문이다. 사회철학자 르페브르는 『현대세계의 일상성』에서 일상성을 '현대성의 무의식'이라고 언급하고 있다. 이 말은 일상성이라는 개념 속에 현대

사회의 성격을 규정하는 여러 가지 요소가 녹아 있음을 의미한다. 현대세계의 일상성이라는 개념은 현대적인 삶을 규정짓는 여러 요소를 통하여 그 일상성을 생산하는 현대사회의 내부를 탐구하고자 하는 것을 말한다.

고창환의 시는 일상적인 삶에 깊이 천착하고 있는 시로 다가온다. 그의 시는 역사와 시대상황의 무거움을 드러내는 시가 아니며 그렇다고 상대적으로 일상적 삶의 표면적인 모습을 가볍게 그리고 있는 시도 아니다. 그의 시는 일상적인 삶에 관심을 가지고 있으면서도 그 삶의 깊이를 파헤쳐 드러내고 있는 시에 해당한다. 그러나, 그의 시가 르페브르가 관심을 가진 것처럼 일상성의 현대성에 초점을 맞추고 있는 것은 아니다. 그의 시는 일상성의 삶의 치열함에 초점을 두고 있는 것으로 파악된다. 다시 말하면 그의 시는 일상적인 삶을 통해서 우리 삶의 의미들을 깊이 있게 시적으로 형상화하고 있는 것이다. 고창환의 시에서 일상적인 삶을 통해서 삶의 현대성이 부각되는 것이 아니라 삶의 본질적인 측면이 부각되는 것은 바로 이 때문이다.

고창환이 일상적인 삶을 가장 중요한 시적 대상으로 삼고 있다는 것은 시작품 제목을 봐도 확연하게 알 수가 있는 사항이다. 시집에 수록되어 있는 차례대로 그 예를 들면 다음과 같다. 「공우 아파트」, 「타워 크레인」, 「우체통이 있는 거리」, 「신상리 가구 공단」, 「집」, 「양재동, 오전 10시」, 「전신주」, 「트레일러에게 바란다」, 「창고」, 「담」, 「상동 시장 지나며」, 「의정부행 1호선」, 「복락 교회」, 「6시 10분 버스」 등이 바로 이에 해당한다. 그리고 고창환의 시에서, 일상적인 삶과 직접적인 연관이 되지 않는 제목의 작품에서 일상적인 삶의 모습을 접하게 되는 것은 흔한 일에 속한다.

> 여기 퍼질러 앉아 쥐치나 씹으며
> 막소주 한 사발에 취해볼거나
> 할말이 많은 듯 입술을 들썩이는
> 불빛 몇 개가 바다로 떨어진다
>
> ―「대포항 근황」 부분

대포항의 풍경을 그리고 있는 이 시에서도 고창환은 일상적인 삶의 모습을 충실하게 형상화하고 있다. 일상적인 삶은 그리 아름답지도 않고 평온하지도 않다. 일상적인 삶은 "퍼질러 앉아 쥐치나 씹"는 것처럼 평범하고 사소하며, "막소주 한 사발에 취"하고 싶은 것처럼 쓸쓸하고 고통스러운 것이다. 그리고 세상에 대하여 하고 싶은 말이 많아도 다 하지 못하고 어쩔 수 없이 견뎌야 하는 것이 숨길 수 없는 우리의 일상적인 삶의 모습이다. 고창환 시의 미덕은 일차적으로 삶을, 구체적인 일상적 삶을 사실 그대로 받아들이고 이를 형상화하고 있는 점에 있다. 위에 인용한 시에서 시적 화자의 마음을 대변하고 있는 것은 대포항 앞의 주점에 켜있는 '불빛'이다. 이 불빛이 시적 화자를 대신하여 "할 말이 많은 듯 입술을 들썩이는" 것이다. 그렇다. 우리의 일상적인 삶에서는 할 말이 많아도 견뎌야 할 때가 많은 법이다. 위에 인용한 고창환의 시에서는 의인관적 세계관에 따라 이러한 사항이 사물을 통하여 표출되고 있는 것이다.

> 삶은 견딜 만한 노동과 같은 것일까
> 분주한 발걸음들이 잔기침을 뱉어내는
> 늦가을 오후, 어느새 훌쩍 커버린 아이들처럼
> 마을 어귀 건물이 높아져 있다
> 그의 정신이 쓸쓸함으로 비워지는 동안
> 철골과 시멘트로 채워진 세상
> 홀로 버텨온 나날이 잡풀처럼 거칠다
>
> —「타워 크레인」 부분

고창환은 우리의 일상적인 삶에 내재되어 있는 견딤의 의미를 잘 알고 있다. 어쩌면, 우리의 삶이란 게 그의 시 구절대로 "견딜 만한 노동"과 같은 것인지도 모른다. 우리의 현실적인 삶은 그만큼 엄정한 것이다. 엄정해서 우리는 일상적인 삶에서 늘 분주하게 활동하지 않으면 그 삶의 형태가 제대로 유지되기 힘든 것이리라. 그리고 우리의 일상적인 삶은 높아져 있는 건물처럼 늘 새로운 장애물을 만나게 되며, 또 이를 잘 넘어야 하는 것이리라. 그래서 고창환의 시 구절대로 우리 현실의 세상은 "철골과 시멘트로 채워진 세상"인 것이다. 이는 다음과 같이 변주되기도 한다. "흉터와 욕설과 사랑이 난분분 흩날리는 땅"(「산수유 지는 날」). 우리가 구체적으로 일상적인 삶을 살아가는 이 세상은 욕설과 사랑이 함께 엉겨있는 땅이다. 그만큼 우리의 일상적인 삶은 복합적인 면을 지니고 있다. 상처받기 쉬운 이 세상에서 제대로 버티기 위해서는 "잡풀처럼" 거칠지 않을 수 없는 게 우리의 숨길 수 없는 일상적인 삶의 모습일 것이다. 고창환은 다른 시 작품에서 이를 다음과 같이 표명하기도 한다. "싸움닭 같은 벼슬을 세우지 않고 / 어떻게 이 도시를 견뎌낼 수 있단 말인가"(「늦여름의 길목」). 그만큼 우리의 일상적인 삶은 엄정한 것이고 또 견뎌야만 하는 것이다.

> 발자국들이 시름의 흔적이며
> 자욱한 먼지의 기억에 시달리고 있음을
> 나는 안다 깊은 밤 발자국들은
> 수런거리며 사람의 가슴에서 깨어난다
> ―「발자국들」 부분

우리의 구체적인 일상적 삶은 훌쩍 뛰어 넘을 수가 없다. 한 발자국 한 발자국 연속되는 그 흔적으로 이루어진다. 삶은 그만큼 엄정한 것이다. 고창환의 시 구절대로 "만만한 것은 하나도 없"(「못을 박으며」)는 것이다. 삶의 엄정성은 우리를 삶의 구체적인 현장에서 "자욱한 먼지" 속을 "시름"과 함께 한 발자국 한 발자국 디디면서 걷지 않을 수 없게 만든다. 고창환은 일상적인 삶에 내재되어 있는 이 엄정성의 의미를 잘 알고 있다. 시적 화자의 입을 빌어 스스로 "나는 안다"고 표명하고 있기도 하다. 인용한 시 「발자국들」은 고창환의 시집 자체와 그 제목 『발자국들이 남긴 길』을 환기시키는 작품에 해당한다. 여기서 시집의 제목 자체에 주목할 필요가 있다. 언어 문법에 따르면, '발자국들을 남긴 길'이거나 '발자국들이 남겨져 있는 길'이 일반적인 표현일 될 터이다. 그러나, 시집의 제목은 이것이 아니라, '발자국들이 남긴 길'이다. '발자국들'에 주체적인 행위의 의미를 넣어 이 '발자국들'을 강조하고 있다. 그만큼 고창환은 삶의 길에서 구체적인 일상적 행위의 중요한 의미를 부각시키고 있는 것이다.

엄정한 우리의 일상적 삶에서 한 발자국 한 발자국 제대로 내딛기 위해서는 이 세상에서 받을 수 있는 상처를 두려워해서는 안 되는 것이리라. "흠집 없는 영혼이 어디 있으리 / 세상이 얼마나 많은 상처를 품고 있는지 / 흙바닥 뒹굴어 보면 알겠네"(「落果」). 랭보의 유명한 시구절인 "상처받지 않은 영혼이 어디 있으리"를 연상시키는 시 구절을 내세우고 있는 고창환은 "흙바닥"인 이 세상에서 일상적인 삶을 영위하면서 받게 되는 상처에 대해서 잘 알고 있는 것으로 보인다. 그럴 뿐만 아니라, "상처만이 마음에 길을 만든다"(「枯木」)라는 표현을 통해서, 이에 적극적인 의미를 부여하기도 한다.

> 몇 마리 개미들이 빠져나온다
> 세월이 부식시킨 틈새
> 헐거워진 시멘트와 철근이 갈라서고
> 오래 다물었던
> 소리들이 빠져나온다
> 완강한 것들은 그 무엇도
> 품지 못한다 비로소 숨쉬는 것들은
> 참으로 오래 견뎌온 것들이다
> 저 좁은 틈새마다
> 집들이 들어서고 해와 달이 뜨고
> 오래 삭은 냄새들이 굳어간다
> 벌어져가는
> 상처만이 따뜻하게 모든 것을 품는다
>
> ―「균열」 전문

그런데, 고창환에게 있어 상처는 그 의미가 확대되고 있어 주목해야 한다. 먼저, 위에 전문 인용한 시의 제목이기도 한 "균열"은 상처에서 생긴 것이다. 그리고 이 균열은, 이 시에 따르면, "세월이 부식시킨 틈새"이기도 하다. 그런데, 고창환에게 있어 '틈새'는 생명성이 드러나는 빈 공간이라는 의미로 확대되고 있으므로 주목된다. 이 시에서 시적 화자는 "헐거워진 시멘트와 철근이 갈라"선 틈새에서 "몇 마리 개미들"이 빠져나오는 것에 관심을 집중하고 있다. 그런데,

이 개미들은, 이 시에서, "소리"로 환치되고 있다. 이 때의 소리가 생명의 소리, 존재의 심연의 소리임은 말할 필요가 없다. 그런데, 그 생명은 다시 말하면 "비로소 숨쉬는 것들"은, 고창환의 시 구절대로, "참으로 오래 견뎌온 것들이다". 견딤과 상처와 생명의 연관성은 여기에서 확연해진다. 우리의 일상적 삶은 견딜 수밖에 없는 것이지만 그리고 오래 견디는 가운데 상처를 받을 수밖에 없는 것이기도 하지만, 상처와 틈새에서 삶의 근원인 생명성이 비로소 드러나게 되는 것이다.

 진정한 견딤은 일정한 시간을 필요로 한다. 그리고 상처와 틈새를 포함하게 된다. 그런데 한편으로 상처와 틈새 속에서 견딘다는 것은 깊은 열망이 내재해 있기 때문이기도 하다. 고창환은 다른 시 작품에서 이를 다음과 같이 표현하기도 한다. "내심 감추어둔 열망이 깊을수록 온몸의 가시는 무성해지는 법 마른 목구멍의 갈라지는 틈새는 뜨거웠던 세월의 흔적인 것이다"(「선인장」). 숙성과 발효를 위한 시간은 "오래 삭은 냄새들"을 내포하기 마련이다. 그리고 생명성은 숙성과 발효의 시간이 필요하다. 숙성과 발효가 없는 "완강한 것들"은 생명성을 "품지 못"하는 것이다. 위에 인용한 시 구절대로 "상처만이 따뜻하게 모든 것을 품"게 된다. 이와 같이 고창환은 틈새에서 생명성과 존재의 심연을 만나게 됨을 인식하고 이를 시적으로 형상화하고 있다.

   창틀 구석마다
   먼지가 쌓여 있다
   먼지 속은 따스하고
   애벌레 같은
   한 무더기의 꿈이 자란다
   속으로 움츠린 것들은
   겹겹의 주름으로
   더 이상 채울 것이 없다

   길은 언제나
   살갗을 파고든다

                ―「길」 전문

고창환의 표현대로 '흙바닥'인 이 세상에서 영위하는 일상적인 삶은 "먼지"를 쌓으면서 살아가는 일인지도 모른다. 그런데, 먼지가 쌓인다는 것은 기억의 축적으로 환치되기도 한다. 고창환은 앞에 인용한 바 있는 시 작품「발자국들」에서 이를 "자욱한 먼지의 기억"이라고 표현하고 있다. '기억'은 살아온 구체적인 흔적이기도 하다. 위에 전문 인용한 시에서 쌓여진 먼지 속이 따뜻하다고 말하고 있는 것은, 이것이 기억이며 구체적인 삶의 축적이기 때문이다. 고창환은 여기에서 "애벌레 같은 / 한 무더기의 꿈이 자란다"라고 표명하고 있다. 그렇다. 생명성은 구체적인 삶 속에서 잉태되는 것이다. 그 삶은 복합성이 내재되어 있는 역동적인 일상적 삶이다. 역동성을 상실하여 "속으로 움추린 것들"은 삶의 구체적인 내용과 생명성을 "채울" 수 없는 정지된 존재들에 불과한 것이다.

구체적인 삶의 길, 생명의 '길'은, 위에 인용한 고창환의 표현대로, 구체적인 몸인 "살갖"을 "파고"드는 길이다. 그가 다른 시 작품에서 몸과 살갖의 "지문"(「부푼 지문」)이라는 구체적인 표현을 통해서 삶의 생생한 모습을 표출하고 있는 것도 바로 이것과 연관된다. 고창환에게 있어 삶이라는 것은 구체적인 일상적 삶이며, 그는 이 일상적인 삶을 통하여 삶의 본질을 말하고 그 근원인 역동적인 생명성을 드러내고 있다. 그의 시는 일상적 삶의 깊이를 드러내고 있는 것으로 다가오고 있다.

역설과 관계의 시학
— 권애숙론

　권애숙의 『카툰세상』은 시집 제목에서도 알 수 있듯이, 세상에 대한 풍경화를 보여주고 있다. 카툰(cartoon)은 초벌그림 혹은 만화 중에서 특히, 시사만화를 의미한다. 권애숙이 이번 시집에서 드러내고자 하는 바는 일차적으로 세상의 초벌그림이나 세상에 대한 풍자적인 묘사이다. 그런데, 권애숙이 지닌 세상에 대한 인식은 기본적으로 '상처'에 뿌리를 두고 있다. "묵은 상처 옆에 갓 지은 상처를 들여놓고 후끈후끈 살아간다. 변함없이 내 아픈 상처가 되어 준 세상이여, 삶이여."(「시인의 말」). 시인 스스로가 언명하고 있듯이, 권애숙에게 세상과 그 속에서의 삶은 상처로 인식되고 있다. 그 상처는 묵은 것이 채 가시기도 전에 새 것이 스며드는 연속성을 지닌 것으로 다가온다. 권애숙에게 있어 삶의 연속성은 바로 상처의 연속성이다. 그런데, 권애숙은 연속적인 상처를 안고 살아가는 삶에서 오히려 '후끈후끈' 살아간다고 말한다. 그래서 권애숙의 시는 역설을 바탕으로 형성되고 있는 것이다.

　　　사발, 종지, 수저, 아직 버리지 못한 찌꺼기
　　　찬물로 말갛게 씻어내는 바를 보며
　　　압력솥, 뚝배기, 눌어붙은 바닥 닦고 또 닦는
　　　돌아서면 채울 그 그릇
　　　[……]
　　　비우는 것의 습관을 보며

나란히 찬장에 들앉은 빈 그릇
그 불변의 끝없는 기다림을 보며
—「메가마켓은 물건을 쌓는다-카툰세상」

　메가마켓은 자본주의적 삶의 방식을 대변하는 세상의 한 풍경이다. 우선, '거대한'이란 의미를 가진 메가(mega)라는 말 자체가 자본과 규모의 거대기업화를 내포하고 있다. 작은 혹은 소수의 존재를 끊임없이 무화시키는 자본주의의 메가적 성격은 처절한 무한경쟁을 통하여 구축된다. 무한경쟁에서 협력과 조화는 있을 수 없다. 자본주의는 이 시대에 거대한 공룡과 같은 모습으로 어슬렁거리면서 몸집을 부풀리기에 혈안이 되어 있다. 자본주의는 또한 축적의 원리에 바탕을 두고 있다. 그래서 끊임없이 '쌓는' 것이다. 이 시는 기본적으로 비정한 자본주의적 삶의 방식이 횡행하는 세상에 대한 풍자적 묘사를 바탕에 깔고 있다. "사발, 종지, 수저, 아직 버리지 못한 찌꺼기"는 축적의 원리에 따라 메가마켓에 쌓이는 품목을 구체화한 것인데, 이들이 다름 아닌 세간의 세밀한 품목에 해당하는 것에 이 시의 특징이 있다. "압력솥, 뚝배기, 눌어붙은 바닥 닦고 또 닦는"이란 구절에서도 세간의 세밀한 품목이 등장한다. 이들 구절은 세간의 품목을 구체화하고 있을 뿐만 아니라 여성적 어법으로 이루어져 있다. 여성적 어법 나아가 여성성은 부드러움과 조화를 추구하는 것에 해당한다.
　이 시에서 여성성은 남성적인 자본주의적 경쟁의 원리를 되돌아보게 하는 역할을 한다. 그래서 축적과 거대함이 아니라 텅빔과 미세함의 의미와 효용성을 드러내고 있다. 일상생활 가운데 내재해 있는 "비우는 것의 습관"을 새삼 돌아보면서 비워야 채울 수 있는 역설을 깨닫고 있는 것이다. 비어있음의 의미는 "말끔히 후벼내야 부신 이름이 되는 거다"(「어머니 구슬을 꿰신다」)와 같이 변주되기도 한다. 그리고 비움과 채움의 관계에서 그 사이에 이루어지는 기다림의 의미를 읽고 있다. 이 기다림은 "불변의 끊없는" 기다림으로, 기다림의 자세는 세상을 의미있게 살아가는 불변적인 것일 뿐만 아니라 연속적인 것이기도 하다. 비움과 채움 사이에는 반드시 일정한 시간이 필요하다. 그 시간은 발효와 숙성의 질적인 시간이다. 이 시가 자본주의의 한 속성인 속도주의에 대한 저항을 내재하고 있는 것으로 읽힐 수 있는 이유는 바로 이 때문이다.

> 등뼈 휘도록
> 무거운 짐이라도 져
> 중심을 잡고 싶은 바닥
>
> 지고 싶지 않은 짐이
> 콱 쏟아버리고 싶은 짐이
> 삶의 추가 된다
>
> ―「짐차―카툰세상」

'카툰세상' 연작시는 세상을 풍자적으로 묘사하기 위한 카툰의 오브제를 제목으로 내세우고 있는 형식을 취하고 있다. 이 시의 오브제는 짐차이다. 이 시대는 심각하고 진지한 것을 기피하고 가볍고 재미있는 것에 빠져있는 세상의 형국을 보여주고 있다고 해도 과언이 아닐 것이다. 그래서 마땅히 져야 할 짐을 지지 않으려는 풍조가 널리 퍼져 있는 것이다. 그러나, 권애숙은 이 시를 통하여 바로 그 지고 싶지 않은 짐이 삶의 '추'가 된다고 언명하고 있다. 상처를 입어가면서 세상을 살아간다고 하는 권애숙은 짐을 벗고 싶기도 하지만 그 짐이 삶의 '중심'을 잡아주기 때문에 이를 기꺼이 지려 한다. 어쩌면 권애숙은 자신이 지닌, 삶에 대한 너무나 진지한 태도 때문에 늘 상처를 입고 있는 지도 모른다. 그럼에도 불구하고 권애숙은 삶의 역설을 받아들이고 이를 시에서 진지하게 형상화하고 있다.

> 아 아버지 이제 느껴요
> 기울어 가는 종가 빈혈의 족보 속에 흔들리던 종손
> 내려앉은 가문 끝에 서 있던 당신의 시린 등뼈
> 뿌리째 뽑히고 싶노라 스스로 흔들리셨지요

> 애야 짜고 매운 바람 앞에 흔들림 없이 우뚝 서 있는 돌담을 본 적 있느냐 앞가슴 숭숭 뚫어 놓은 채 산바람 물바람 모두 키우는 돌담은 절대로 무너지지 않느니라 바람에 흔들리지 않으려면 바람을 키워야 하느니 안도 밖도 훤히 내비추는 바람의 꿈이 되어야 하느니
>
> ―「풍치」

이 시로 미루어 볼 때, 권애숙에게 있어 삶의 역설은 아버지의 태도와 말씀 속에서 깨달은 것으로 여겨진다. 되돌아보면 '아버지'의 태도와 말씀으로부터 '이제' 느껴 깨닫는 것이다. 그 아버지는 종가의 종손으로 내려앉아 가는 가문 앞에서 그 상황에 처하는 순리를 터득한다. 그래서 '스스로' 흔들리는 태도로 위기에 무리없이 적응하는 것이다.

그런데, 아버지가 적극적으로 내보이고 있는 순리의 태도는, 이 시에서 아버지의 발화로 제시되어 있는 부분에서 알 수 있듯이, 자연 가운데에서 깨달아 안 삶의 지혜인 것임에 주목해야 한다. 여기저기 틈이 있는 돌담이 틈이 없는 돌담보다도 세찬 바람에도 오히려 무너지지 않는 그 모습에서 아버지는 세상사에 유순하게 대응하는 역설적인 지혜를 배운 것으로 제시되어 있다. 그리고 "바람에 흔들리지 않으려면 바람을 키워야" 하고 바로 "바람의 꿈"이 되어야 한다는 데에서 어떤 대상을 극복하기 위해서는 그 대상을 껴안아야 한다는 점을 보여주고 있다. 또한 궁극적으로 추구해야 하는 삶의 지혜는 대상과 공존하는 태도를 갖는 것에서 얻을 수 있다는 점을 말하고 있다. 이럴 때 그 대상이 자연이던지 어떤 형태의 인간(집단)이던지 간에 억압받고 배제되는 타자의 모습을 벗어나게 되는 것이다.

이 시에 제시되어 있는 시적 상황으로 볼 때, 자연으로부터 지혜를 읽은 아버지는 그 깨달음을 다음 세대인 자식에게 깨우쳐주고 있다. 그래서 이 시는 연속적인 삶의 태도를 통하여 세대간의 연관성을 보여주고 있기도 하다. 그런데, 세대간의 연관성은 삶의 형태가 갈수록 파편화되어 분열과 소외가 심화되어 가는 현대산업사회에서 이를 극복할 수 있는 하나의 방안이 될 수 있다. 관계에 관심을 가지는 권애숙의 시적 의미는 여기에서 확대된다.

그 비탈에 홀로 서 있는 나무, 허리가 휘어져 있다 가지가지 짙은 저승꽃을 달고 고요히 무너지고 있다
야야 뭉근하게 썩거래이 내장까지 썩어야 벌레의 집이 될 수 있는 기다
망망 허공에 뿌리까지 내걸려 향기롭게 풍화가 될 수 있는기다
중심을 허물고 사방 모서리를 허물고 처연히 바람을 맞고 있는 세상 모든 모성이여 흘어내림의 아름다움이여

어머니 자꾸만 기울어지신다
부드러움 거름이 되신다

—「風」

자연 가운데에서 세상을 의미있게 살아가는 삶의 지혜를 발견하는 태도는 전통적인 것이기도 하지만, 권애숙에게서도 자주 보이는 시적 태도가 된다. 이 시에서 오브제가 되는 자연물은 고목이다. 권애숙은 앞에 인용한 시에서도 무너지는 것에서 중요한 의미를 발견한 것처럼, 여기서도 "저승꽃을 달고" 무너져 내리는 고목에서 깊이 내재되어 있는 의미를 끌어올리고 있다. 이는 죽음을 넘어서 형성되는 생명이라는 역설적인 의미이다. 이 시에서 이 깊은 의미는 자연물이 보여주지만, 이를 구체적인 발화를 통하여 깨우쳐 주는 존재는 어머니이다. 시적 상황에서 어머니의 발화 속에 죽음과 삶의 연관성이 구체화되어 있다. 고목이 썩는 죽음이 있어야 벌레가 살 수 있는 집이 되며 이 풍화과정에서 향기를 풍기게 된다. 풍화에는 일정한 시간이 걸리는데, 이 시간이 죽음이 삶으로 화할 수 있는 시간이며 죽음과 삶이 연관되는 시간이 된다.

그런데, 권애숙은 무너져 내림으로 생명을 키우는 자연물과 그 자연물이 보여주는 삶의 역설적 지혜를 자신에게 일깨워주는 어머니 사이에 내재해 있는 연관성을 또한 발견한다. 허물고 흘러내려서 아름다운 생명을 잉태하는 자연이 바로 어머니인 것이다. 이 시에서 세월에 따라 늙어서 기울어지는 어머니를 "부드러운 거름"에 비유하고 있는 이유가 여기에 있다. 원형적으로도 자연은 모성 그 자체가 아닌가. 그래서 모성은 "흘러내림의 아름다움"이 되는 것이다.

이 시에서 존재의 연관성은 심화 확대되고 있다. 자연과 인간, 앞 세대와 뒷 세대, 자연과 모성, 죽음으로 나아가는 존재와 삶으로 다가오는 존재 등 연관성의 다양한 고리가 바로 그것이다. 물화와 고립 속에서 내적 연관성을 상실해가고 있는 그래서 부유하는 존재양상이 일반화되어 가는 고도의 산업사회와 이 시대에, 관계적인 시각은 존재의 깊은 의미를 회복하기 위해서 그 중요성이 더욱 커져가고 있다고 하지 않을 수 없다.

이런 측면에서, 관계적인 시각을 시로 형상화하고 있는 권애숙의 시집 『카툰 세상』에 관심을 가져도 좋으리라고 생각한다. 그리고 여기에서 삶에 대한 역설적인 인식과 모성의 아름다움과 함께 여성적인 어법을 접해도 괜찮은 시적 체험이 될 수 있으리라고 생각한다.

동양적 사유와 낮은 존재의 시학
― 김종경론

　김종경 시인은 과작의 시인이다. 등단한 지 27년만에 첫 시집을 출간하는 일이란, 아무리 말을 아끼고 다듬는 존재가 시인이라 하지만, 요즘 세상에 드문 일이 아닐 수 없다. 어찌 보면, 너무 말이 많은 세상 그래서 탈이 많은 세상을 정말 지혜롭게 견뎌나가는 방법은 말을 줄여 꼭 필요한 말만 하고 사는 것인지도 모른다. 아니, 시인마저도 자신을 드러내기 위해 말을 거침없이 쏟아 뱉는 이 말의 홍수와 혼돈의 시대에 말을 절제할 줄 아는 시인을 만난다는 것은, 그 작품의 어떠함을 떠나, 우리들 말의 바벨탑을 한번쯤 되돌아보게 하는 면이 없지는 않을 것이다.
　정일근 시인으로부터 시집의 원고를 건네 받아 읽어보면서, 왜 김종경 시인이 말을 아끼는 시인이 아니 될 수 없는지 알 듯도 하였다. 그는 말하자면 자신의 시에서도 밝히고 있듯이, "눈으로 말하고, 마음으로 전하"(「운문사에서」)기를 꿈꾸는, 불립문자(不立文字)・이심전심(以心傳心)의 동양적인 사유를 지니고 있는 시인인 것이다.

　　적막강산
　　온통
　　눈 속에 함몰되다.

　　그

> 귀퉁이쯤에
> 설매(雪梅) 한 가지 앉히고
>
> —「무늬·2」부분

위에 인용한 시에서 한 폭의 동양화를 만나게 되는 것은 어렵지 않은 일이다. 제목인 '무늬' 자체가 회화적인 미적 특질을 부각시키고 있는 말에 해당하지만, 이 시는 정밀감을 지니고 있는 동양화의 풍경을 보여주고 있다. 그 풍경은 하얗게 눈 덮힌 겨울 산을 소리의 최소치인 '적막'으로 환치시켜 드러내고 있는 풍경으로, 자연의 정밀감이 부각되어 있다. 더 이상 소리가 없는 그림과 같은 세상의 한 귀퉁이에 매화 한 가지가 펼쳐져 있다. 전형적인 동양화의 겨울풍경이다. 여기서, 눈 속에 핀 매화는 말 그대로 '설매(雪梅)'이며, 자연이 지닌 생명성의 표상이 된다. 흰 눈 속의 붉은 매화는 정밀감 속에 존재하는 강렬한 생명성, 그 정중동(靜中動)의 이미지이다.

정중동의 이미지는 시작품「무늬·1」에서도 그대로 나타나고 있다. "산색이 / 살금, 살금 / 가을빛으로 타오르고 있다. // 가만, 가만 내 귀에 대고 / 제 속내를 고하고 있다."(「무늬·1」). 작품「무늬·2」가 겨울 산의 풍경이라면 이 시는 가을 산의 풍경에 해당한다. 가을 산의 색채가 서서히 물드는 것을 "살금, 살금"으로 행위화하여 표현하고 있다. 그런데, 붉게 물든 그 산의 얼굴은 인간의 귀에 "제 속내"를 "가만, 가만" 말하고 있는 것이다. 이와 같이 동양화와 동양적 사유에서는 인간과 자연은 언어를 넘어선 언어인 내밀한 말로써 서로 교통하고 있는 것이다. 인간은 근본적으로 자연과 내적 연관을 가지고 있는 존재인 것이다. 또한 자연물들은 '색'과 '빛'의 시각과 '소리'의 청각이 어우러져 공감각을 이루고 있는데, 이는 자연물 서로간의 수평조응에 해당한다.

> 모두 다
> 가을볕에
> 알몸을 태우고 있다.

고요 속에 고요가 잠겨든다.
소리 속에 소리가 살아난다.

천년을 머물러 온 심지를 태우며
모두 다
큰
<말씀>을 듣고 있다.

― 「적(寂)·2」 부분

　자연의 가을볕은 강렬한 햇볕은 아니지만, 다른 존재를 따뜻하게 하기에 충분하다. 볕의 넉넉함에 자연 속의 존재들은 내면을 따뜻하게 교통할 수 있다. 「적(寂)·1」에서는 "한 알 / 모래알 밀어 올려 / 한 / 하늘을 열고 있네."라는 표현을 통해, 미미한 존재도 그 전체성으로 다른 존재와 연관성을 가짐으로써 결국 우주의 충만성에까지 확장됨을 보여주고 있다. 앞에 인용한 시에서 "알몸"은 존재들의 내면을 의미한다. 그 존재들은 서로가 내면적으로 조응한다. 그런데 그 내면은, "고요 속에 고요가 잠겨든다 / 소리 속에 소리가 살아난다"는 구절에서 알 수 있는 바와 같이, 서로의 소리를 일깨우기도 한다. 이는 김종경 시인의 다른 시에서 다음과 같이 역설적인 어법으로 변주되기도 한다. "소리 속에 소리가 잠겨있다. / 고요 속에 고요가 깨어있다"(「적(寂)·1」) 고요 속의 소리는 내면의 소리이다. 내면에서 살아나는 소리는 수평조응의 한 모습이다. 그럴 뿐만 아니라 내면의 소리는 자연의 이법으로서 도(道)가 구현된 "말씀"이기도 하다. 동양적 사유에서는 이 도를 언어로 옮긴 것이 다름 아닌 시(詩)인 것이다. 도가 자연에 구현된 바를, 시인은 언어로 표현되지 않은 말씀으로 듣고 이를 언어로 옮긴다. 그럼으로써 도와 자연과 인간 서로간에 수직조응이 이루어지는 것이다.

팔월 초나흘 한낮
땡볕 한 줌
하늘 잡고 솟아 나온 강바람에 실리더니
병산서원(屛山書院) 뒤뜰 백일홍을 헤집더니

서원 앞 낙동강 백사장
내 아이 등허리에 꽂히고 있었다.

―「소묘・3」 부분

위에 인용한 작품에서도, 팔월 초나흘 한낮의 땡볕이 "한 줌"으로 묘사됨으로써 그 존재는 상당히 미미한 것으로 표현되고 있다. 그런데, 미미한 존재인 한 줌 땡볕은 강바람에도 실려 볕과 바람이 섞이기도 하지만 뒤뜰의 백일홍을 헤집는 볕이 되어 생명성을 북돋우기도 하고 백사장에 있는 아이의 등허리에 내리쬐어 인간을 따뜻하게 성숙시키기도 한다. 그만큼 자연은 충만한 존재이며 서로 내적 연관성을 지니고 있는 것이다. 그리고 그 연관성은 인간에게까지 확장된다. 자연이 지닌 내적 연관성은 "깊이 안개에 머리를 부딪고 마는 바람의 뜻을 어찌 알아 한쪽 켠으로만 몸을 눕히는지 풀꽃이여. [……] 바람 벌판에 하얀 공복의 살을 섞는가 풀꽃이여"(「풀꽃을 위하여」)처럼 바람과 풀꽃의 역동적인 상호교감을 통하여 구체적으로 표현되기도 한다. 풀꽃은 바람의 뜻을 좇아 몸을 눕히고, 바람 부는 벌판에서 풀꽃들은 서로 살을 섞는다. 풀꽃과 바람이 상호조화를 이루는 내적 연관성을 가질 뿐만 아니라 풀꽃들이 상호의존하는 사랑의 몸짓을 보여주고 있는 것이다.

맨살을 드러내고 흐린 하늘로 나리고 있다.
그래서 바람 부는 대로 발가벗고 서서 흘러가다가
발을 잃고 문득 영원히 우리 살 자리 만들고 싶어진다.

사람이 죽어가던 땅뙈기,
가슴께 조용히 통증이 온다.

새삼스레 세상의 물거품
만져진다.

―「우리 사는 땅에 가서・1」 전문

동양적 사유에 따르면, 자연 가운데 하나인 인간은 그저 바람 부는 대로 떠돌든지 흘러갈 뿐이다. 자연과 내적 연관성을 지니고 있는 인간은 외면과 내면의 구별이 없어 "맨살"을 드러내 발가벗은 존재인 것이다. 하루하루 주어진 삶의 길을 가다가 더 이상 발걸음을 옮기지 못하고 멈춰 서서, 그래서 발을 잃고, 문득 자신을 근원적으로 돌아보게 된다. 영원성에 대한 추구는 그래서 이루어지는데, 이는 자연에 대한 재발견으로 이어진다. 사람은 한줌 흙으로 돌아가며, 이 때 땅뙈기 자연은 인간을 포용하는 근원이 되는 것이다. 죽음에 대한 성찰은 인간이 지닌 한계를 스스로 깨닫게 한다. 위에 인용한 시에서 "통증"은 이 한계의 표현이다. 통증을 일으키는 부위에 손을 갖다대니 새삼스레 세상의 물거품이 만져지는 것이다. 끊임없이 이어지는 세속적 욕망은 인간이 스스로의 한계를 인식하는 데에서부터 멈추고 또한 줄어든다. 시작품 「편력(遍歷)」에서는 이러한 인식이 "욕망의 비늘을 조심스레 털며"라는 구절로 성취되고 있다. 그래서 끝없이 커져만 가던 욕망이 한낱 "물거품"으로 인식되는 것이다.

이와 같이 위에 인용한 시는 세속적인 삶을 쫓아가던 인간이 자신의 한계를 알고 깨달음으로 재발견한 자연의 충만함에 자신의 존재의 내면을 맡기는 시적 상황을 그리고 있는데, 이는 김종경 시인의 다른 시에서는 다음과 같이 변주되어 나오기도 한다. "욕계육천(欲界六天) 떠돌다 / 한 뼘 남은 가을볕에 / 잠깐 머얼리 / 알몸 내맡긴 이, 누군가."(「운문사에서」). 또한 이 시에서 "알몸 내맡긴 이, 누군가"는 "산문(山門)을 두드리는 이, 누군가", "끝내 뒤돌아 가는 이는, 누군가", "선문(禪門)에 들어선 이, 누군가" 등으로 변주되기도 한다. 여기서 김종경 시인의 불교적 상상력을 직접적으로 확인할 수 있게 된다. 그의 시에는 불교적인 상상력에 의해 선(禪)적인 깨달음을 얻어 표현된 구절들이 상당히 있는데, 이 구절들은 바로 앞에서 말한 시적 상황과 인식에서 표출되어 나오는 것에 해당한다.

> 바람은 그렇게 수상한 눈치만 보이고 있다
> 소문 없이 남아 있는 서천 무논가에 앉아
> 들풀이란 들풀은 모두 불러내고 있다

[……]
　　남북강산에 낮은 키로만 깨달아 온 우리
　　동네 하늘 밑 떠도는 사소함만 털고 있느니
　　　　　　　　　　　　　　　　　―「적소(謫所)」부분

　위에 인용한 시에서도 바람은 들풀을 불러내는 내적 연관성을 지니고 있는 자연물로 나온다. 하지만, 여기서 바람은 이에 그치지 않는다. 바람은 수상한 눈치를 보이고 있는 존재로서 세속적인 삶을 살아가는 떠도는 자아의 표상이 된다. 바람 때문에 떠돌기도 하지만 바람 자신이 떠도는 존재이기도 한 것이다. 그리고 바람을 따라 이리저리 부르는 대로 흔들리는 들풀은 삶의 현장에서 수시로 흔들리는 자아의 표상이 된다. 또한 "남북강산에 낮은 키로" 흔들리는 들풀은 한없이 낮은 존재의 표상이기도 하다. 그래서 흔히 '민초(民草)'라고 하지 않는가. 사소하게 여겨지고 떠도는 존재인 민초는 이른바 주변부에 속하는 존재이다. 김종경 시인은 「국토의 끝」과 「불매꾼을 위하여」 연작시 몇 편을 비롯한 시작품 곳곳에서 주변부에 대한 관심을 보여주고 있다. 「불매꾼을 위하여·1―불매」에서는 "민초들의 생업"이라는 말이 직접적으로 표출되기도 한다. 이를 타자에 대한 관심으로 불러도 좋으리라.

　　낮은 곳으로만 가려 앉는
　　그늘만 한 줌 떨군 다음

　　[……]

　　낮은 곳으로만
　　바람이 내려오느니.

　　그늘에 가려 살아가도 우리는 결국 하나로 살아남느니.
　　　　　　　　　　　　　　　　　―「그늘 밑에서」부분

　낮은 곳으로만 가려 앉거나 그늘에만 존재하는 주변부 '민초', 이들에 대한 김종경 시인의 관심은 "아무도 눈 여겨 새기지 않는 아지랑이 속으로 슬며시 내려섰다."(「그늘」)는 시구절로 드러나기도 한다. 그런데, 낮은 곳으로 내려오는 바람을 맞으며 그늘에 가려 살아가는 낮은 존재들은 또한 공동체를 이루어 "하나로" 살아간다. 이 공동체의식은, 바람을 일으켜서 불을 피우는 도구인 풀무를 다루는 불매꾼인 실존인물 최재만을 시적 오브제로 하고 있는 「불매꾼을 위하여·4-최재만」에서는 "그래도 오늘은 몸살로 앓아 / 우리 / 떠나지 말자"라는 다짐을 하는 구절을 통하여 더욱 부각되고 있다.

말을 아끼는 시인의 시에 대한 해설에서 말을 장황하게 하는 것은 격에 맞지 않으리라. 동양적 사유의 시적 형상화와 낮은 존재에 대한 시적 관심으로 27년 만에 첫시집으로 다가오는 김종경 시인과 그의 시에 대한 해설을 쓰는 나는 어떻게 서로 연관되어 있는 것일까? 또한 시집의 원고를 나에게 건네준 정일근 시인의 경우는 어떠한가?

생명과 타자의 시학

— 김욱경론

　김욱경 시인은 조금 특이하게 생활하고 있는 시인이다. 그는 양산의 한적한 곳에 거주하면서 「오경란」을 운영하며 살아가고 있다. 늘 알과 함께 살아가는 그가 '알'과 관련된 시를 묶어 『卵의 悲歌』라는 조금은 특이한 제목으로 시집을 내기로 한 것이다.
　김욱경 시인의 시는 그의 모습과 같이 투박하고 또한 아직 핏기가 채 가시지 않은 알처럼 세련되지 못한 느낌이 있다. 그의 시는 금방 나온 알과 같은 것이다. 그런 만큼 생생한 생명성을 간직해 있고 또한 그대로 진솔하다.
　시집 『卵의 悲歌』는 무엇보다도 생생한 생명성을 직접적으로 드러내 보이고 있는 시집에 해당한다. 시집 제목에 보이는 '卵' 자체가 이것의 표상이 된다.

　　　네 어머니 불룩해진 배 만지듯
　　　다가오네 비슷하게 저 별빛들
　　　보다 더 큰 밖으로부터 또 누군가 내 지금쯤
　　　몇 달쨋지 날 만지는 손가락 같아 응답하고 싶어지면
　　　내 한 번씩 그가 알게 발길질하며
　　　저 거대한 밤하늘의 부피만큼 나도 커질 꿈꿔 보네
　　　　　　　　　　　　　　　　　　　　—「배 만지며」

　이 시는 시적 상황에서 임신한 아내의 배를 만지면서 생명성의 고귀한 의미를 더듬어 보고 있는 작품이다. 그런데 이 시에서 주목할 요소는 아내의 배를 만지며 느끼는 생명성을 '고백'만 하고 있는 게 아니라, 배 속에서 숨쉬고 있는 아기와 '대화'를 나누고 있다는 사실이다. 삶의 현장에서 늘 알 속에 생명을 키우는 그는 배 속에서 자라고 있는 생명과 대화를 나눈다. 그래서 생명을 잉태하고 있는 임산부는 시적 화자의 아내가 아니라 아기인 '네'의 어머니가 되는 것이다. 그럴 뿐만 아니라 시적 화자는 아기도 자신을 만지는 손을 느끼고 있음을 또한 고백하고 있다.

이와 같이 이 시에서는 아기가 자신을 '만지는 손가락'에 응답하여 '발길질'을 하고 있음을 시적 화자가 느끼고 이를 나직히 말하는 상호교감이 이루어지고 있다. 그런데 이 시에서 생명이 커가는 공간은 배 속으로 나올 뿐만 아니라, 하나의 우주로도 형상화되어 있다. 생각해 보면, 김욱경 시인이 늘 접하는 알은 그 자체가 하나의 소우주가 아닌가. 이 시에서 '저 별빛', '저 거대한 밤하늘의 부피'와 같은 우주적인 형상이 나오는 까닭은 바로 이 때문이다. 개별 생명체들은 제각각 하나의 소우주이면서 상호연관 속에서 우주로 확장된다.

> 내가 왜 이 작은 별
> 불 꺼져갈 끝에 와서 서 있는가 어째서 하필
> 끝날 때가 내 몫인가
> 탯줄처럼 내게 이어진 이 작은 별
> 빠져나가 분리되며 그 없이도 밖에 남게
> 될 때까지 그로부터 아직은 안에서 보호받아야 될
> 열 달 동안 까맣게 잊고 충동대로
> 발길질한 부위마다 죽은 악취 뿜어 나와
> 내부에 가득 차 있구나 그도
> 혼자 구분되는 두려움으로 더 많은 별 쪽으로 닮아
> 그만으로 끝날 운명이었던가
>
> ─「卵의 悲歌」

시집의 제목으로 삼은 표제시「卵의 悲歌」에서는 생명체의 소중함, 생명체 형성의 고통, 그리고 생명체의 상호연관과 확장 등이 형상화되어 있다. '卵'은 그 자체가 생명체이기도 하지만 지속적으로 다른 생명체로 전환되는 가능성을 내재하고 있는 것이기도 하다. 그래서 새로운 생명체의 시작은 이미 존재하는 생명체의 끝에서 이루어진다. 새 생명은 늘 '끝날 때'의 '몫'을 지니고 있다. 그럴 뿐만 아니라 생명체는 서로 연관되어 '탯줄처럼' 서로 이어져 있다. 생각해 보면, 탯줄은 새 생명체를 잉태시키는 생명줄이 아닌가. 생명의 연관성은 '작은 별'에까지 이어진다.

또한 새 생명체는 보호 속에 꾸준히 성장되어야 할 일정한 시간이 필요한 법이다. '분리'되어 '밖'에서 온전한 생명체로 자랄 때까지 '안에서' '보호'받아야 하는 것이다. 그러면서도 새 생명체는 필연적으로 이전 생명체의 죽음 내지 희생을 수반하고 있다. 그래서 '죽은 악취'가 '내부에' 가득 차게도 되는 것이다. 죽음과 희생을 딛고서야 새 생명체가 온전해지기 때문에 생명현상에는 일종의 '비극'이 내재하기 마련이다. 이는 하나의 '운명'이기도 하다.

> 그를 알게 발효되며 마법처럼 돋아 나와
> 사라져 갈 두려움에 몸부림친 기간만큼
> 나름의 힘 비축하며 그가 커진 몸짓이여
> ―「進化의 크기」

모든 생명체는 '나름의 힘'을 '비축'하여 커야 하는 '몸부림'의 시간이 필요하다. 이 내적 성장의 시간은 '발효'의 시간이기도 하다. 빠른 속도만을 추구함으로써 충분히 성숙할 발효의 시간을 기다리지 못하는 현대문명은 근본적으로 반생명적인 것이다. 이런 면에서 가장 생명의 원형에 가까운 '알'과 함께 자연 속에서 살아가는 김욱경 시인은 본질적으로 생명론자가 되지 않을 수 없는 것이다. 그래서 그는 생명의 시간, 발효의 시간을 통하여 생명성을 고양시키고 있는 것이다.

> 가지마다 무리 지어 쏟아져 나온 거리 위의 소녀 닮은
> 잎사귀들 위로 작은 몸 흔드네

> 여름 오며 더 그렇게 바람 불 때 기다리네
> ─「五月의 뜰」

　주지하는 바와 같이, 오월은 생명성이 가장 고양되는 시기이다. 오월은 일종의 생명의 축제와도 같다. 생명성으로 충만한 '잎사귀들'은 '가지마다' 한껏 '몸'을 흔들고, '무리 지어' 쏟아져 나오는 '소녀'와 같이 생기발랄하다. 생명은 성장의 시간을 필요로 한다. 그래서 바람에 몸 흔드는 오월의 잎사귀들은 시간을 들여 여름을 기다린다. 기다림은 생명 현상의 중요한 하나인 것이다.

> 불가에 앉아 불을 보면 웅성거리는 장터처럼
> 불이 나를 혼자라도 쓸쓸하지 않게 한다
> 그러므로 내 어머니 저 지난날 웃으리라
> 안으로 내게 픽 웃으리
> 며느리였던 부엌에서 눈 부비며 잠이 덜 깬 뿌연 새벽
> 당신 혼자 어떻게 앉아 나무들이
> 훨훨 타는 불을 보며 있었는지 말 안 해도 장날처럼
> 눈감으면 혼자지만
> 외롭지 않은 그림으로 떠오른다
> ─「어머니의 불」

　기다림이 생명 현상의 하나이듯이 기억과 그리움도 생명 현상의 중요한 하나가 된다. 다름 아닌 '불' 자체가 생명의 상징인 것이다. 흔히 불 켜짐과 꺼짐으로 삶과 죽음을 표현하는 까닭은 바로 이 때문이다. 생명의 상징인 불 앞에서는 비록 혼자라 할지라도 쓸쓸하지 않게 된다. 불은 결합력과 친화력을 지니고 있다. 사람 사이에 애정과 친근감을 느낄 때 가슴 속에서 뜨거워지는 불길을 느끼지 않는가. 또한 불은 가슴 속에서 누군가를 기억나게 한다. 이 시에서 시적 화자는 불가에서 어머니를 회상하며 그리워하고 있다. '그림'처럼 떠오르는 어머니의 환한 웃음.
　이에 그치지 않고 시적 화자는 어머니에 대한 기억을 상상력으로 전환시킨다. 그래서 어머니가 젊었던 시절, 며느리로서 새벽녘에 고단한 몸을 일으켜 장

작불 지피며 아궁이를 땔 때의 고달픔과 외로움을 상상한다. 그러나 고달픔과 외로움은 '불'의 생명력으로 이내 따사로움과 포근함으로 바뀌어 버린다. 그래서 아궁이에 장작불을 지피는 어머니의 모습은 '외롭지 않은 그림'이 되는 것이다. 불가에 앉아 있는 시적 화자가 기억과 상상력을 더듬어 장작불을 지피고 있는 어머니를 회상하는 것은 한 폭의 아름다운 그림이 아닐 수 없는 것이다. 이 시에서는 생명력의 표상인 '불'이 매개가 되어 과거의 어머니와 현재의 시적 화자가 상호연관 속에 놓이게 된다. 이와 같이 하여, 성장에 필요한 발효의 시간뿐만 아니라 상호연관에 필요한 기억의 시간도 현대문명의 기계적이고 반생명적인 빠른 속도에 저항하는 생명성 발현의 중요한 기제가 되고 있는 것이다.

> 보다 내게 더러운 말
> 또 있다면 못 믿겠네
> 왜 아직도 안 보이게 지워버리지 못했는지
> 몇 년 뒤쯤 안 보이게 지워버릴 수 있을는지
> 대구에서 부산으로
> 내려오는 낙동강 물 더럽다는 말보다도
> 더러운 말은 없겠는데
>
> ─「낙동강」

생명성을 추구하고 있는 김욱경 시인이, 현재 급속히 번져가고 있는 환경 오염 현상에 대하여 강렬하게 비판하고 저항하는 것은 당연한 일에 해당할 것이다. 이 작품에서 환경 오염의 대상으로 등장하는 것은 이른바 낙동강의 수질 오염 현상이다. 시 「낙동강」에서 실제 낙동강의 수질 오염 즉, 더러움은 '더럽다'는 말 자체와 관련됨으로 그 더러움을 더욱 절실하게 표현하고 있다. 즉 '더럽다'는 말의 더러움과 낙동강 물의 더러움이 동궤에 놓이게 되는 것이다. 그래서 '안 보이게' 지워야 되는 대상은 '더럽다'는 말과 오염된 낙동강 물 양쪽에 걸치게 된다. '낙동강 물 더럽다는 말보다도 / 더러운 말은 없'다는 표현은 실제 낙동강 물의 더러움을 겪은 사람이 아니면 할 수 없는 말이다.

오늘날 광범위하게 자행되고 있는 환경 오염은, 근본적으로 자연을 하나의 격을 가진 존재가 아니라 타자화하여 오로지 도구적 수단으로 삼는 태도에서 발생한다. 그런 면에서 환경 오염의 치유와 극복은 자연이라는 타자에 정당한 격을 부여하는 생태주의적 사고를 출발점으로 삼아야 하는 것이다. 생태주의적 사유에서는 인간과 자연의 상호연관성도 자연스럽게 강조된다. 이는 생명의 상호연대성에 바탕을 두고 있는 것이다.

> 특별한 자 아니라도 그럴 수 있어야 되겠지만 도중에서
> 저마다의 무한경쟁 충돌하며
> 더는 누구도 그럴 수 없게 사라져 가는 내부 기간
> 반이라도 둑 높이며 지켜주도록 바랬노라
> 반이라도 그대로 남아 안에 있게 꿈꿨노라
> ―「반대 방향 사람들이」

  자연에 정당한 격을 부여하는 태도는 근본적으로 타자를 수단화하지 않고 타자의 존재를 그 자체로 인정하는 태도에 연원을 두고 있다. 그런 측면에서 김욱경 시인이 타자에 대한 관심과 애정을 확대시키고 있는 것은 지극히 자연스러운 일이 된다. 오늘날의 세상은 끝이 보이지 않는 '무한경쟁'으로만 치닫는, 그럴듯하게 새롭게 포장된 '적자생존'의 살벌한 상황이다. 이러한 상황에서는 연속적으로 펼쳐지는 수많은 경쟁에서 이긴 자만이 '특별한 자'가 되고 나머지는 타자화될 뿐이다. 특별한 자만이 존재의 의미를 지니고 있고, 나머지는 '누구도' 그렇지 못한 세상은 삶의 진정한 의미를 상실한 세상에 해당한다.
  시적 세계에서 생명의 상호연대성을 강조하고 있는 김욱경 시인은 타자의 존재에 격과 의미를 부여하여 한쪽의 '반', '반대 방향 사람들'도 지켜주고 그 존재 그대로 인간적인 존엄성이 보장받기를 바라고 있다.

> 단 한 권의 교전에만 의지하면
> 위에 서서 내려다보며 누구에게도 말할 수 있는 권리들이
> 취득되는 단상으로 훌쩍 뛰어 올라간다
> [……]

잡화 닮은 죄 많군요 결론 내려
폐정할 때 수갑 채인 학문들이 묻고 있다 그런 말은
안전하며 나보다도 믿을만한 무엇인가
—「敎典 속의 아이들」

    김욱경 시인이 지니고 있는 타자에 대한 관심은 오직 하나의 특권만을 인정하는 태도에 저항한다. 그래서 그는 '단 한 권의 교전', 즉 정전(Canon)만으로 아이들을 가르치고 이것만으로 삶의 양식을 삼은 태도를 거부한다. 김욱경 시인은 궁극적으로 말의 다양성을 통하여 삶의 다양성이 인정받기를 원한다. '누구에게도 말할 수 있는 권리'가 있는 것이고 누구나 자신의 방식으로 살아갈 권리가 있는 것이다.
    지배 담론을 따르지 않아 '잡화 닮은' 것도 '죄'가 되고, 지배 담론과의 이질성, 나아가 이에 저항한 것 때문에 '수갑 채인 학문들'이 쏟아져 나오는 세상은 진정 자유로운 세상이 아니다. 그래서 이 완고한 세상에 자유를 갈구하는 타자의 '말'은 지배담론에 저항한다. 타자의 말은 지배담론의 특권을 인정하지 않는다. '그런 말은 / 안전하며 나보다도 믿을만한 무엇인가' 라고 끊임없는 질문을 통하여 스스로 돌아보도록 환기시킨다.
    김욱경 시인의 시는 생명의 시학으로 나타나는 동시에 타자의 시학을 드러내고 있다. 생명과 타자를 지향하는 그의 시는 반생명성과 반주체성의 상황에 완강히 저항한다. 물신 숭배와 소외는 반생명성과 반주체성의 중요한 양상이 된다. 김욱경 시인은 스스로 '늘 더 가지고 싶어했던 물량'인 물신과 '수많은 사람 속에 안 보이게 파묻'힌 소외의 한 가운데에 있는 '나' 자신 스스로를 '구제'(「시집을 내며 친구에게」)하기 위해 시를 쓴다고 밝히고 있다. 그런데 이 구제와 위안은 고스란히 그의 시를 읽는 독자에게도 해당될 것이다. 무엇보다도 생명과 타자의 문제는 이 시대에 너무도 중대한 가치를 띤 사항이기 때문이다.

떠도는 자의 슬픔과 탈승화
— 배재경론

　배재경이 첫 시집을 내었다. 시집을 낸다는 것은 흩어져 있던 작품들을 묶어서 정착된 모습으로 독자에게 다가선다는 의미가 된다. 이제 배재경은 자신의 시세계를 본격적으로 펼쳐 보이며, 이 일을 통해 시적 성취를 점검받고 그 지향을 탐색해야 할 자리에 와 있다.
　배재경은 정착된 시집의 형식으로 보여주고 있는 그의 시 곳곳에서 시적 화자의 발언을 통해 떠도는 존재의 모습들을 드러내고 있다.

> 　삭막한 겨울이 닥치자 여자들은 거리로 떠다녔다. [……] 한떼의 밤고양이가 바람을 따라 날아갔다. 이리처럼 뒹구는 쓰레기 조각들만 가볍게 춤을 춘다. 세상은 부유하는 거라고 덩실덩실 어깨춤을 추댄다.
> 　　　　　　　　　　　　　　　　　　　　—「검은 블루스」부분

　여자들이 거리를 떠다닐 뿐만 아니라, 밤고양이도 날아다니고 있는 존재로 표상되어 있다. 어쩌면, 이 시에서 여자들과 밤고양이의 병치는 의도적일지도 모른다. 안정감 없이 들떠서 다니는 여자들을 형상화하기 위하여 밤고양이를 들고 있는 것으로 보이기 때문이다. 뒹구는 쓰레기 조각들도 이리에 비유되어 있어, 이 시에서는 정착하지 못하고 떠도는 존재를 들짐승으로 표현하고 있음을 확인할 수 있다.
　시적 화자가 "세상은 부유하는 거"라고 단정하고 있는 데에서, 배재경에게

있어 떠돎의 인식은 상당히 뿌리 깊게 천착되어 있는 것임을 알 수 있다. 여기서, 떠도는 행위는 현대인의 실존적 모습을 드러내는 행위에 다름 아니다. 현대인은 근본적으로 걷잡을 수 없는 빠른 속도에 떠밀려 어디에도 제대로 정착할 겨를도 없이 떠다니는 존재이기 때문이다.

> 잃어버린, 이미 길들여져 버린,
> 모래알처럼 버석버석 으깨어지기만 하는
> 내 삶을 타박하며 타박타박 걷는다.
> ―「우울의 그늘」 부분

배재경은 떠도는 자의 모습을 위의 인용한 시 구절에서와 같이 "타박타박 걷"는 것으로 형상화하고 있다. 그런데, 시적 화자는 또한 자신의 삶을 "타박"하며 걷는다고 언명하고 있다. 절묘한 언어유희를 통해서 떠도는 자의 실존적 상황을 간명하게 드러내고 있는 것이다. 떠도는 자의 삶은 "버석버석 으깨어지"는 "모래알처럼" 정처 없고 알맹이가 없는 것이다.

또한 떠도는 자는 한편에서는 근원을 잃어버린 자이면서 다른 한편으로는 현재의 도시문명적 삶에 이미 길들어버린 자이다. 그는 근원을 잃어버린 도시문명적 삶의 양식을, "직립의 두 발이 위태롭다"(「지하철」)는 표현을 통하여 존재의 불안과 흔들거림으로 간명하게 나타내고 있다.

> 부랑자가 서성이고
> 소녀들은 무작정 기차를 탔다
> 경적과 딱딱한 빌딩들 사이로
> 허물어진 연인들이 쏟아져 나오고
> ―「유폐의 강」 부분

위에 인용한 시에서도, 존재의 불안과 흔들거림을 보여주고 있다. 떠도는 자인 부랑자만 서성일 뿐만 아니라 소녀들도 무작정 기차를 탄다. 무작정 행동하는 것은 목적 없고 정처 없는 삶의 모습을 드러내며 그만큼 존재의 불안을 보여주고 있는 것이 된다. "경적과 딱딱한 빌딩 사이"에 사는 삶은 도시문명의 삶이다. 여기서 경적은 시간적으로 여유가 없는 삶, 딱딱한 빌딩은 공간적으로 여유가 없는 삶을 표상한다. 발효의 충분한 시간과 배려의 충분한 공간이 없는 도시문명의 삶은 인간관계마저도 진정성을 훼손시킨다. "허물어진 연인"이 바로 이를 말한다. 이와 같이 도시문명적 삶의 양식은 근원을 잃어버린 불안한 것일 뿐 아니라 인간관계의 진정성을 잃어버린 흔들리는 삶인 것이다.

> 쾅쾅 밟고 지나간다 아무도 사내가
> 어디로 가는지 알지 못한다 사람들은
> 저마다 가을의 입성을 추모하듯 외로우니까
> ―「절망은 빵처럼 부풀고」 부분

시집의 표제작인 이 시에서도 시적 인물인 사내는 어디로 가는지 알지 못하는, 정처 없는 삶의 모습을 보여주고 있는 자로 그려지고 있다. 삶의 불안정함은 이 시에 활용되고 있는 행간걸림이라는 불안한 형식을 통해 극대화된다. 군중 속에서 "저마다" 외로움을 느끼는 사람들의 정서도 불안정한 것이다. 입성은 시작의 의미인데 비해 추모는 끝의 의미를 지니고 있는 것에 해당한다. 정서의 불안은 이와 같이 시작을 끝으로 여기고 있는 정서적 반응의 전도된 모습으로 드러나기도 한다. 그러면, 배재경은 그의 시를 통해 떠도는 자의 불안정한 삶의 양식을 왜 이와 같이 집요하게 형상화하고 있는 것일까. 이에 대해서는 그의 자전적 요소를 드러내고 있는 시작품을 통해 해명해 볼 수 있다.

> 나를 기억치 못할 것이고 초등 동창회 명부마저
> 배재경은 지워지고 그렇게
> 건천은 더께더께 쌓이는 먼지처럼
> 늙어간다.
> ―「건천(乾川)」 부분

작품 속에 실명이 직접 거론되고 있는 만큼 이 시는 자전적인 요소를 지니고 있으며 자신의 솔직한 심사가 드러나 있는 작품으로 봐야 할 것이다. 이 시의 제목이기도 한 '건천(乾川)'은 배재경의 고향에 있는 냇물에서 따온 지명이다. 아직 노모(老母)가 살고 있는 고향인 경주를 떠나와 부산에서 문단과 출판 활동한 지 이미 오래된 시인은, 고향을 떠올리면서 자신이 기억되지 못하고 동창회 명부에서 자신의 이름이 지워져서 잊혀져 가고 있는 존재가 되고 있음을 나이가 들면서 더욱 느끼고 있다. 삶의 근원으로부터 멀어지고 있는 자신을 실감하고 있는 것이다. 그리고 건천은 아스라이 멀어져만 간다. 희미한 존재가 되어 가는 자신과 자신에게 있어 희미한 옛사랑의 그림자처럼 남아 있는 건천은 먼지가 쌓인 것처럼 오래되고 늙어만 간다.

　배재경은 고향을 떠나와 문명도시인 부산에 살면서, 노모가 있는 고향을 벗어나지도 못하고 그래서 현재적 삶의 공간인 부산에 완전히 정착하지도 못한 것처럼 여겨진다. 그만큼 그는 근본적으로 자신을 떠도는 존재로 인식하고 있다. 배재경은 자신의 실존적 경험을 시작품을 통해 현대인의 삶의 양식으로 확대하고 있는 것이다.

　　　도회를 오래도록 배회하다
　　　문득 보고픈 애인처럼
　　　강은 나를 잠 못들게 한다.
　　　풍선처럼 부푸는 설레임만
　　　방안을 가득히 맴돌다 빠져 나간다.
　　　　　　　　　　　　　　　　　―「강」부분

　위에 인용한 시에서도 배재경은 자신의 삶의 양식을 "배회"하는 삶이라고 밝히고 있다. 여기서 시적 화자의 삶의 양식은 현대인의 삶의 양식으로 확대된다. 문명도시에서 떠도는 현대인은 이따금 자연을 옛 애인처럼 그리워하며 설레인다. 더러는 잠 못 들기도 한다. 그러나, 현대인은 다시 자연을 떠나 문명도시 속으로 들어와 일상생활을 영위하지 않을 수 없다. 그래서 그 설레임은 부풀었던 풍선 바람 빠지듯이 사그라들 수밖에 없는 것이다. 이와 같이 이 시는 물질문명의 도시에 살고 있는 현대인의 실존적 삶의 양식을 간명하게 표현하고 있는 것에 해당한다.

    깊게 깊게 감추어 둔
    그리운 이 있다면
    나, 울어버리리라.
    속곳까지 다 젖어 내리도록
    그렇게,
    그렇게 붉은 울음을 토하리라.
                          —「지리산」 전문

  인용한 시는 배재경이 지리산을 묘사하면서, 깊은 산 속에 흘러내리는 물로 간명하게 구도를 잡고 표현하고 있는 작품이다. 그런데 이 시에서 깊은 산은 그리운 이가 숨어 있는 곳으로 아니 그리운 이 자신으로 환치되고 있으며, 산 속에서 흘러내리는 물은 토해낸 울음과 속곳까지 다 젖어 내리는 눈물로 환치되고 있다. 그에게 있어 그리움과 슬픔은 동전의 양면과 같다. 근원인 자연은 그리움의 대상이기도 하면서 또한 현대인에게는 거기에 안주할 수 없는 존재이기 때문에 슬픔을 가지고 물러설 수밖에 없는 것이기도 하다.
  배재경에게 있어 슬픔에 대한 인식은 작품 곳곳에 내재되어 있다. 그는 심지어 해돋이의 광경을 어린 누이가 "메마른 입술로 / 각혈하던 / 붉은, / 붉은 혀"로 표현하고 있다. 이와 같이 배재경에게 있어 슬픔은 자신의 배회하는 삶의 양식에서 뿜어져 나오는 근본적인 정서에 해당한다.
  그런데 그의 시는 한편으로는, 문명의 도시에서 배회하는 자의 슬픔을 이기려는 지난한 몸짓을 또한 보여주고 있다. 그는 문명의 도시를 한 마디로 속된 세상으로 보고 이 세속도시에서 견뎌나가는 힘을 속된 방식에서 찾고 있다.

    아, 네온빛 속으로 부서지는 눈발들의 저 현란함
    참으로 환장할 성탄전야의 이 질척함
                          —「성탄전야」 부분

배재경이 보는 세속도시의 성탄전야는, 성스러움이라고는 도저히 찾아볼 수 없는 속된 세상의 심연에 빠져 있는, 그야말로, 밤이다. 성탄절에 내리는 눈은 문명의 번화함을 상징하는 "네온빛 속"에 "현란"한 몸짓을 드러내고 있는 눈이다. 이 현란한 몸짓은 단순히 눈발들의 몸짓이 아니라 바로 속된 세상에서 한껏 펼쳐 보이고 있는 인간군상들의 몸짓에 해당한다. 그래서 세상은 "환장할" 만큼 "질척"한 곳이며, 세속도시에 사는 배재경은 이를 솔직하게 고백하고 있는 것이다.

속된 세상의 모습을 그대로 고백하는 배재경의 시가 탈승화의 형식을 띠는 것은 그래서 오히려 자연스럽다.

> 이 묵과할 수 없는 욕정을
> 터뜨리고 싶다. 오늘밤
> 실행을 꿈꾸는 나는 미치고 있다.
>
> ―「8월」 부분

이쯤에 오면 배재경 시의 화자는 더 이상 승화된 화자가 아니다. 그의 시는 전통적인 시의 화자에 반하는 탈승화의 모습을 스스럼 없이 보여주고 있는 것에 해당한다. 시에서 욕정을 감추는 게 아니라 "욕정을 / 터뜨리고 싶다"고 발설하면서 "실행을 꿈꾸는" 것이다. 이는 다른 시에서 "나는 또 다시 방탕에 젖어든다"(「정신질환자」)는 발언으로 변주되기도 한다. 이 시에서는 욕망을 할 뿐만 아니라 실행하여 이미 방탕에 젖든 것이다. 탈승화는 드러내어 까발리는 태도에 해당한다. 배재경에게 있어, 탈승화의 위악적 태도는 배회하는 자의 슬픔을 견디는 방식이면서 속된 세상의 위선에 대응하는 태도에 해당한다.

> 뭐? 생일을 축하한다고?
> 병신육갑하고 있네
> 개같은 소리 지껄이지 마 썹새끼야!

나는 태어난 자체를 저주하는 놈이야.
　　　[……]
　　　개처럼 오늘을 죽였다. 오, 재경아 왜 이러니?
　　　　　　　　　　　　　　　　　　　　　—「생일」부분

　위에 인용한 시는 탈승화의 태도가 극대화되어 있는 작품이다. 실명이 그대로 작품에 나오는 만큼 이 경우의 화자는 고백시적 성격을 지니고 있는 화자가 된다. 탈승화의 태도에 의해 농도가 심한 욕설이 거침없이 나오고 절제되지 않은 반항의 어조가 두드러지게 드러나고 있다. 그러면서 "나는 태어난 자체를 저주하는 놈이야"라고 하여 삶의 근본을 거부하는 위악적인 태도를 보이고 있는데, 이는 배회하는 자의 깊은 슬픔과 고독 속에서 분출되어 나온 것으로 이해된다.
　배재경은 또한 현대 물질문명에 대한 저항을 다른 방식으로 표현하기도 하는데, 예를 들면 다음과 같은 작품이 이에 해당한다.

　　　창이 나를 삼킨다.

　　　내 무표정의 얼굴을
　　　흐릿하게 먹어치우며
　　　[……]
　　　중심마저 무참히 짓밟고 지나간다.

　　　오, 만물을 복사해 내는 위대한 신이
　　　　　　　　　　　　　　　　　　　　　—「창」부분

　이 작품에서 배재경은 현대의 복제문명에 대한 두려움과 저항을 드러내고 있다. 이 시에서 복제문명의 표상으로 나오는 것은 다름 아니라 '창'이다. 창은 흔히 자기성찰의 매개물로 등장하는 시적 오브제이지만, 이 작품에서는 "만물을 복사해 내는 위대한 신"으로 나온다. 복제의 이 시대는 근본적으로 개성을 상실한 시대이다. 위의 인용에 나오는 "무표정의 얼굴"이 바로 이를 의미한다.
　생명체까지도 복제해 내는 가공할 만한 기술과학문명의 맹위 앞에서 인간은 자신의 정체성에 대한 혼란에 빠지지 않을 수 없다. 내가 복제될 수도 있는 상황에, 나는 도대체 누구란 말인가. 그래서 이 시에서 복제기에 해당하는 창은 나를 삼키며 내 얼굴을 먹어치우는 것이다. 그리고 중심마저 짓밟고 지나가는 것이다. 여기서 중심은 바로 정체성의 상징으로 보아도 무방할 것이다.

배회하는 자의 슬픔을 보여주고 있는 배재경의 시가 복제문명에 대한 두려움을 드러내고 있는 것은 자연스럽다. 왜냐하면, 둘 다 정체성의 혼란에 대한 문제이기 때문이다. 그리고 여기에 대하여 자기 나름의 드러냄의 방식을 통하여 이 혼란을 극복하려는 태도는 우리의 시선을 붙잡아 두고 있다. 배재경이 이번 시집을 돌아보고 시적 지향을 탐색해야 하는 까닭은 바로 그에 대한 애정 어린 이 시선 때문일 것이다.

제4부 시인과 시의 다채로움

열린 시조의 다채로움

　현대시조는 이미 현대시의 한 부류에 속한다. 현대시조는 시조 본래의 제시 형식인 창을 통해서 유통되는 게 아니라 오직 활자화됨으로써 읽힐 뿐이다. 그리고 전통적인 시조 형식을 바탕으로 하고 있으나 그 활용의 진폭은 너무나 넓어 시적인 형식미를 최대한 발휘하고 있다. 이는 시적 인식의 진폭의 다채로움과 상응하는 사항이 된다. 그렇지만은 현대시조는 전통적인 시조 형식을 근거로 하여 이를 다양하게 변용시킨 것이므로 시조의 논리에서 완전히 자유스러운 것도 아니다. 그래서, 현대시조는 현대시와 시조의 적절한 긴장관계에서 산출되는 독특한 문학장르에 해당한다.
　『열린시조』에서 창간 3주년의 기획특집으로 묶은 80년대 시인들의 작품들에서도 이러한 사항을 실제 확인할 수 있고, 현대시조의 다채로움을 실감할 수 있게 된다. 문학작품이 인식과 형상화의 상호관계로 이루어지는 것이라면, 현대시의 한 부류에 속하는 현대시조의 다채로움은 이의 상호관계에 따른 다채로움에 다름 아니다. 이제, 구체적인 작품들을 살펴봄으로써 다양한 시적 지향을 알아보기로 한다.

　　　수근의 절구통은 반쯤 기울어져서
　　　둥글대로 둥근 虛飢 가득히 채우고 있다
　　　누군가, 설움의 모양을 이리 저리 빚어 놓은 이는
　　　　　　―이정환, 「圓에 관하여―3. 절구통」 전문

이정환의 「圓에 관하여」는 원의 모양을 하고 있는 전통성 지닌 시적 오브제를 통하여 원의 의미를 추구하고 있는 작품이다. 전체 6개의 소제목으로 구성되어 있는 이 작품에 등장하는 시적 오브제는 강강술래, 떡살, 절구통, 대바구니, 기와, 박 등이다. 김수영은 「巨大한 뿌리」라는 시에서 "傳統은 아무리 더러운 傳統이라도 좋다"고 선언하고 있는데, 이정환은 이러한 태도와 같이 전통성 있는 시적 오브제를 현재에 오롯이 살리고 있다.

그런데, 이정환이 보이고 있는 전통성에 대한 추구는 시적 오브제에만 머물지 않는다. 형식도 전통적인 시조 형식을 그대로 취하고 있거니와 절구통을 통하여 "둥근 虛飢 가득히 채우고 있"는 '텅빈 충만함'의 의미를 보여주고 있다. 절구통은 비어있는 부분이 바로 가장 요긴한 부분이고, 자신이 비어야 거기에 가득 담아 쓰일 수 있는 것이다. '텅빈 충만함'은 바로 동양화를 비롯하여 우리의 전통문화에 잘 구현되어 있는 정신의 세계이다. 따라서, 이정환의 「圓에 관하여」는 현대시조를 통하여 전통의 세계를 오롯이 담아내고 있는 작품에 해당하는 것이다.

꽃 속에 환히
볼 붉은 누이는 숨어

문둥아, 꽃문둥아
이리와, 이리 오라고

꽃망울 터지는 가슴
부끄러운 누이는 숨어

―장병우, 「4월」 전문

장병우의 「4월」은 전통(평)시조의 1연3행의 형식을 3연6행의 형식으로 변주한 것인데, 그 변주는 현대시조 창작에서는 초창기에서부터 활용되어 이미 오래된, 익숙한 것이다. 그만큼, 이 작품은 전통성에 기대고 있는 것이다. 4월은 개화의 계절이다. 붉게 "꽃망울 터지는" 개화는 생명성의 발현이며 삶의 환희가 된다. 처녀의 모습이 되어가는 누이에게서 느껴지고 맡을 수 있는 성숙해 가는 향기는 바로 생명의 향기이며 삶의 향기이다. 꽃의 붉은 꽃잎과 누이의 붉은 볼의 연관은 그래서 자연스럽다. 그리고 꽃망울 터지는 것과 가슴 부푸는 것은 생명성의 확장으로 본질적으로 같은 것이다. 그런데, 꽃은 드러내려는 데 비해서 누이는 감추려 한다. 이 때 누이는 수줍음이 많은 전통적인 누이에 해당한다. 이 작품의 전통성은 소재인 꽃을 전통적인 여인상에 결부시키고 있는 데에서 극대화되고 있다.

그런데, 이 작품은 드러냄과 감춤의 이중성을 보이고 있는데, 이 이중성은 감추면서 드러내는 은근한 유혹이 된다. 숨어서 "이리 와, 이리 오라고" 유혹하는 것이다. 가장 감질나는 유혹은 아마도 감추면서 드러내는 유혹일 것이다. 그런데, 감추면서 드러내는 태도는 다름 아니라 은근한 태도이다. 은근함은 전통적인 태도에 해당한다. 이 작품은 개화를 통해 은근함을 새롭게 보여주고 있는 것이다.

청댓잎에
소슬바람 불면
너에게 편지하마.
그리움 묻어나는
흑백사진 머리맡에
청자빛 하늘 닮은 사연
솔솔 풀어 보내마.

— 조근호, 「가을편지」 부분

조근호의 「가을편지」는 전통시조의 형식을 바탕으로 하고 있으면서도 그 변용의 정도가 앞의 작품들보다 상당히 심화되어 있는 작품이다. 이 시는 전체 3연으로 되어 있는데, 매연이 전통시조의 3행을 각기 다르게 변용시키고 있다. 그만큼 현대시로서 현대시조의 특색을 잘 살리고 있는 것이다. 그리고 이 작품은 서정성이 표면상에 많이 드러나 있다. 무엇보다도 자연과 인간이 서로 교통하고 있는 모습을 보여줌으로써 서정성을 부각시키고 있는 것이다. 이 시에 따르면 "청댓잎에 / 소슬바람" 부는 것은 "너에게 편지하"는 동기가 된다. 자연 현상과 인간의 일이 깊이 연관되어 있는 것으로 그려지고 있다. 그래서 그리운 이름에게 보내는 사연도 "청자빛 하늘 닮은 사연"이 된다. 그런데, 편지는 인간 교류와 의사소통의 가장 전통적인 방식에 해당한다. 이와 같이 이 현대시조 작품은 현대시로서의 형식적 특색에 전통 서정시로서의 면모를 보여주고 있는 것이다.

> 물길 끊고 길을 끊어 마음까지 끊어졌다 정선 佳水里부터 영월 滿地까지 침묵의 댐에 잠겨 있는 수몰 예정 마을들.
>
> 소년은 웃으면서 어름치라 말했다 꾸구리 꺽지 여울각시 그물 가득 튀는데 純銀의 모국어들이 저리 살아 빛나는데.
>
> [……]
>
> 달아나며 백삼십리 강은 일어서고 싶었다 단 한 번 꿈틀거림으로 다스리고 싶었다 한몸의 강과 사람을 차갑게 나눈 누군가를.
> ― 정일근, 「겨울 東江에서」 부분

정일근의 「겨울 東江에서」는 1연3행의 전통시조 형식을 1연1행의 산문조로 변용시켜 전체 5연5행의 형식을 취하고 있는 작품이다. 그만큼 현대시로서의 형식적 특색을 부각시키고 있다. 이를 전통적인 줄글 내리박이식 표기로도 볼 수 있지만, 이 경우는 창(唱)으로서의 시가일 때의 표기형식인 것이다. 읽는 시로서의 시조 즉, 현대시의 한 부류로서의 현대시조의 경우는 현대시로서의 형식적 변용으로 봐야 한다.

이 시는 현재 댐 건설로 예정되어 있는, 물길과 풍광이 아름답기로 이름 높은 강원도의 동강에서 느끼는 감회를 풀어쓰고 있다. 댐 건설은 이 아름다운 자연에 대한 파괴일 뿐만 아니라 인간과 자연을 갈라놓는 것에 해당한다. 그래서 시적 화자는 대뜸 댐 건설로 물길이 끊어지고 길이 끊어지면 사람의 "마음까지 끊어"진다고 언명하고 있는 것이다. 이 시에 따르면, 동강 댐은 자연과 인간, 인간과 인간을 끊는 "침묵의 댐"이 되는 것이다. "어름치" "꾸구리 꺽지 여울각시" 같은 모국어의 이름을 지닌 민물고기는 이제 삶의 터전을 잃게 될 것이다. 인간은 강을 떠나 어디서건 살 수 있지만, 이 민물고기들은 이제 더 이상 살 수 없게 된다. 하지만, 이 말은 또한 잘못된 말이다. 인간도 궁극적으로는 강이 없이는 살 수 없기 때문이다. 자연을 벗어나서 인간은 인간다운 진정한 삶을 누리기 힘든 존재이다. 강은 인간 식수원임을 넘어서 인간과 한 몸을 이루는 것이다. 이 시에도 언명되어 있듯이, 강과 사람은 이미 "한 몸"인 것이다.

이 시는 생태주의를 바탕에 깔고 있는 작품에 해당한다. 생태주의는 자연을 오직 인간의 기술적 조작의 대상으로 취급하는 서양의 근대주의 세계관에 대립한다. 인간과 자연의 조화와 공생을 추구해온 동양사상은 생태주의의 바탕이 되고 있다. 그런데, 생태주의는 인간과 자연의 합일, 자아와 세계의 합일을 지향한다. 이는 서정시가 궁극적으로 지향하려고 하는 융합의 세계관과 일치된다. 원래 서정의 본질은 자아와 세계의 동일성 즉, 인간과 자연의 합일에 있는 것이다. 이 시가 시조 형식을 바탕으로 한 현대 서정시인 것은 이와 같이 전통적인 동양사상을 바탕으로 한 생태주의와 잘 어울리는 것이 된다.

>해맞이 농악놀이도
>IMF라 먹잘 것 없고
>집마다 울고 웃기는 TV
>TV앞에 넋을 잃은
>안동네 겨울나기도
>샘 마르듯 하고 있다.
>
>[……]
>
>주인 없는
>빈 집들이 하나 둘 늘고 있다.

> 겨운 듯 기왓장은
> 고드름 빠지듯 하고
> 우편함 고지서들은 색이 바래 지쳐 있다.
> ─이요섭,「겨울 농가」부분

이요섭의「겨울 농가」는 전체 4연으로 구성되어 있는데, 매연이 전통시조의 3행을 각기 다르게 변용시키고 있는 작품이다. 그만큼 현대시의 형식적 특질이 부각되어 있는 것이다. 이 시는 IMF 이후의 농촌현실이 잘 반영되어 있는 작품이다. IMF 시대의 진입은 농촌사회에서 관례적으로 행해져 오던 "해맞이 농악놀이"의 흥도 꺾어버리고, "겨울나기"도 힘겹게 하고 있다. 그 가운데에서도 농가에서는 TV를 "넋을 잃"고 바라보면서 울고 웃기도 하는 모습을 보여주고 있다. TV는 물론 현실의 고통을 잊어버리기 위한 위안물을 제공하기도 하지만, 이것은 어디까지나 순간적이고 현실의 고달픔은 엄연히 지속된다. 그뿐만 아니라, 따지고 보면 농촌에까지 광범위하게 일상화되어 있는 영상문화는 삶의 현실에 허황된 이미지를 접합시키도록 한다. 그리함으로써 현실을 잠시 잊고 있다가 곧 삶의 더 큰 고달픔을 느끼게 되는 것이다.

농촌생활의 고달픔은 이농화 현상을 부추겨 "빈 집들이" 늘어만 가게 한다. 이농화 현상은 특히 청·장년층에 집중되어 농촌 인구의 고령화를 불러오고, 이는 필연적으로 노동력의 저하를 불러일으키게 된다. 저하된 노동력은 농업생산력의 저하를 가속화시키고, 이는 농촌생활의 궁핍을 가져오게 된다. 이와 같이 농촌은 악순환의 연결고리에서 헤어나지 못하고 있는 삶의 현장인 것이다. "색이 바래 지쳐 있"는 우편함 고지서는 빈 집으로 남아 있는 농가의 모습을 단적으로 보여주지만, 지쳐있는 것은 이것만이 아니다. 떠나지 못해 남아 있는 사람들도 지쳐있기는 마찬가지이다. 이 작품은 현대시로서의 형식적 변용에 농촌현실의 모습을 제대로 담아내고 있는 것에 해당한다.

> 아홉배미 길 질컥질컥해서
> 오늘도 삭신 꾹꾹 쑤신다.

아가 서울 가는 인편에 쌀 쪼깐 부친다 비민하것냐만 그래도 잘 챙겨묵거
라 아이엠 에픈가 뭔가가 징허긴 징헌갑다 느그 오래비도 존화로만 기별 딸
랑하고 지난 설에도 안 와브럿다 애비가 알믄 배락을 칠 것인디 그 냥반 까
무잡잡하던 낯짝도 인자는 가뭇가뭇하다 나도 얼릉 따라 나서야 것는디 모
진 것이 목숨이라 이도저도 못하고 그러냐 안

　쑥 한 바구리 캐와 따듬다 말고 쏘주 한 잔 헜다 지랄 놈의 농사는 지면
뭣 하냐 그래도 자석들한테 팥이란 돈부, 깨, 콩, 고추 보내는 재미였는디
너할코 종신서원이라니…… 그것은 하느님하고 갤혼하는 것이라는디 … 더
살기 곽곽해서 어째야 쓸란가 모르것다 너는 이 에미더러 보고 자퍼도 꾹
전디라고 했는디 달구똥마냥 니 생각 끈하다

　복사꽃 저리 환하게 핀 것이
　혼자 볼랑께 영 아깝다야
　　　　　　　　　　　　—이지엽, 「해남에서 온 편지」 전문

　이지엽의 「해남에서 온 편지」는 사설시조의 형식을 바탕으로 하고 있는 작품
이다. 3행으로 이루어진 원래 사설시조의 3단 형식을 이 작품에서는 3연으로 변
용시켜 구성하고 있는데, 제2연이 사설시조에서의 긴 행을 2행으로 풀어쓴 부
분에 해당한다. 이 작품의 시적 화자는 해남에서 혼자 사는 노모(老母)인데, 수
녀가 된 딸에게 전하는 편지를 읽는 형식을 취하고 있다. 그래서 편지지만 글의
형식보다도 말의 형식에 따라, 전라도 사투리의 노모의 목소리를 통해 그들의
삶을 생생하게 들려주고 있다. 그만큼 이 작품에서 언어 사용은 생동감과 자연
스러움을 극대화시키고 있는 것이다.

　이 작품도 IMF를 시대적 배경으로 깔고 있는데, 이는 "아이엠 에픈가 뭔가가
징허긴 징헌갑다"(인용자 주 : 심하긴 심한가보다)에서 직접적으로 확인할 수 있
다. 또한 이 작품에서는 "지랄 놈의 농사는 지면 / 뭣 하냐"에서 알 수 있듯이
농사 지어도 제 값을 받지 못해 나날이 궁핍해져 가는 농촌생활이 노모의 입을
통해 언명되어 있다. 그래도 자식들에게 정성을 다해 농작물을 보내는 재미 때
문에 시적 화자인 노모는 농촌생활의 고달픔에도 불구하고 농촌을 지켜 농사를

짓고 있다. 또한 이 작품은 지아비를 잃고 혼자 사는 노모의 외로움과 지아비에 대한 그리움, 그럼에도 불구하고 어려운 경제 한파의 사정으로 설에 찾아가지 못하고 전화로 기별만 전하는 아들의 면목없음과 괴로움, 신앙심으로 세속적인 삶을 떠나 수도생활을 하는 딸의 초연함과 딸을 잊지 못하는 노모의 정과 그리움, 자신은 몸이 쑤셔도 그 딸에게 쌀이라도 조금 부쳐야 마음이 놓이는 딸에 대한 노모의 애정, 복사꽃 흐드러지게 피어 더욱 그리워지는 지아비와 자식들 등 한 가족의 여러 모습을 보여줌으로써 삶의 다면성을 환기시키고 있다.

 이와 같이 이 작품은 사투리를 제대로 활용함으로써 살아있는 인간의 말의 생생함을 그대로 드러내고, 삶의 여러 풍경을 실감있게 보여주고 있는 것이다. 이 작품에 보이는 딸의 성(聖) 지향의 태도와 노모의 속(俗) 지향의 태도, 딸이 보이는 삶에 대한 초연과 노모가 보이는 삶에 대한 애착, 노모의 자식에 대한 애정과 자식의 노모에 대한 야속함, 생활의 궁핍과 인정의 풍요로움, 혼자 있는 인간과 흐드러지게 핀 복사꽃 등의 사항들은 대립되기보다는 서로 겹치고 어우러져 삶의 다면성을 증진시키고 있다. 그러면서 시적 화자인 노모가 보이고 있는, 자식과 삶에 대한 애정을 통하여 삶의 근본과 시원(始原)에 대하여 새삼 생각토록 해 주는 작품이다.

> 밤이 온 유리창에 한 사내가 비쳐졌다 말을 할 듯 머뭇하며 뒷모습을 숨겼을 때 어디서 본듯한 눈이 내 가슴에 남았다
>
> [……]
>
> 그 사내 검은 눈이 지워지지 않을 때 깊은 강은 가까이서 목이 말라 서 있고 외로선 벼랑 끝에서 새로 나를 만났다
> ─강영환,「푸른 밤에 누워」부분

 강영환의「푸른 밤에 누워」는 1연3행의 전통시조 형식을 1연1행의 산문조로 변용시켜 전체 4연4행의 형식을 취하고 있는 작품이다. 그만큼 현대시로서의

형식적 변용을 보이고 있는 것이 되는데, 이 형식은 긴 호흡의 깊은 사유를 하는 데에 적합한 것이다.

밤은 낮의 모든 요란스러움과 번거로움에서 해방된, 그래서 진정한 자기를 돌아보기에 적합한 시간이다. 어두워서 더욱 뚜렷하게 볼 수 있는 것은 유리창만이 아니다. 밤이 바로 그런 것이다. 그래서 밤의 유리창에 비쳐진 한 사내의 이미지는 바로 시적 화자의 자아 성찰의 이미지에 해당한다. 이것은 일상적 자아가 본래적 자아와 대면하는 것을 말한다.

자아 성찰은 일상적 자아와 본래적 자아의 대화를 지향한다. 그래서 "머뭇하며 뒷모습을" 숨기더라도 "눈이 내 가슴에" 남게 되는 것이다. 여기서 뒷모습은 본래의 모습으로, 본래적 자아를 뜻하게 된다. 말을 하지 않더라도 눈길은 피하지 못하는 것이다. 그 눈길은 마음 깊은 곳에서 보내는 것이므로 "지워지지 않"는 눈길이 된다. "깊은 강"은 심연이다. 심연은 모든 것의 속이다. 속 깊은 곳에서 분출하는 것은 진정한 것이다. 그래서 새로운 나는 진정한 자아가 된다. 진정한 자아가 될 때 자아회복이 되는 것이다. 이와 같이 이 작품은 현대시로서 깊은 사유의 형식적 변용에 상응하게, 자아 성찰이라는 현대성을 제대로 보여주고 있는 작품에 해당한다.

순수 영혼 때문고 생의 불타는 갈망조차 주저앉은 봄, 순백의 햇볕이 좋아 성욕의 덫에 갇히다

[……]

이건 참으로 놀라운 사건이야, 그치?

햇살은 햇살끼리 더듬더듬 꿈지락꿈지락, 바람은 바람끼리 서뿐서뿐 왁다글왁다글, 꽃은 꽃끼리 앙큼앙큼 어기적어기적, 나무는 나무끼리 망설망설 몽그작몽그작, 산은 산끼리 곰실곰실 어루룽어루룽, 사람은 사람끼리 질퍽질퍽 요리쿵저리쿵 항야홍야

오월은 섹스를 한다 황홀한 섹스를 한다.
— 오종문, 「오월은 섹스를 한다」 부분

오종문의 「오월은 섹스를 한다」는 시조 형식을 바탕으로 하고 있으나 변용의 정도가 심해 현대시로서의 형식적 지향이 극대화되고 있는 작품이다. 5월은 생명성이 가장 고양되는 계절이다. 그리고 생명체들이 서로 가장 깊이 교통하는 시기이다. 섹스는 존재의 가장 깊은 교통의 행위이며 더 없이 생명성이 발양되는 것에 해당한다. 그래서 이 시의 시적 화자는 대뜸 "오월은 섹스를 한다"고 언명하고 있는 것이다. 5월은 모든 자연물이 "순백의 햇볕" 아래 "성욕의 덫"에 갇히는 계절이 된다. 자연물의 가장 비밀스럽고도 놀라운 사건은 바로 존재의 연속성을 이루는 깊은 교통에 있는 것이다. 이 시의 화자는 이러한 내밀한 사건을 실감있게 전해주려 한다. 그래서 생명체들이 교통하는 모양과 소리를 직접적으로 드러내 보이고 들려주고 있다. 사설시조에서의 엮음과 같이 구성되어 있는 "더듬더듬 꿈지락꿈지락"에서부터 "질펵질펵 요리쿵저리쿵 항야홍야"의 구절이 바로 그것이다. 5월은 가만히 보고 자세히 들으면, 햇살은 햇살끼리, 바람은 바람끼리, 꽃은 꽃끼리, 나무는 나무끼리, 산은 산끼리, 사람은 사람끼리, 모든 자연물은 끼리끼리 깊은 교통의 몸짓과 소리를 내고 있는, 황홀하게 생명성이 고양되는 계절이다. 이 작품은 이러한 시적 인식을 가장 자연스러운 시적 형식으로 담고 있는 것에 해당한다. 이 작품의 경우 자발성은 시적 인식과 형상화 전체에 걸쳐 뻗히고 있는 것이다.

육질의 정보들이 애무하는 성감대에
떨리는 가슴 안고 나비처럼 들어왔다
지긋이 커서를 바라보며 마우스를 끌어 당겼다
내가 스스로를 찾아내기 위하여
보일 수 있는 건 다 열어 보이며
무정란 불꽃을 따라가는 사이버 넓은 마당
자르고 보태고 풀어낸 생명 위에
네거티브 필름같이 꿈틀대는 저 천형의 몸부림

내 마음 더하기 위한 접속을 하고 있다

　　　　　　　　　　　　　　— 김복근, 「인터넷」 전문

　　김복근의 「인터넷」은 1연3행의 전통시조의 형식을 세 번 중첩하여 전체 1연9행의 형식을 띠고 있는 작품이다. 9행으로 이루어진 전연시가 됨으로써 현대시로서의 특질이 부각되어 있다. 형식이 그런 만큼, 이 작품은 현대사회의 정보화 현상을 반영하고 있는 현대성을 띠고 있는 것이다.

　　이 시는 통신공간에서 이루어지는 정보화를 위한 내밀한 접속을 일종의 성적 접촉으로 환치시켜 표현하고 있다. 그럼으로써 가상공간에 존재하는 정보들에 육체성을 부여하고 있는 것이다. "육질의 정보들이 애무"한다는 표현은 바로 이를 말한다. 이 시에서 통신공간은 비생명성이 생명성으로 화하는 공간이 된다. "사이버 넓은 마당"은 "무정란 불빛"이 "생명"을 따라가는 공간인 것이다. 이 시는 정보화의 시대를 반영하면서, 이를 생명성과 연관시키고 있는 독특한 작품에 해당한다.

　　현대시의 한 부류로서 현대시조는 이미 다채로운 시적 지향을 내보이고 있다. 이 글은 『열린시조』의 창간 3주년 기획특집으로 묶은 80년대 시인들의 작품을 살펴본 것이지만, 여기서도 현대시조의 다채로운 시적 지향을 확인할 수 있다. 그만큼 현대시조의 길은 시적 현대성으로 무한히 열려 있는 것이다. 앞으로 열린 시조의 실천적 시학에 관심을 제고해야 하는 이유는 바로 이 때문이다.

역동성과 생명성의 시학

— 정해송의 시조

　현대시의 한 부류에 속하는 현대시조는 시적 인식의 진폭이 상당히 넓다. 그만큼 현대시조는 다채로운 시적 지향을 보이고 있는 것이다. 정해송 시조시인의 시조는 이의 좋은 예가 된다. 그는 무엇보다도 열려 있는 상상력을 통하여 시적 다채성을 구현하고 있는데, 그 상상력은 역동성과 생명성을 바탕으로 펼쳐지고 있다. 이 역동성과 생명성은 시대상황의 변동에 상응하여 그의 시조에서 내적인 변모가 이루어지고 있는 가운데에서도 여전히 지속되고 있는 사항이 된다. 따라서 그의 시조를 역동성과 생명성의 시학이라 명명할 수 있을 것이다.

　　방에 앉아
　　시 쓰는 일이
　　부끄러운 시절이다.

　　은유며 상징이며
　　분칠같은 기교들이

　　이 유월
　　녹색 깃발 아래
　　가화(假花)처럼 여겨진다.

　　　　　　　　　　　　—「고백」전문

위에 인용한 시는 정해송 시인이 스스로 자신의 시작 태도를 밝히고 있는 작품에 해당한다. 그래서 이 시를 논의의 출발점으로 삼고자 한다. 시구절 중에서 '방'은 삶의 현장을 벗어난 내면의 세계를 의미한다고 볼 수 있다. 방에 앉아 시를 쓰는 내면 침잠의 정적인 태도를 부끄럽게 여기고 있는 시인의 자세에서 삶과 시를 연속시켜 시의 실천성을 강조하려는 시인의 의식을 엿볼 수 있게 된다. 여기서 역동성이 실천성과 서로 연관됨을 알 수 있다. 그래서 삶의 실천성과 관계없는 시적 '기교'는 한낱 본질을 가리는 '분칠'에 지나지 않게 된다고 시인은 단언하고 있다. 또한 이 '기교'는 유월의 깃발 아래 한낱 '가화(假花)'에 지나지 않는다고 언명되고 있다. 여기서 유월의 깃발은 6월 항쟁을 환기시키는데, 이는 역사적 현실이라는 의미로 확대될 수가 있다. 그런데 기교를 가화에 비유하고 있는 데에서, 기교를 멀리 하고자 하는 이 시인이 궁극적으로는 생화(生花)로 표상되는 생명성을 추구하고자 하는 것을 알 수 있게 된다.

정해송 시인의 시세계가 역동성과 생명성으로 정리될 수 있는 것은 바로 이에서 출발한다. 그런데, 그 역동성과 생명성은 위에 인용한 작품에 드러나 있는 의미로만 한정되지 않는다. 그의 시에서 역동성과 생명성은 상당히 포괄적인 의미망을 드러내고 있는 것으로 다가오고 있기 때문이다.

> 떨고 있는 잎사귀도
> 한 시대를 느끼는가.
>
> 눈 가린
> 흉흉한 역사
> 땅끝으로 지고 있다.
>
> —「피리」 부분

그의 시에는 역사적 상상력을 보여주고 있는 작품들이 상당히 많다. 위에 인용한 작품도 그 중 하나에 속한다. 그런데, 그 역사는 '흉흉한' 오욕의 역사이며 사람의 마음의 눈을 가리는 어둠의 역사이다. 이 시에 따르면, 너무도 미약한

'잎사귀'조차 오욕의 역사와 어둠의 시대를 느끼고 있다. 어떠한 역사적 현실의 무게도 그 현실을 살아가는 인간 개개인에게는 삶의 현장에서 너무나 깊이 와 닿게 되는 것이다. 그래서 이 시에서 잎사귀는 떨고 있는 것으로 묘사되고 있다. 그 어둠의 역사적 현실은 사람들에게 "경계하는 눈빛"을 보이는 불신과 두려움을 내면에 갖도록 하고 또한 "말수를 줄"여 서로 소통하지 못하게 한다. 그래서 마음 속에 "안으로만 굳어가는"(「혈(穴)」) 응어리를 지니고 살아갈 수밖에 없도록 만든다.

  6월 항쟁은 바로 이 오욕의 역사를 청산하고자 해서 분출된 혁명과도 같은 사건이었다. 앞에 인용한 시에서도 유월의 깃발이 나오지만 그의 시에는 이 6월 항쟁의 이미지가 상당히 등장하고 있다.

> 차라리 그것은
> 넘쳐나는 해일입니다.
>
> 격랑의 푸른 칼이
> 신명난 춤을 추며
>
> 한 시대 매듭을 푸는
> 살풀이가 됩니다.
>   ―「6월 스케치 - 1987년 유월항쟁 서면에서」 부분

  이 시는 제목에서부터 6월 항쟁에 대한 시적 발언임을 분명히 밝히고 있는 작품이다. 시인은 6월 항쟁의 물결을 '해일'이라는 역동적인 이미지의 자연물로 환치시키고 있다. 역사성을 말하는 그의 시가 역동성을 드러내고 있는 것은 바로 6월 항쟁의 격동적인 체험에 힘입은 바 큰 것으로 여겨진다. 위에 인용한 시에서 역사적 비판의식을 '푸른 칼'로 비유하고 있는데, 이는 정해송 시인의 작품 곳곳에 나타나 있는 이미지에 해당한다. 칼이 "당대의 정수리를 내리치는 혼불"(「검(劍)」)의 의미로 등장하는 것도 바로 이 때문이다.

  그런데, 이 작품은 역사적인 변동의 과정을 살풀이춤으로 형상화하고 있는데,

사실상 수건이나 아무 것도 가지지 않고 추는 살풀이춤이라기보다는 신칼을 가지고 추는 살풀이굿에 해당한다. 여기서도 역동성은 두드러지고 있다. 악한 기운인 '살(殺)'을 쫓기 위한 살풀이는 그의 작품 가운데 다른 것으로 변주되어 나오기도 한다.

> 겨울 견딘 뿌리들을 어둠으로 포장하여
> 굴림차로 다져가며 시퍼런 입을 봉했어도
> 무거운 압제를 뚫고 일어서는 저 말들!
>
> —「우슬초」부분

인용한 작품은 억압적인 시대 상황 아래 자행되어 온 언로(言路)에 대한 통제의 문제를 부각시키고 있는 시에 해당한다. 시구절에서 '입을 봉'한다는 것은 바로 이를 말한다. 그럼에도 불구하고 '말들'은 자유를 찾고 자유를 말하기 위해 '압제'를 뚫고 일어선다고 분명하게 단언하고 있다. 여기서 말들은 개별적인 소리를 넘어선 함성이 되는데, 이는 집단성과 민중성을 지닌 말의 힘을 의미하게 된다. 이는 다른 작품에서는 "울대 치는 아픔들이 / 큰 소리로 끓고 있다"(「침(鍼)」)로 변주되기도 한다.

그런데, 위에 인용한 작품은 '압제를 뚫고 일어서는' 말을 겨울의 무거운 흙을 뚫고 일어서는 풀에 비유하고 있다. 다시 말하면, 자유의 말이 생명성을 가진 풀로 환치되고 있다. 말의 자유는 말의 생명성에 다름 아닌 것이다. 그만큼 정해송 시인에게 생명성은 시적 인식의 근원을 이루고 있는 것으로 보인다. 그런데, 이 작품에 제시되어 있는 풀은 제목에서 알 수 있는 바와 같이 '우슬초'이다. 우슬초는 유대인들이 귀신이나 재앙을 쫓으려고 재물의 피를 묻혀 뿌리는 데 쓴 식물이다. 즉, 악한 기운을 쫓는 데 쓰이는 풀로서, 앞의 작품에서 언급한 살풀이와 같은 의미를 지니고 있는 것에 해당한다.

정해송 시인은 역사적인 현실을 역동적인 이미지의 자연물로 환치시켜 드러내기도 하지만, 자연물을 역동적으로 묘사하여 이를 역사적인 상상력과 결합시키기도 한다. 겨울바다를 묘사하면서, 거친 파도를 "암벽에 부딪쳐서 / 흰 이빨로 부서지는 절규"라 하여 집단의 목소리로 역동적으로 표현하거나 "원경(遠景)은 함성을 머금고 / 호(弧)로 휘어 날(刃)이 섰다"(「겨울바다에 서서」)고 함으로써 집단적인 소리와 움직임을 직선과 곡선의 결합을 통해 역동적으로 드러내고 있다. 이런 측면을 대표하고 있는 작품이 아래에 인용하는 시이다.

       한바탕 격전을 앞둔
       정적이 감돈다.

       은밀한 신호들이
       나무 사이 오가면서

       [……]

       철 늦은 눈보라가
       이따금 흩날려도

       녹두빛 깃발을 날리며
       함성들이 오고 있다.
                         —「2월 산은」 부분

  이 시는 정해송 시인의 상상력이 얼마나 역동적인가를 잘 보여주고 있는 작품에 해당한다. 그는 이 작품에서 이른봄의 자연을 전투적인 상황으로 환치시키고 있다. 2월 산의 분위기를 "한바탕 격전을 앞둔 / 정적"으로 표현함으로써, 마치 폭풍전야와 같이 역동적인 움직임이 예비되어 있는 상황으로 묘사하고 있다. 그래서 자연물 사이에는 '은밀한 신호'들이 오고가는 내적 소통이 이루어지고 있다. 그리고 자연의 소리는 편만하여 능선도 귀를 세워 이 소리를 듣고 있고, 바람은 가지를 흔들어 생명을 일깨우며 자연물은 상호간에 촉수를 세워 생명감을 느끼게 된다. 여기서도 역시 정해송 시인의 역동적인 상상력이 생명성과 연관되어 있음을 알 수 있다. 그래서 '철 늦은 눈보라'의 비생명적인 역동성은 '녹두빛' 잎들의 생명적인 역동성을 막지 못하고, 녹두빛 잎은 생명성이 강

조되어 역동적인 움직임의 '깃발'과 집단적인 소리인 '함성'으로 표상되고 있
다. 이 경우도 생명성은 역동성과 집단성에 연관되어 있는 것이다.

> 농밀한 색정으로
> 명멸하는 불빛들이
> 파도의
> 억센 근육질을
> 연신 풀어 놓는다.
>
> ―「해운대」 부분

이 작품에서도 자연의 역동성은 여지없이 드러나고 있다. 그 역동성은 생명성을 띠고 있고, 생명성을 부각시키기 위해 성적인 이미지와 연관되기도 한다. 바다의 불빛은 이 성적 이미지와 결합되어 '농밀한 색정'이 되고 '파도'는 육감적인 이미지에 힘입어 '억센 근육질'로 표현되어 역동성이 부각되고 있다. 다음에 인용하는 시는 어느 작품보다도 성적 이미지에 따라 생명성이 뚜렷하게 드러나는 것에 해당한다.

> 누군가 하얀 대낮
> 고름을 풀고 있다.
>
> 너는 그만 살이 열려
> 발정하는 향내 나고
>
> 혼령이 녹아내리는
> 미친 불에 싸인다.
>
> ―「작약(芍藥)」 부분

작약을 묘사하고 있는 이 작품에서 성적 이미지는 극대화되고 있다. 작약의 꽃잎이 열리는 것을 옷고름 푸는 것에 비유하는 것 자체가 육감적이며 성적인 이미지에 해당한다. 여기서 하얀 대낮은 하얀 살결을 환기시키고 있다. 시구절

"살이 열려 / 발정하는 향내 나고"는 식물의 이미지를 동물적 이미지와 결합시킴으로써 꽃잎이 열려서 나는 식물의 향기를 발정하는 동물의 냄새로 환치시키고 있는 표현에 해당한다. 그런 만큼 성적인 색채가 두드러지게 되는 것이다. 그래서 이 작품에서 활짝 핀 '작약'은 '미친 불'에 비유되어 있다. 이로 볼 때 이 작약은 일반적인 적작약으로 보이는데, 그 작약은 열정을 품고 있고, 그 열정은 생명성에 다름 아닌 것이 된다.

> 저 강물
> 깃 치는 소리
> 등비늘이 일어섰다.
>
> [……]
>
> 낙조는
> 붉은 울음을
> 죽은 강에 쏟는다.
>
> ─「을숙도」 부분

이 시에서도 역동성과 생명성의 결합은 두드러진다. 이는 '강물'을 새와 물고기에 환치시킴으로써 획득된다. 정해송 시인에게 있어 강물의 흐름은 정적인 것이 아니라 새가 깃을 치는 것이거나 물고기의 등비늘이 일어서는 것과 같이 동적인 것이다. 그런데, 이 작품에서 생명성에 대한 추구는 문명의 발달에 따른 오염성과 반생명성을 비판하는 형식을 취하고 있다. 오염된 강은 이미 죽은 강이며, 그래서 낙조는 붉은 울음을 그 강에 쏟을 수밖에 없는 것이다.

> 강은 상한 아가미로
> 가쁜 숨을 내쉬며
>
> 강비늘 하이야니
> 배때기를 드러낸 채

　　　　문명의 끝을 알리는
　　　　신음소리 내고 있다.
　　　　　　　―「강물 서설(敍說)―낙동강 이대로 죽어가는가」 부분

　이 작품에서도 강은, 앞의 시와 마찬가지로, 생명체인 물고기로 환치되어 있다. 그러나 여기서는 역동성과 생명성을 드러내고자 해서 그런 것은 아니다. 오히려 강이 생명체로 환치됨으로써 반생명성이 두드러지고 있다. 오염된 강을 죽어가는 생명체에 근본 비교함으로써 물질문명에 따른 환경 오염의 심각성을 부각시키고 있는 것이다. "강비늘 하이야니 / 배때기를 드러낸 채"라는 구절은 근본 비교에 따라 고갈되어 가는 강을 묘사한 것이면서도 오염된 강에 죽어서 떠있는 물고기에 대한 묘사를 환기시키게 된다. 그래서 오염된 강은 죽어가는 신음소리를 내고 있고, 이는 또한 막다른 길에 봉착한 문명의 한계성을 보여주는 시적 오브제가 되는 것이다. 이와 같이 이 시는 생태주의에 입각한 작품으로 환경 오염에 대한 고발을 드러내고 있는 작품에 해당한다. 생명성을 추구하는 정해송 시인이 생태주의 시의 모습을 드러내는 것은 필연적인 것으로 보인다.

　　　　초록빛 둥근 꿈을
　　　　가지마다 걸어두면

　　　　따스한 심장으로
　　　　일어서는 손길이여.

　　　　문명에
　　　　병든 도심을
　　　　원격 치료를 하고 있다.
　　　　　　　―「겨울 산행(2)―금정산에서」 부분

　위에 인용한 작품에서 '초록빛 둥근 꿈'은 원래 지니고 있는 자연의 생명성을 의미한다. 그래서 자연은 근본적으로 '따스한 심장'을 내재하고 있는 것이 된다.

그리고 이는 인간이 지니고 있는 삶에 대한 열정으로 환치될 수 있는 것이다. 자연의 생명성은 인간의 열정과 상응한다. 그런데, 삶에 대한 열정을 가진 인간은 반생명적인 것과 반자유적인 것에 저항하지 않을 수 없다. 생명과 자유라는 삶의 희망을 위해서는 저항이 필요한 것이다. 저항적인 의미가 내재되어 있는 '일어서는 손길'이란 구절은 그래서 자연스럽다. 자연의 생명력과 인간의 열정은 오염성과 반생명성의 도시문명을 치유하는 원천에 해당한다. 이 시가 근본적으로 반도시성과 자연의 자발성에 기대고 있는 것은 바로 이 때문이다.

> 도시는 고즈너기 우수(憂愁)에 잠기고
> 고층 건물들은 긴 꼬리 휘둘러
> 저무는 아스팔트 길에 추상화를 그린다.
> ―「안테나를 세우고」부분

이 시는 일상생활 가운데에 녹아 있는 생태주의의 모습을 보여주고 있는 작품에 속한다. 여기서 도시가 우수에 잠겨있다는 표현은 문명도시에 대한 부정성을 드러내는 시적 발언에 해당한다. 이 작품에서 생명체로 환치되어 있는 것은 자연물이 아니라 고층 건물이다. 그런데, 이 시가 도시의 일상생활을 배경으로 하고 있는 것은 이와 관련된다. 여기서도 역시 고층 건물은 역동적 이미지로 묘사되고 있다. 시구절에서 '저무는 아스팔트'는 반생명성을 환기시키며 형체없는 '추상화'는 이 반생명성을 더욱 부각시키는 것이 된다. 이 작품이 문명도시가 내재하고 있는 반생명성을 드러내고 있는 것으로 이해되는 이유가 여기에 있다.

> 살이 닳도록 닦는다
> 뼈가 타도록 닦는다
>
> 문명에 녹슨 달이
> 옷을 벗는 깊은 가을
>
> 무변의
> 맑은 영혼이

기억처럼 열려온다.

　　　　　　　　　　　　　　―「귀뚜라미」전문

　생태주의에 입각한 이 시는 귀뚜라미 하나를 통해서 자연의 무한한 생명성을 드러내고 있는 작품에 해당한다. 여기에서 시인은, 귀뚜라미가 자신의 다리를 끊임없이 비비대는 행위를 문명에 대한 저항의 몸짓으로 보고 있다. 다시 말하면, 이 시에서 귀뚜라미가 거듭 행하는 살이 닳고 뼈가 타도록 닦는 단련의 행위는 문명의 녹슨 때를 지우기 위한 것으로 해석되고 있는 것이다. 이러한 단련을 통해서 문명에 밀려나거나 문명화된 자연이 비로소 본모습을 드러내게 되는데, 이는 "문명에 녹슨 달이 / 옷을 벗는 깊은 가을"로 표현되어 있다. 이 경우 본래의 자리로 돌아와 본모습을 드러내는 자연은 당연히 생명성을 표출하게 되는데, 이 시에서도 생명성에 대한 표현은 성적인 이미지를 통해 드러나고 있다. 그래서 본질성과 생명성의 결합으로 이루어진 '옷을 벗는'이라는 구절은 자연스럽게 다가온다.

　그런데, 제2연이 자연에 대한 묘사인 경(景)에 해당한다면, 제3연은 정(情)에 해당한다. '맑은 영혼'이 바로 그것이다. 따라서 이 시는 일종의 정경교융(情景交融)을 표현하고 있는 것으로 볼 수 있다. 이 때, 영혼은 '기억처럼' 열려오는 것이다. 주지하는 바와 같이 기억은 과거의 현재화이다. 이는 또한 소통성을 내재하고 있는 말이다. 시구절에서 '열려'있다는 표현은 이를 극대화하고 있는 말에 해당하는 것이다.

　정해송 시인의 역동성과 생명성의 시학은 역사적인 상상력에서 생태학적 상상력까지 그 진폭이 상당히 넓다. 그런데, 이 진폭은 다름 아니라 시대의 흐름에 따라 형성된 우리 시의 주된 상상력에 상응한다. 7·80년대의 역사적 상상력과 90년대의 생태학적 상상력이 바로 그것이다. 따라서 그의 시는 시대의 중심에 선 상상력을 역동성과 생명성으로 펼쳐 온 것으로 보인다. 그리고 시대상황의 변동에 따른 그의 시적 방향의 모색도 역동성과 생명성을 바탕으로 이루어진 것임을 보여주고 있다.

전통에 대한 고집과 정제된 형식미
— 임종찬의 시조

　임종찬 시조시인의 제5시조집 『고향에 내리는 눈』은 현대시조를 근본적인 면에서 반성적으로 돌아보도록 하는 시집에 해당한다. 그래서, 시조집 발간을 우선 축하드릴 일이기도 하지만, 간략하나마 서평을 통하여 임종찬 시조시인의 시조의 특징과 그 의의를 살펴보는 것이 의미있는 일이 되리라 생각한다.
　임종찬 시조시인은 시조 갈래를 통하여 전통에 대한 고집을 줄기차게 견지하고 있는 시인이다. 그가 끈질기게 추구하고 있는 전통성의 이념은 단순히 현대시조 갈래를 선택하여 창작한다는 데에 있는 게 아니라, 시조의 형식미를 끝까지 지켜 가는 데에 있다. 그래서 임종찬 시조시인은 현대시조가 시조 특유의 형식미를 버리고 '자유시'화 해가는, 다시 말하면 현대시조라 하여 시조가 형식파괴적인 현대화로 치닫는 경향에 대하여 일정한 비판을 가하고 있다. 시조는 시조 나름대로 지니고 있는 형식적 논리가 생명인데, 이를 버려서 '현대'시조이고자 한다면 이러한 시조는 이미 현대'시조'가 아닌 어정쩡한 양식이 되어 버린다는 것이다.
　임종찬 시조시인이 견지하고 있는, 시조의 형식적 논리에 대한 믿음은 시조란 애초에 가곡이나 창으로 불려진 '시가'라는 인식에서 출발하는 것으로 이해된다. 음악적 측면과 문학적 측면의 상보적인 관계에서 시조가 불려지고 씌어진 전통에 따르면, 문학적 측면만 남은 현대시조에서도 율독의 측면은 여전히 중요한 자리로 남을 수밖에 없게 된다. 현대시조는 바로 이 율독을 통하여 제

맛을 느껴야 하는, 이를 위하여 일정한 형식적 특성을 지닐 수밖에 없는 시에 해당하는 것이다.

  까치집튼 감나무에
  무겁도록 달리는눈

  꼬리말린 토종개가
  들을질러 뛰고있다

  아버지 누울산자락에
  하얀과거가 덮힌다.
          ―「고향에 내리는 눈」 부분

 이번 제5시조집의 표제시조인 인용한 작품만 봐도 임종찬 시조시인이 얼마나 시조의 형식적 특성에 대한 배려를 치밀하게 하고 있는지 잘 보여주고 있다. 균형 잡힌 세 연의 엄격한 3단 형식은 '처음(초), 중간(중), 끝(종)'이라는 시조의 논리적 질서를 대변하는 형식적 이념에 해당한다. 그러나, 이 형식적 이념은 형식만이 아니라 내용까지 포괄하고 있는 데에 그 의미가 있다. 위에 인용한 시조의 경우, '처음(초) : 사물이나 생물, 중간(중) : 사물이나 생물, 끝(종) : 인간'이라는 의미소로 분석될 수 있는 것이다. 이는 시조의 형식적 특성 중 중요한 한 가지가, 다름 아니라, 제1·2연(장)의 율격적 형식과 제3연(장)의 율격적 형식이 서로 다른 것에 바로 상응하는 현상이 된다.

 이와 같은 3단 형식도 시조의 형식적 특성을 드러내는 것이지만, 임종찬 시조시인의 시조 표기가 문법적 단위의 띄어쓰기가 아니라 율격적 단위의 띄어쓰기로 되어 있는 것은 시조의 독특한 율독을 염두에 둔 형식적 장치인 것이다. 이는 일상어의 논리에 대한 저항이면서 '보는' 현대시에 대하여 '읽는' 시조의 차별화 전략에 해당한다. 현대'시조'는 무엇보다 율독을 통해야만 제 맛과 제 멋을 살릴 수 있는 갈래인 것이다.

 또한 위에 인용한 작품에서도 한 눈에 알 수 있듯이, 그의 시조에서는 이른바 문장 부호의 사용이 일상적인 용법을 벗어나 있음에도 유의해야 한다. 제1연과 제2연의 끝에 마침표나 쉼표를 찍어야 하는 게 문법적으로 타당한 것이긴 하지만, 임종찬 시조시인은 일상어의 문법이 아니라 시조의 문법에 따라 시조의 율독미를 제대로 살리기 위한 문장 부호를 사용하고 있다. 그래서 3단 형식이 끝나는 제3연의 끝에만 마침표를 찍고 있는 것이다. 이와 같이, 그의 시조작품에서 그 형식적 장치는 아주 치밀하게 얽혀 있는 것이다.

>아득한 별자리의
>높디높은 노래소리
>
>바람에 몸부비는
>희디흰 사랑얘기
>
>보아라 저강물속에
>그기미가 보인다.
>
>―「江」 부분

　시조는, 전통적으로 서정의 본질을 잘 구현한 갈래에 해당한다. 주지하는 바와 같이, 서정은 자아와 세계의 일체감 즉, 인간과 자연의 합일로 가장 잘 표상된다. 위 인용한 작품에 보이는, 자연물 가운데에서 노래 소리를 듣고 자연물 가운데에서 사랑 얘기를 듣는다는 발상 자체가 인간이 자연과 교감하고 있다는 전제하에 가능한 것이다. 그래서 인간 일의 어떤 기미도 강물 속에 비칠 뿐이다.
　서정의 세계에서는 자연물도 근원적으로 서로 교류하고 있다. 자연물 서로의 조응은 바로 이를 말한다. 자연물의 통감각적인 조응은 공감각적인 표현으로 드러나기도 한다. 위에 인용한 작품에서 공감각적인 표현이 활용되고 있는 이유는 바로 이 때문이다.
　자연과 근본적으로 교감하고 있는 시인은 이 교감이 타인들에게 확장되기를 기대한다. 그래서 시인은, 드러난 외적 현상 너머 감추어진 내적 교류를 보고 느끼듯이 타인들도 그러기를 원한다. 그래서 임종찬 시조시인은 대뜸 위에 인용한 시조의 제3연에서 "보아라"라고 강권하고 있다. 그런데, 이 구절은 전통시조의 제3행(제3장)의 특성을 유감없이 드러내고 있는 부분에 해당한다. 즉, 임종찬 시조시인은 내부의 깊은 곳에까지 치밀하게 시조 특유의 형식적 장치를 활용하고 있는 것이다. 그는 정제된 형식미가 체질화되어 있는 시조시인이라 말할 수 있다.

한편 우리의 전통적인 사상에 따르면, 자연은 모자람이 없는 원융(圓融)의 완전한 존재에 해당한다. 그래서 자연은 하나의 도(道)가 되는 것이다. 옛 선비들이 자연의 도를 본받고자 한 태도는 바로 이러한 자연의 성격이 전제되어 지니게 된 태도가 된다. 이 경우 자연은 인간을 되돌아보게 하는 거울인 셈이다.

> 이세상 옷을입고
> 오십넘게 살았건만
>
> 꽃피듯 잎지듯이
> 세상사는 법을 몰라
>
> 가끔씩 金井山에올라
> 나를던져 놓는다.
>
> ―「금정산에 올라」 부분

임종찬 시조시인이 위에 인용된 작품에서 보는 바와 같이, "가끔씩 金井山에 올라 / 나를던져 놓는다"와 같은 자연과의 합일 상태를 읊조리는 것은 바로 이와 연관된다. 인간은 자연 속에 던져진 존재일 뿐이다. 그런데, 그가 자연과의 합일을 추구하는 태도는, 심층적으로는 자기 자신과 일상적 삶에 대한 반성에서 나오는 태도인 것이다. 사실 자연과의 교감 자체가 시적 세계에서나 가능한 것이다. 그래서 이 경우 시적 자아는 일상적 자아를 벗어나는 지점에서 취하게 되는 자아가 된다. 일상인으로서 세속도시에 사는 그는, 시인으로서 자연의 이법에 비추어 인간사를 되돌아본다. 그리고 자신의 삶의 태도를 반성한다. 이 때, 시적 자아는 일종의 반성적 자아가 되는 것이다.

이와 같이, 임종찬 시조시인에게 있어, 전통에 대한 고집은 시조의 형식적 특성에 대한 추구만이 아니라, 전통사상과 내적으로 깊이 관련되는 삶의 태도에서 나오는 문학적 지향에 해당하는 것이다.
　그래서 이렇게 말할 수 있으리라. 임종찬 시조시인의 시조작품는 현재 널리 씌어지고 있는 현대시조를 근본에서부터 되돌아보게 하는 여러 가지 시사점을 던져 주고 있는 것에 해당한다. 그의 시조는 이 점에서 무엇보다 '문제적'인 현대'시조'인 것이다.
　학문을 하는 교수이면서 또한 시조시인으로서 끊임없이 감성의 언어를 캐야 하는 일의 어려움에다가 시조 창작을 통해 근본적인 문제를 제기하는 일의 어려움까지 기꺼이 맡고 있는 임종찬 시조시인의 제5 시조집『고향에 내리는 눈』은 그래서 더욱 의미 깊은 것으로 다가오고 있다.

시적 개성과 상상력의 모험

　새 세기 새 천년이라는 새로운 연대의 벽두에 감수성이 새로운 젊고 유망한 시인을 찾아나서는 일은 의미있는 일일 뿐만 아니라 즐거운 일이 되기도 한다. 더구나 그 시인들이 자기 나름대로의 개성적인 목소리를 지니면서 독특한 상상력을 펼쳐 보이고 있는 경우는 더욱 그렇다. 부산지역의 젊은 시인들 가운데 김참, 손택수, 이찬이 열정적으로 활동하고 있는 것은 지역문학의 활성화에 큰 힘이 되어 줄 뿐만 아니라 한국문학의 미래에도 밝은 전망을 열어 보일 것으로 기대된다. 더구나 이들은 개별적인 활동과 더불어 다같이 <청동시대> 동인으로서 무크지를 발간하는 등 결속력을 갖춘 시의 길에 대한 탐색도 내보이고 있는 만큼 눈여겨 보아도 좋으리라 생각한다.
　김참은 1995년 『문학사상』을 통해서 등단했는데, 1999년에는 제5회 <현대시 동인상>을 수상한 바 있다. 그는 독특하면서도 풍부한 상상력을 통하여 시적 모험을 감행하는 시인이다. 김참이 행하는 시적 상상력의 모험은 환상성을 자아내고 있다. 그의 시세계를 압축적으로 보여주는 가장 적절한 예는 「강철구름」이 될 것이다. 시집 『시간이 멈추자 나는 날았다』에 대한 정끝별의 해설에서는 이 시를 김참의 상상력의 지형도를 가장 쉽게 파악하게 하는 길잡이 시에 해당한다고 보고 있다.

　　　아파트 위로는 강철구름이 떠다니고, 나는 아파트 내방에 누워 비틀즈의
　　연주를 듣는다 강철구름 위에서 푸른 사다리가 내려와 어둔 내 방에 들어온

다 음악을 끄고 내 방 밖의 세계로 걸어나간다 사다리에서 내려다 본 세상은 개미굴같이 아기자기하다 사다리 중간에는 이상한 새들이 앉아 지상도 공중도 아닌 곳을 바라보고 있었다 새들이 바라보던 그곳에서 검은 터널이 열렸다 새들은 있는 힘을 다해 그곳으로 날아갔지만 한 마리를 제외한 다른 새들은 모두 지상으로 떨어지고 말았다 그리고 시간이 마구 뒤섞이기 시작했다 나는 추락한 새들을 생각하며 사다리를 오른다 강철구름은 까마득히 높이 있다 끝이 보이지 않는다 사다리들이 하나씩 떨어져 나간다 나는 또 한 칸 올라간다 나는 실체일까 허상일까 아파트 위로는 강철구름이 떠다니고 까마득한 밑에서 또 한 사람이 올라온다

김참의 시에 자주 나오는 '방'은 자신의 내면에 대한 은유에 해당한다. 그의 시는 기본적으로 내면 탐구의 시에 속한다. 그런데, 그 내면은 무한히 열려가는 상상력과 이에 따라 불어나는 이미지에 힘입어 환상으로 펼쳐진다. 제목인 '강철구름' 자체가 환상 속에서 가능한 이미지가 된다. 이 시에서 환상으로 나아가는 매개는 '사다리'이다. 그래서 수직 이동을 통하여 환상의 새로운 세계로 나아가게 된다. 이 환상의 세계 가운데에 '검은 터널'이 있다. 김참의 시에서 자주 나오는 검은 색의 이미지는 허무와 소멸을 환기시키며 황량한 내면 풍경을 이루는 중요한 요소가 된다. 「검은 날」, 「검은 깃발」, 「검은 구름 몰려다니는 오후」 등 시작품 제목 자체에 드러나 있는 경우도 있다. 초현실적인 환상의 공간에서는 시간적인 질서도 없다. 그래서 '시간이 마구 뒤섞이'는 것이다. 그리고 실재와 부재의 구분도 모호해진다. '나는 실체일까 허상일까'라고 존재에 대한 의심을 보이는 것도 이 때문이다. 이는 정체성 혼란으로도 읽을 수 있다.

이 시에서 또 주목해야 하는 점은 추락의 이미지이다. 새들도 떨어지고 사다리도 떨어진다. 그리고 사람이 올라오고 있다. 그 뒤에는 무엇이 예견되는가. 그래서 검은 색과 추락의 이미지를 깔고 있는 김참의 환상은 악몽에 가깝다. 그의 상상력을 '그로테스크적'이라고 할 수도 있는데, 김참의 시에는 실제 「그로테스크」라는 제목의 작품도 있다. 그의 시에서 환상은 현실에 대한 환멸에서 온 것으로 보인다. 그래서 환상의 황량한 내면풍경은 현실세계의 불모성을 환기시키게 된다.

손택수는 1998년 『한국일보』 신춘문예로 등단한 시인이다. 김참이 환상성을 최대한 펼쳐 보이고 있다면 손택수는 서정성을 견지하면서 현실에 바탕을 둔 상상력으로 시를 전개해 나가고 있다. 이는 김참의 시가 감정을 최대한 배제한 관찰자의 차가운 시선으로 형성된 것이라면, 손택수의 시는 정서 표출과 현실의 풍경이 용해되어 있다고 볼 수 있다.

나무와 사람은 이름을 통해서 만난다
이름 때문에 스스럼없이 한몸이 된다
국민학교 시절 통장을 만들 때였을 것이다
도장을 처음 갖게 되면서 이름 석자가
나는 얼마나 대견스러웠는지 모른다
손때가 묻을 만큼 많은 곳에서 나를 대신하고
때론 나보다 더 나다워 보였던 목도장
그러나 나무와 사람은 다시 이름을 통해서 헤어진다
이름 때문에 주저함없이 남남이 된다
어쩌면 애초부터 나무는 나무였고
나는 나였던 것뿐인지도 모른다
어느 고요한 숲속에서 새와 청설모를 기르고
눈과 바람과 비와 함께 놀다
나와 만나게 되는 아픈 인연을 갖게 되었을까
목도장 속의 받침 하나가 달아나 버렸을 때
화인처럼 새겨져 있으리라 믿었던 이름자를
그가 거부하고 나섰을 때 나는 비로소
그의 이름이 무엇이었던가를
생각하고 있었던 것이다

제목이 「木도장」인 이 시는 세밀한 관찰력으로 인간 존재와 현실을 통찰하고 있는 작품에 해당한다. 일상생활 가운데 늘 접하는 것이지만, 이름을 통하여 주체인 인간과 대상인 나무가 하나로 묶인다는 발상은 손택수가 견지하고 있는 시적 인식과 발견의 힘이리라. 그는 이 작은 목도장을 통해서 실재인간보다 더 실재로 여겨지는 대치물, 인간사의 변화 그리고 인간과 사물의 연관성 등 시적 의미를 깊이 탐색하고 있다.

그는 현실의 고달픔을 넘어 내면 깊숙이 의지를 다지고 있는 시인이다. 무쇠 철망을 뚫고 삐쭉 나오는 나무의 뿌리를 "어둠 속에 단련된 야성의 근육"(「가로수」)으로 명명하는 것이나, 삶에 대한 내면의 열정을 "선혈 뚝뚝 듣는 심장"(「눈보라」)으로 표현하는 것 등이 바로 이를 말한다. 그의 시에서 '달'과 같은 재생의 원형적 이미지가 자주 나오는 것도 이와 연관된다.

이찬은 1997년 『문학과 사회』를 통해서 등단한 시인이다. 이찬도 김참과 마찬가지로 산문적 어법을 즐겨 쓰는데, 그런 만큼 개별 작품들이 상당히 길다. 그런데 김참과는 달리, 경어체를 사용하고 있는 작품도 상당히 있을 정도로 화자의 태도와 정서가 잘 드러나 있다.

> 비를 갈갈이 찢어 가루로 만들어 비를 없애면 비는 비로 내린다 하나의 물방울로 줄지어 비로 내린다 네 몸 안에 비를 전부 퍼내어도 비의 흔적들이 비로 흐르고 비로 흘렀던 기억들이 추억으로 스며들지 못해 창밖에 대롱대롱 매달려 있다 누가 비를 난도질할 수 있다고 말하는가 비는 아무리 토막살해해도 비로 줄지어 내린다 비를 해체하는 유일한 길은 태양을 하루종일 붙들어 매는 일이다 비를 살균하는 비를 해체하는 태양을 네 몸 안에 심는 일이다 불타는 몸 불타는 비 갈갈이 찢어지는 비

인용한 시 「비를 해체하라」는 서정을 바탕으로 하면서도 모더니즘적인 감각을 보이고 있는 작품이다. '해체'라는 말 자체가 벌써 모더니즘적이다. 이 시에 따르면, 비를 통하여 비를 해체하는 방법은 없다. 비는 오직 태양을 통해서 해체될 뿐이다. 이는 일종의 역설의 진실이 된다. 그리고 이 태양을 몸에 두어야 한다. 그래서 '불타는 몸'이 되어야 '갈갈이 찢어지는 비'가 되는 것이다. 열정적인 몸은 아프지 않는 몸이다. 그의 몸에 대한 관심은 「바퀴처럼 구르는, 살, 살들의 亂」 등에서도 지속되고 있다.

이찬의 시 가운데 산문체와 경어체의 결합은 「소풍 #12345」와 같은 동화적 상상력을 보이고 있는 작품과 「당동 용왕제, 할머니 나들이 갑니다」와 같은 무속적인 작품에서 두드러지게 나타나고 있다. 이는 그만큼 그가 다양한 시세계

를 드러내 보이고 있는 것으로도 볼 수 있는 것이다.

　제각기 가능성으로 열려 있는 김참, 손택수, 이찬의 시에도 난해함, 장황함, 불분명함 등 극복해야 할 점이 전혀 없는 것은 아니다. 그럼에도 불구하고, 뚜렷한 자기 목소리를 견지하고 있는 개성적인 시들이 빚어내는 상상력의 모험은 충분히 주목해도 좋으며 애정어린 관심과 기대를 기울일 만한 것이 되고 있다.

젊은 성찰적 정신과 시적 단련

　우리 부산지역에 소재한 대학 문학동아리들이 연합하여 결성체를 조직함으로써 문학창작 활동에 서로 자극이 되어 좋은 작품들을 생산하여 한국문학의 미래를 맡을 한 주역으로 성장하고자 묵하 노력하고 있는 중이다. 그 노력 가운데 하나가 바로 자신들의 문학작품들 중에서 선별하여 묶어내는 작품집의 발간이다. 이를 통해 자신들의 현재적 위상을 엄정히 평가받고 나아갈 길을 모색하는 것도 그들의 문학활동 가운데 중요한 한 축이 될 것임에는 틀림없는 일일 것이다.
　문학이 인간과 삶에 대한 총체적인 성찰적 활동이라는 점은 아무리 세기말의 혼란기라 해도 변함이 없는 사실일 것이다. 그리고, 이번 작품집에 실려있는 대학생들의 작품들을 읽으면서 느끼는 것은 아무리 신세대라 해도 문학 앞에서는 진지한 성찰적 자세를 끊임없이 유지하고 있다는 점이다. 문학이라는 예술의 표현매체는 언어이고, 이 언어는 다른 어떤 예술의 표현매체보다도 인간과 삶에 대하여 가장 유용하게 활용되는 진지한 성찰적 도구가 되고 있는 것이다. 그래서 작품집에 드러나 있는 대학생들의 진지한 성찰적 자세는 아무리 높이 평가해도 지나치지 않다 할 것이다.

　　살아서 제몫 다하고
　　죽어서 骨肉 다 내어주는
　　사람보다 진한

> 사람 속보다 시원한
>
> 우리들 뒷날
> 시원한 곰탕 한 그릇 될 수 있을까
>
> 끓일수록 누른 맛 우러나는
>
> —강주호,「곰탕」부분

이 작품에서 보는 바와 같이 그 성찰적 자세는 인간과 삶 전체에까지 걸쳐 있다. "살아서 제몫 다하고 / 죽어서 骨肉 다 내어주는" 소는 희생의 이미지를 표상하고 있다. 소가 지닌 이 희생의 이미지 때문에 이기적인 사람의 속성을 역설적으로 비판하고 있기도 하다. 그러면서, 우리도 "곰탕"과 같이 타인에게 힘이 되어 주고 그 속을 따뜻이 데워 줄 존재가 되어야겠다는 다짐을 물음의 방식으로 취함으로써 반성적 자세도 다지고 있다. 이 작품은 한 마디로 인간과 삶에 대한 성찰이 교훈적인 데까지 나아가고 있는 작품이다.

문제는 이 작품에 보이고 있는 인식과 형상화의 방식이 너무나 낯익은 데에 있다. 이 작품을 읽고 안도현의 시 작품을 연상하게 되는 것은 나만의 일일까? 이 학생의 다른 시에 "저마다의 냄새"를 강조하고 "나의 냄새"(「냄새」)를 추구하고 있는 구절이 있는데(물론, "아직도 갖지 못한 나의 냄새"라 하여 개성을 충분히 구축하지 못하고 있음을 시인하고 있긴 하지만), 실제에 있어서는 시적 인식과 형상화에 있어 자신의 개성을 제대로 드러내지 못하고 있는 것이다.

이와 같이, 인간과 삶에 대한 진지한 성찰은 좋으나, 그 성찰이 구체적인 형상화를 입지 못해 추상적이든지 아니면 구체적이긴 하지만 너무 낯익어 개성적이지 못한 점은 대학생들의 시작품들에 자주 보이는 현상 가운데 하나가 된다. 박해영의 「태양이 없는 아침에」는, "찬 바람이 살 속을 파고드는 아침에 문득 흉하게 말라 있는 나뭇가지를 비웃었다. / 그러나 그 나뭇가지는 더 흉하게 말라 있는 내 정신을 비웃고 있다."라 하여 정신의 불모성에 대하여 일정한 반성적 자세를 드러내고 있는 작품이다. 이 시에서 시적 자아가 보고 있는 사물인 말라 있는 나뭇가지의 불모성이 자신의 정신의 불모성을 되돌아보게 하는 매개로서

작용하고 있긴 하지만, 여기서의 정신의 불모성은 추상성을 벗어나지 못하고 있는 게 숨길 수 없는 사실이다. 이 학생의 다른 시작품「박제」는 습관처럼 사는 삶, 그 기계적이고 생기없는 삶을 영위하는 존재를 박제에 비유하고 있는데, 너무 흔한 비유의 방식이 아닐 수 없다. 시작품에 자주 보이는 추상성과 상투성을 극복하는 것은 이 학생만의 일이 아니라 대학문예가 통과해야 할 하나의 과제가 되고 있다.

> 몰랐어
> 온통 내 몸을 둘러싼 각질의 둔탁함을
> 밤새 하늘 위를 누르던 비소리의 무게를 못 견뎌
> 또다시 아래로만 침전하며 어느덧,
> 나이살만큼이나 익숙해져버린 나만의 자유낙법
> ―최영환,「정심정의 자라는 새우깡을 먹지 않는다」부분

그에 비하면 이 작품은 상투성을 극복한 독특한 시작품에 해당한다. 그 독특성은 시선의 특이성에 연유한다. 이 작품은 인간의 시선이 아니라 자라의 시선으로 바라본 세계를 그리고 있는 것이다. 다시 말하면, 이 시의 화자는 자라인데 이 자라는 시적 자아의 내면을 표현하기 위한 하나의 대치물인 것이다. 시적 자아는 기계적인 습관처럼 사는 자신의 삶의 모습을 자라의 외형과 그 행태를 통해 표현하고 있는 것이다. 그래서 정해진 틀을 벗어나지 못하는 삶의 외형을 "몸을 둘러싼 각질"에 비유하고 있고, 늘 이루어지는 기계적인 삶의 속내를 "익숙해져버린 나만의 자유낙법"으로 표현하고 있다.

이와 같이 이 작품은 특이한 시선에 힘입어 형상화의 면에서 새로운 면모를 보여주고 있으나, 그 형상화된 것이 구체적으로 어떤 인식내용을 지니고 있는 것인지 관념적이고 모호한 것이 되고 있다. "아, 생의 短篇들이여, 가을이 오기도 전에 떨구어버린 우리들의 절망들이여"라는 구절을 포함하고 있는 윤치민의「그날」은 작품집에서 보이는 인식내용의 관념성을 드러내고 있는 시를 대표하는 것에 해당할 것이다. 인식내용의 관념성도 대학문예가 극복해야 할 중요한

한 가지 사항이 되고 있다.

  인식내용의 모호성은 시적 정황에 대한 형상화가 제대로 되어 있지 않은 경우 극대화되고 있다.

> 내가세상에게혹은세상이나에게감전되는풍경들이우주와의교신을하던날.
> 나 의 슬 픈 의 식
> 을 보고 있었다, 나의 순박한 사랑의,
> 풍경:꼬리로 짖는 개가 생의 꾸준한 절차인 비꽃이 핀 눈빛을 물어 갔네.
> ―정욱채, 「투명한 녹색에 대하여」 부분

  이 작품은 일종의 형식 실험을 하고 있는 작품에 해당한다. 이상에게서 촉발되고 1980년대 해체시에서 만개한 이런 형식 실험은 이제 더 이상 낯선 것이 아니다. 이 경우 문제는 형식 실험의 의미가 제대로 살아나 있느냐 하는 점이다. 그런데, 이 작품은 해체의 형식을 통하여 드러내고자 하는 인식내용이 모호하여 형식 실험의 의미가 잘 살아나 있는 것으로 보여지지 않는다. 위 인용의 경우에 세 행의 형식이 각기 다른 방식을 취하고 있는데, 각 행들의 변별적인 형식이 각각의 의미내용과 연관되어 있어 보이지도 않는다. 의욕적으로 형식 실험을 하는 것은 좋으나, 그 의미를 제대로 드러내지 못하거나 인식내용의 모호성을 노정할 때에는 그 힘겨운 형식 실험의 성과를 기대하기란 더 어려운 일이다. 따라서 대학문예는 어떻게 형상화할 것인가에 대한 고민과 무엇을 말할 것인가의 고민을 동궤에 놓고 이것의 일치에 보다 신중을 기해야 하는 것도 하나의 과제로 남기고 있다.

  이번 작품집을 보면 상당수의 작품들이 이야기를 수용하고 있는 서술시의 경향을 드러내고 있다. 김만석의 「손」과 「마음에 내린 눈」, 김회선의 「대장간」, 김효연의 「백정 이야기」 등이 대표적인 예가 된다. 그런데, 이 작품들은 어린 시절의 기억을 바탕으로 하고 있으며, 밑바닥 사람들의 이야기에 삶의 연속성과 운명성 등을 드러내고 있는 특징을 보여주고 있다. 다시 말하면 시에 설화적인 요소를 수용하여 일종의 원형적이고 신화적인 세계로의 접근을 드러내고 있는 셈이다.

  이는 근대문명의 부정성이 노정되어 이에 대한 극복이 논의되고 있는 오늘날 반근대성의 세계를 나름대로 추구하고 있는 일정한 시적 의미를 지니는 것이 된다. 그러나, 근대의 극복이 근대와의 치열한 싸움 끝에 얻어지는 것이라는 점에서 볼 때, 이 작품들이 내보이고 있는 반근대성의 세계는 단순성을 드러내고 있는 것으로 보지 않을 수 없다. 인식의 복합성은 언제나 시의 한 과제가 된다.

  대학문예는 시인이 되고자 하는 열망이 있는 만큼 또 시인이란 과연 무엇인지 진지하게 따져보는 시를 내보이기도 한다.

> 현실의 육박 앞에서
> 시인은 어떻게 살아남아야 하는가
> 스무살에 발표한 서러운 秀作들
> 고독한 삶을 향한 그의 열렬함이었던가
>   — 박도홍, 「그가 자살했다!」 부분

  위에 인용한 작품은 김소월 시인의 삶과 시를 대상하여 이에 대한 해석의 일단을 내보이고 있는 시이다. 다시 말하면 시인론시로서 메타시인 것이다. 이 시에서 시에 대한 열정만큼이나 삶은 고달프게 제시되어 있다. 그리고 이 삶의 고달픔이 김소월 시인을 죽음으로 몰아넣었다고 보고 있다. 물론 김소월 시인의 전기로 볼 때, 이는 숨길 수 없는 사실의 한 면을 말하고 있는 게 된다. 그런데, 문제는 시인에 대한 시 즉, 메타시인 이 작품은 김소월의 삶과 시에 대하여 흔히 들을 수 있는 해석을 그대로 취하고 있어 평범한 시각을 벗어나지 못하고 있는 데에 있다. 메타시는 비평과 창작, 즉 해석과 표현의 이중성을 지니고 있는 만큼 해석의 참신성이 바탕이 되어야 성공을 거둘 수 있는 것이다. 이 시점에서 대학문예의 깊이를 위하여 그 젊은 상상력이 상상력의 독특성으로 열려지기를 바라지 않을 수 없다.

  물론, 이 작품은 이 시를 쓴 사람의 자의식이 내재되어 있는 것으로 봐야 한다. 박도홍의 또 다른 작품 「그의 이마가 빛났다」도 시쓰는 사람에 대한 시인

것을 보면, 이 작품뿐만 아니라 앞의 작품에서도 시를 쓰는 주체와 일상생활을 영위해야 하는 주체 사이에 대한 고민과 갈등이 내재되어 있음을 읽을 수가 있다. 이는 자신이 좋아하는 시를 써서 이 세계를 제대로 살아갈 수 있을까 하는 질문을 스스로에게 던져보지 않을 수 없는 데에 기인한다. 시인은 되고 싶은 존재이기도 하지만 시인으로 살아가는 데 대해서 일면 두려움을 지니지 않을 수 없는 데에 깊은 고민이 있는 것이다. 더구나 영상문화와 기술과학의 이 시대에 시인이란 과연 무엇인지 근본적인 고민을 대학문예도 하지 않을 수 없을 것이다.

그 고민은 진지하다. 진지해서 시를 통해서 오히려 경계에 선 자의 모습을 보이게 된다. 김회선의 「또다시, 바다에 서고」는 넓은 세상에 나아가야 하는, 경계에 선 자의 심경을 드러내고 있는 작품에 해당한다. 그런데, 경계에 선 자는 두려움을 극복해야만 자신의 '집'을 세울 수 있게 되는 것이다.

대학문예는 근본적으로 경계에 선 자들의 시들을 내보이고 있는 것으로 볼 수 있다. 대학을 졸업하면서 자신의 사회활동의 방향을 잡아야 하듯이 시에 대한 열망을 가진 대학인들은 시에 대한 자신의 방향도 잡아야 한다. 또한 따지고 보면, 시인도 사회를 벗어난 존재가 아니라 사회인 가운데 하나이지 않는가.

지금까지 살펴본 바와 같이, 오늘의 우리 대학문예는 기본적으로 바로 앞 세대의 시인들이 보여주기도 한 유희성들을 많이 자제하고 진지한 성찰적 태도를 보이면서 다양한 시세계를 지향하고 있다. 이는 충분히 긍정적으로 평가받아야 될 사항에 해당한다. 그러나, 지금까지 간략하게 마나 검토한 대로, 대학문예는 몇 가지 극복되어야 할 점들이 있다. (앞에 든 작품들의 예는 대학문예 가운데 어느 정도 수준에 이른 작품들이다. 그러면서 극복되어야 할 점을 내포하고 있는 경우의 적절한 예로서 들었음을 밝힌다.) 대학문예가 이러한 점들을 극복하는 시적 단련을 많이 겪어 단단한 시세계의 '집'들을 하나씩 건설하기를 기대해 본다. 다름 아니라 바로 이들이 우리 문학의 다음 세대로 편입할 준비를 옹골차게 하고 있기 때문에 앞에 가고 있는 문학인들은 이들의 활동에 관심을 집중하지 않을 수 없는 것이다.

게릴라, 인문주의의 최후의 저항

문화 게릴라를 자처하면서 문화의 틈새를 엿보고 곳곳을 헤쳐다니는 이윤택이 또 한번 기습 공격을 감행했다. 너무나 큰 책『게릴라』의 공격을 받고 일순 당황했다.『게릴라』는 우리가 자동화된 일상에 편안히 안주하는 상황을 허용하지 않는다. "20세기 인문주의 잔당들의" "최후의 저항"을 선언하고 있는 게릴라. 여기서 인문주의 잔당은 "인간과 세상에 대한 전체적인 통찰"을 끝까지 포기하지 않으려는 "문화 지식인"이다. 21세기를 내다본다는 의미의 '관점 21'을 망원경으로 삼고 '예술을 보는 시각'이라는 무기를 옆에 차고 문화와 예술의 온 동네를 누비면서 유격전을 벌이려고 하는 '문예비평지'『게릴라』.

이제 우리 부산에서는『오늘의 문예비평』외에 또 하나의 문예비평지를 표방하고 있는『게릴라』를 맞이하게 되었다.『오늘의 문예비평』이 '문학예술'에 초점을 둔 전문비평의 정형화된 형식을 띠고 있다면,『게릴라』는 '문화예술' 전반에 걸쳐 전문성과 대중성 사이의 중간지점, 아니 그 경계선을 허물어 버리려는 탈정형화된 형식을 띠고 있다. '비평의 도시'라는 말에 걸맞게, 이제 부산은 서로 다른 지향과 형식을 띤 두 축의 문예비평지를 보유하게 되었다. 더구나 신생 비평지가 21세기를 내다보면서 문화예술 세계의 게릴라전까지 선언하고 있으니, 아무리 후기산업사회의 세기말에 인문주의의 위기가 운위되더라도 뿌리깊은 인문주의는 결코 사라지지 않을 것이다.

『게릴라』는 문화예술 전반에 걸쳐 여러 형식의 글을 싣고 있다. 우선 발행인 이윤택과 시인 황지우 사이의 「창간대담」은, 대개의 경우 '대담'이라 해도 정돈된 글의 형식을 취하게 마련이지만, 구체적으로 나누었던 말의 형식 그 자체를 보여주고 있다. 그래서 글의 논리보다는 생동감 있는 말의 감성을 그대로 전해준다. 발행인이 직접 참여한 「창간대담」인 만큼 이 글에서도 『게릴라』의 지향을 엿볼 수가 있다. 이 「창간대담」에서, 80년대 문화예술의 존재조건인 "일상의 밑바닥에서 우리를 못살게 만드는 압력, 억압"과 이에 대한 저항이 90년대에 들어와 "일상의 접점을 못 찾"아 "헤매는" 모습을 보여주고 있다고 파악하면서 "구체적인 일상의 회복"이 절실히 필요하다는 공감대를 형성하고 있다. 그러면서 이데올로기의 지향점이 사라진 90년대 말의 상황을 "무관심과 달콤한 허무주의"에 빠져 있고 "어떤 기계적인 사고"에 젖어 "인문주의적인 상상력"이 고갈되어 가고 있다고 진단한다. 그러다 보니 문화예술 분야에서 "자기치열성과 신명이 약화되는 경향"을 보이고 있는데, 『게릴라』의 중요한 목적 가운데 하나가 바로 "작가들을 긴장시키는 힘"을 전해주는 데에 있다고 밝히고 있다.

『게릴라』가 전문성과 대중성 사이의 중간적 입장을 취하고 있는 것은 매체 전체의 형식면에서도 그렇지만 「인터뷰」에서 더욱 두드러진다. 여기에서 최근에 소설 「변경」을 마친 소설가 이문열을 인터뷰하면서 그의 사상적 지향과 문학적 특성뿐만 아니라 최근의 심경에 대한 고백을 그대로 싣는 것이라든지, 현재 이윤택의 연극 「어머니」의 공연에 몰입해 있고 1997년에 '이해랑 연극상'을 수상한 연극배우 손숙을 취재하면서 연극 안과 밖에 걸쳐 그녀의 진술한 모습을 연극의 장면 사진과 함께 보여주는 것은 독자와 관객을 작가와 배우 가까이 끌어들이려는 『게릴라』의 편집의도를 반영하고 있다.

문화예술 전반에 걸친 『게릴라』의 관심은 문학, 연극, 영화, 미술, 인문학 등 여러 분야에 걸친 다양한 형식의 글로 드러나고 있다. 문학에서는 「신작특집」에 박남철의 대담시를 싣고 있는데, 박남철은 여기에서 자작시와 평론가 황병하와 나누었던 대담 그리고 황병하가 썼던 박남철론을 짜깁기하여 시를 구성함으로써 여전히 해체정신과 자의식이 결합되어 있는 시의 모습을 보여주고 있다. 「소시집」에서 신예시인으로 독특한 상상력의 시세계를 보여주고 있는 김참과 손택수의 시를, 「시」에서는 원로부터 신진까지 6명의 시인의 최근시를 싣고 있다. 그리고 「리뷰」에서 자본주의의 만성화된 일상적 삶의 편안함에 대한 성찰을 담고 있는 황지우의 시집 『어느 날 나는 흐린 酒店에 앉아 있을 거다』에 대한 평을 선보이고 있다.

「문화초점」에서는 영화를 다루고 있는데, 지원과 투자, 제작방식, 유통과 배급, 비평활동 등 여러 면에 걸쳐 독립영화의 활성화를 모색하고 있는 글을 내보이고 있다. 미술은 「리뷰」에서 다루고 있는데, 재현의 관성에서 벗어난 현대의 추상미술을 자율적 논리와 해석적 이해의 이중성이라는 측면에서 30~40대 작가의 작품들의 의미를 읽어낸 글을 흑백사진으로 담은 대표작과 함께 싣고 있다. 인문학은 「평론」에서 다루고 있는데, 서구 근대성 비판의 맥락에서 부각되고 있는 몸담론을 육탈(肉脫)한 근대성의 몸이란 관점에서 살펴보고 있는 글을 내보이고 있다. 그런데 여기에서 새로운 시도로 전문 철학 논문을 독자가 친숙하게 접할 수 있도록 하기 위해 예술적 편집의 형식으로 담고 있긴 하지만 그 결합은 혼란스러운 면을 감추지 못하고 있다.

연극은 「리뷰」에서 전통연희를 현대적으로 수용하여 신화와 현실의 이중구조를 드러내고 있는 이윤택의 「바보각시-사랑의 형식」과 해체의 전략으로 셰익스피어의 비극 「리어왕」의 장엄함과 비장함의 무게를 웃음과 해학으로 풀어나간 이윤택의 「리어왕」을 다루고 있는 글을 싣고 있다.

『게릴라』는 이와 같이 문화예술 전반에 걸쳐 다양한 형식의 글로 구성되어 있으나, 전체적으로 보면 창간호라서 그렇기도 하겠지만, 발행인 이윤택이 너무 부각되어 있는 느낌을 지울 수가 없다. 게릴라전이 제대로 성공을 하려면 한 지도자의 부각보다 곳곳에서 활동하는 게릴라들의 효과적인 저항과 전술이 더욱 필요한 것은 아닐까?

찾아보기

[ㄱ]

가이아(Gaia) 이론 45
갈립방(葛立方) 18
감상적 시인 143
강영환 278
개방적 형식 65
거대서사 233
고정희 42
고창환 234
고흐(Gogh) 195
구모룡 134, 145
권애숙 240
규범미학 151, 172
규범시학 126, 131, 151, 153, 172
규범언어학(문법) 172
규범적 미학 151
그라스(Grass) 123
근본생태주의 46
기계론적 세계관 45, 225
기교주의(技巧主義) 14
기든스(Giddens) 107, 115
기술미학 151, 172
기술시학 126, 131, 151, 153, 167, 172
기술언어학(문법) 172
기질지성 130, 143
김경복 134, 154, 159
김기진 61
김명인 59

김병국 180
김복근 281
김수영 70, 197, 272
김욱경 253
김윤식 137
김종경 246
김준오 100, 125, 131, 145
김지하 41, 47
김참 297
김춘수 76, 137
김현 102
까간(Kagan) 177

[ㄴ]

낭만적 사랑 105
내적 서술자 57
네오아방가르드 70, 71

[ㄷ]

다문화주의 39
다원주의 82
단편서사시 61
달의주의(達意主義) 14
담론이론 142, 158
담화(서술) 시간 52
대용문화 110
대중추수주의 98
데리다(Derrida) 164
도습(蹈襲) 15

독립영화 310
독자사회학 105
동아시아 담론 99
되받아쓰기(Write Back) 41
두순목(杜荀牧) 17

[ㄹ]

라깡(Lacan) 38
라웰(Lawall) 158
람핑(Lamping) 146, 172
랭보(Limbaud) 196, 207, 237
러브록(Lovelock) 45
루카치(Lukács) 177
르페브르(Lefebvere) 233

[ㅁ]

마그리올라(Magliola) 158
마르크스(Marx) 46
마르틴(Martin) 115
마리아 숭배 106
마야코프스키(Majakovskij) 148
마이어홉(Meyerhoff) 140, 158
마이크로코스모스 227
만성화된 규칙 111
메타비평 91, 127, 137
메타성 127, 149
메타시 78, 128, 139, 145, 162, 306
메타언어 149
몬탈레(Montale) 148
몰개성론 126, 141
문병란 119
미시서사 233
미적 자유이론 73, 163

[ㅂ]

바바(Bhabha) 37

바흐친(Bakhtin) 24, 158
박남철 309
박상배 145, 162
반구조 129, 140
반대형식 26
반미학 70, 74, 163
반성적 메타시 149
반시 70
반해석 101
배재경 260
백학기 119
버크(Burke) 156
벤야민(Benjamin) 177
변용형식 26
본연지성 129, 143
본질시학 131, 153
비평시 149
빈도 52

[ㅅ]

사류(事類) 12
사이드(Said) 36
사장(事障) 16
사전 제시 52
사진-그림시 149
사회생태주의 46
사후 제시 52
상고적 문학관(尙古的 文學觀) 20
상동형식 25
상품미학 76
상호텍스트성 24, 75, 206
생략 52
생태주의 46
생태학적 상상력 291
생태학적 세계관 45, 47, 225
샤이어스(Shires) 68

서술물 51
서술시 50, 66, 129, 138, 140, 153
서술행위 51
서정적 세계관 133
서정주 54
성찰적 근대성 116
세익스피어(Shakespeare) 310
소박한 시인 143
소통구조 57
속도주의 112, 193
손숙 309
손탁(Sontag) 107
손택수 299
순서 52
술이부작(述而不作) 20, 32
슈만(Schumann) 115
슐레겔(Schlegel) 148
시간 51
시간착오 53, 62
시간현상학 126, 158
시론시 148
시안론(詩眼論) 136, 143, 157
시유형론 128, 139, 152, 167
시인론시 79, 148, 306
시점 51
식민화된 타자 81
신동엽 119
신의(新意) 14
실러(Schiller) 143
실천비평 99, 128
쏜디(Szondi) 170

[ㅇ]

아도르노(Adorno) 177
아마드(Ahmad) 37
아메리칸 드림 122
암용(暗用) 20
야콥슨(Jakobson) 146
양가성(Ambivalence) 35, 36, 37
양태 51
어용사(語用事) 17
언술내용의 주체 142
언술행위의 주체 142
언어배열 135
언어선택 135
언어의 감옥 164
역사화된 시학 171
연간걸림 67
영점화 현상 73
오규원 77
오리엔탈리즘(Orientalism) 36
오성호 167
오종문 280
옥시덴탈리즘(Occidentalism) 39
온생명 이론 45
외적 피서술자 57
요약 52
요약 반복 서술 52
용사(用事) 11, 12
용혜원 104
유물적 초현실주의 72
유병근 217
유희적 메타시 149, 165
육시론(六詩論) 136, 143, 157
의용사(意用事) 17
이광호 153
이규보 17
이동순 44
이론비평 93, 99
이문열 309
이상 70
이성복 65, 71

이세방 120
이스트호프(Easthope) 158
이승훈 79, 145
이야기 51
이야기 시간 52
이요섭 276
이용악 57
이원론 133
이윤택 308
이정하 103
이정환 272
이제현 17
이지엽 277
이찬 300
이하석 121
익명비평 159
인문주의 308
인사이드 아웃사이더(inside-outsider) 78
인식소 163
인유 28
일회적 서술 52
임종찬 292
임화 61

[ㅈ]

자기반영성 75
자동적인 연상체계 113
자아 동일성 126, 140
자아 중심주의 128, 141
자아현상학 158
장경린 66
장르 모델 138
장르부정론 171
장르비평 127, 137
장르혼합현상 128, 139
장면 52

장병우 272
장정일 76
장회익 45
재도지기(載道之器) 22
전경화 149
전고(典故) 28
전유(Appropriation) 41
전이 134, 157
점철성금(點鐵成金) 19
점화(點化) 18
정경교융(情景交融) 291
정복여 226
정약용 19
정예주의 29
정일근 246, 274
정해송 282
제시형식 138
조근호 273
조동일 101, 137, 181
주돈이(周敦頤) 22
주석적 화법 50
주술적인 언어관 194
주체론 140, 152
중첩 반복 서술 52
즈네뜨(Genette) 51
즉각성의 원리 112
지속 52
지식-권력론 37
지질학적 상상력 199

[ㅊ]

차용(借用) 20
창조적 비평 101
채트먼(Chatman) 68
청산주의 210
체계적 기술시학 129, 131, 150

체계적 시학 171
초현실주의 71
총체성 178
최동호 117, 145
최영철 201
최유찬 167
최재서 137

[ㅋ]

카니발적 장르 26
카프라(Capra) 46
카프카(Kafka) 196
코핸(Cohan) 68
크로체(Croce) 151, 177
크리스테바(Kristeva) 24
키치(Kitsch) 103
키치적인 양식 109

[ㅌ]

탈규범성 179
탈승화 265
탈식민주의 36
탈식민주의 비평 36, 38
탈식민주의 비평이론 99
탈식민주의 이론 36, 37
탈식민화(Decolonization) 40, 42
텍스트혼합현상 27
토도로프(Todorov) 51, 171
통변(通變) 12

[ㅍ]

파농(Fanon) 38
파울러(Fowler) 152
패러디(Parody) 11, 23, 75, 206
패러디시 128, 139
퍼소나(Persona) 126, 141

폐지(Abrogation) 40
표층시 129, 140
푸코(Foucault) 37

[ㅎ]

하이데거(Heidegger) 198
함축적인 이야기(implied narrative) 50
해체시학 131, 153
해체주의 158, 163
행간걸림 65, 71, 79, 262
허만하 193
허천(Hutcheon) 24
헌팅턴(Huntington) 39
헤겔(Hegel) 177
헤르나디(Hernadi) 126, 137, 150, 168
현대성의 무의식 233
혼합화법 50
화이트(White) 156
환골탈태(換骨奪胎) 14
환유시 129, 140
황병하 309
황정견(黃庭堅) 13
황지우 72, 309
회의적 메타시 149
훗설(Husserl) 158
휴지 52
희화시 146

비평의 줏대와 잣대

인쇄일 초판 1쇄	2001년 03월 24일	
2쇄	2015년 03월 12일	
발행일 초판 1쇄	2001년 03월 29일	
2쇄	2015년 03월 27일	

지은이 고 현 철
발행인 김 성 달
발행처 새미
등록일 1994.03.10, 제17-271호

서울시 강동구 성내동 447-11 현영빌딩 2층
Tel : 442-4623~4 Fax : 442-4625
www.kookhak.co.kr
E- mail : kookhak2001@hanmail.net
ISBN 978-89-89352-32-7 03800
가 격 15,000원

* 새미는 국학자료원의 자매회사입니다.
*저자와의 협의 하에 인지는 생략합니다.